Fa 2
Ehe, Familie

Gibt es die vollkommene Ehe?
Wer eines Besseren belehrt wurde, behauptet gerne, die Liebe erst begriffen zu haben, als er alt war. Traurig, aber wahr zugleich!

Deshalb unternimmt Dr. Ferdinand Harvey, aus der Erfahrung eines ärztlichen Lebens heraus, den Versuch, jungen Menschen die Augen zu öffnen für das, was wirkliche Liebe ist, und sie hinzuführen zu einer möglichst glücklichen und vollkommenen Ehe. Ein schwieriges Unternehmen, wenn man Dr. Harvey glauben darf, denn »die vollkommene Ehe ist niemals eine fertige Tatsache, sondern immer wieder nur ein gemeinsames Ziel, ein gemeinsamer Traum der beiden Gatten. Und doch kann diese so unvollkommene Ehe das Schönste und Sinnvollste auf der Welt sein.
Und wenn sie ein ganzes Leben hindurch aus Treue und Pflichterfüllung bestanden hat und sich zwischendurch immer wieder einmal für einen Augenblick zu überirdischer Höhe aufgeschwungen hat, dann wird man am Ende getrost sagen dürfen: eine vollkommene Ehe.«
»Liebeskunst und Eheglück« ist mittlerweile ein Klassiker unter den Eheberatern, der oftmals zum Schmunzeln einlädt.

Dr. Ferdinand Harvey

Liebeskunst und Eheglück

Der unentbehrliche Ratgeber für Jungvermählte

The-pra-VII-34

HEIMVOLKSHOCHSCHULE
WASSERBURG
4190 Kleve 1 (Rindern)
Telefon: 0 28 21 / 31 31

GOLDMANN VERLAG

Die Originalausgabe
erschien im Carl Stephenson Verlag, Flensburg.

Umwelthinweis:
Alle bedruckten Materialien dieses
Taschenbuches sind chlorfrei und umweltfreundlich.
Das Papier enthält bereits Recycling-Anteile.

Der Goldmann Verlag
ist ein Unternehmen der Verlagsgruppe Bertelsmann

Made in Germany · 1. Auflage · 10/92
Genehmigte Taschenbuchausgabe
Copyright © Orion Versand GmbH+Co. KG
Umschlaggestaltung: Design Team München
Umschlagfoto: Gutsch, Berlin
Satz: Uhl+Massopust, Aalen
Druck: Elsner-Druck, Berlin
Verlagsnummer: 41357
UK · Herstellung: Heidrun Nawrot
ISBN 3-442-41357-5

INHALT

Einleitung 9

I. Teil: DER MANN
Die männlichen Organe und ihre Pflege 13
Die Aufgaben der männlichen Organe 16
Die männliche Sexualität in der Kindheit und in den
Reifungsjahren 20
Das körperlich-seelische Empfinden des Mannes ... 25

II. Teil: DIE FRAU
Die weiblichen Organe und ihre Pflege 31
Die Aufgaben der weiblichen Organe 35
Die weibliche Sexualität in der Kindheit und in den
Reifungsjahren 39
Das körperlich-seelische Empfinden der Frau 45

III. Teil: MANN UND FRAU
Zwei Welten 49
Liebe – was ist das eigentlich? 50
Das Kennenlernen 52
Gattenwahl 55
Heiraten – warum eigentlich? 66
Frühehe oder Spätehe? 67
Verlobung 68
Vorbereitungen 72
Hochzeit 73
Hochzeitsnacht 74
Der nächste Morgen 83
Flitterwochen 85

Pflichten der Frau 86
Ist das eigentlich erlaubt? 90
Hygiene des Geschlechtslebens 93
Die Liebe ist eine Kunst 97

IV. Teil: DIE FAMILIE
Ein süßes Geheimnis 105
Verhalten in der Schwangerschaft 108
Störungen in der Schwangerschaft 115
Wie errechnet man den Termin der Geburt? 117
Geburt und Wochenbett 118
Die junge Mutter 123
Der junge Vater 125
Wie ist das eigentlich mit der Vererbung? 127
Wie viele Kinder können wir uns leisten? 128
Geplante Elternschaft 131
Der Ehekalender 144
Nun sind wir eine Familie 150
Erziehungsprobleme 153

V. Teil: DIE ZWEITE LEBENSHÄLFTE
Nun schließt sich der Kreis 157
Das Nest wird leer 158
Wechseljahre 160
Altwerden und Jungbleiben 168
Die zweite Ehe 169

VI. Teil: SCHATTENSEITEN
Impotenz 171
Frigidität 180
Abneigung 189
Langeweile 191
Ehekrach 194
Die fremde Frau 196
Der fremde Mann 206
Die kinderlose Ehe 207

Vor dem Scheidungsrichter	213
Perversionen	215
Die unerwünschte Schwangerschaft	220
Wenn es passiert ist, was tun?	223
Keine Lösung: die Abtreibung	228
Geschlechtskrankheiten	237
Freie Liebe	240

Einleitung

Der heutige Mensch sitzt am Fließband oder überwacht eine elektronische Rechenmaschine; er wohnt in einem Hochhaus; er umkreist die Erde im Düsenflugzeug, wenn nicht gar in einer Rakete – oder: er geht noch immer mit seinem Holzpflug hinter einem Wasserbüffel über seinen ärmlichen Acker. Er erstickt am Überfluß – oder er verhungert. Er fürchtet die alten Götter und zugleich die Atombombe. Alle Lebensformen der bisherigen Menschheitsgeschichte gibt es jetzt gleichzeitig auf unserer klein gewordenen Erde, oft sogar in derselben Stadt.

Eines aber ist heute noch auf der ganzen Welt genauso wichtig, genauso notwendig wie je, und immer wieder von neuem erregend: die Beziehung zwischen Mann und Frau. Daran hat sich nichts geändert all die Jahrtausende.

Oder vielleicht hat sich doch etwas geändert; diese Beziehung ist gerade in unserer heutigen Zeit fast auf der ganzen Welt problematisch geworden, am meisten vielleicht in den Ländern hochzivilisierter Kulturkreise (Europa, Amerika) und in denjenigen Ländern, in denen sich eine ähnlich hohe Zivilisation mehr oder weniger überstürzt entwickelt. Der *Instinkt* ist nicht mehr sicher, und die *Sitte*, die früher (nur in wenigen Ländern noch heute) dem einzelnen genau sagte, was er zu tun und zu lassen hatte, tritt immer mehr in den Hintergrund. Die weltweite Industrialisierung, zwei erbarmungslose Kriege, damit verbunden die Emanzipation der Frau, haben alte Fesseln gelöst, manche neue dafür angelegt. Freiheit und Unfreiheit mischen sich in unserer Welt auf eine nie dagewesene Weise.

Daraus entstehen Unsicherheiten, Störungen und Nöte aller Art, auch in den Beziehungen zwischen Mann und Frau. Die Anfänge dazu liegen schon ziemlich weit zurück – gewiß nicht erst in den berüchtigten zwanziger Jahren und auch nicht erst in der Zeit um die Jahrhundertwende.

In meine ärztliche Sprechstunde kommen immer wieder Menschen, die auf diesem Gebiet nicht mehr allein weiter wissen.

Zunächst bittet solch ein Patient vielleicht um eine Arznei gegen Magenschmerzen; er läßt seinen Blutdruck kontrollieren oder seinen Finger verbinden. Dann – oft schon in der Tür – zögert er plötzlich: »Ich wollte noch etwas anderes fragen, Herr Doktor...«

Stockend kommt es zuerst, bald aber immer schneller aus ihm heraus: eine akute Not mit dem geliebten Menschen; Ratlosigkeit in der Verlobungszeit; Enttäuschung nach der Hochzeit; körperliche Störungen beim Mann oder bei der Frau; eine unerwünschte Schwangerschaft oder die seit Jahren unerfüllte Sehnsucht nach einem Kind; Untreue, Ekel oder Langeweile in einer älteren oder auch noch jungen Ehe...

Nachdem der Arzt geduldig zugehört hat, möchte er manchmal sagen: »Wären Sie doch früher gekommen... Nein, zu spät ist es nie, aber spät ist es, und ich kann Ihnen nun nicht mehr so gut helfen, wie wenn Sie mich vor einem halben Jahr gefragt hätten.«

Einmal kam ein junger, sehr gutwilliger Ehemann schon drei Wochen nach der Hochzeit. Das war sehr früh, werden Sie sagen. Ja, aber man hätte in diesem Fall noch vier Wochen früher mit ihm sprechen müssen, dann wäre vielleicht manches Unheil vermieden worden.

Gerade dieser Fall gab mir den Anstoß, einmal wieder in späten Abendstunden zur Feder zu greifen und dieses Büchlein zu schreiben. Ein Buch aus dem Leben heraus, für lebendige Menschen, junge und ältere, am besten vor der Ehe zu lesen, aber wie ich hoffe, auch später noch von Nutzen. Ich schreibe es als *Arzt*, der von seinen Patienten viele Kümmernisse, aber auch viel Erfreuliches gehört hat. Was der Theologe, der Jurist, der Staatsmann zu dem Thema zu sagen hätte, kann in diesem Rahmen nicht behandelt, nur gelegentlich gestreift werden. Auch möchten wir niemandem eine bestimmte *moralische* Richtung aufdrängen. Das Medizinisch-Wissenschaftliche wird so behandelt, daß der moderne, sachlich interessierte Mensch in verständlicher Weise auf seine Kosten kommt.

Das Buch will helfen, Fehler zu vermeiden und den Weg zu einem glücklichen Leben zu finden. Es wendet sich an alle Menschen, die lieben oder geliebt werden – und an alle, die es sich wünschen.

Dr. med. Ferdinand Harvey

I. TEIL
DER MANN

Die männlichen Organe und ihre Pflege · Die Aufgaben der männlichen Organe · Die männliche Sexualität in der Kindheit und in den Reifungsjahren · Das körperlich-seelische Empfinden des Mannes

Die männlichen Organe und ihre Pflege

Bereits im Augenblick der Befruchtung entscheidet es sich, ob das Kind ein Junge oder ein Mädchen wird; später ändert sich daran nichts mehr. (Trotz aller sensationellen Berichte in manchen Illustrierten!) Aber im Anfang sieht die männliche Frucht genauso aus wie die weibliche. Das kann man beobachten, wenn durch eine Fehlgeburt so eine kleine Leibesfrucht (Embryo), erst ein paar Zentimeter lang, vorzeitig ausgestoßen wird. Erst, wenn zum Zeitpunkt der Fehlgeburt die Schwangerschaft schon zwölf Wochen gedauert hat, kann man mit bloßem Auge sehen, ob es ein Bub oder ein Mädchen ist: Während bei der *weiblichen* Frucht die Geschlechtsorgane mehr im *Innern* des Körpers liegen, entwickeln sie sich bei der *männlichen* nach *außen* hin. Und so bleibt das im ganzen Leben des Menschen.

Beim Manne sind die Keimdrüsen (Hoden-Testes) in zwei häutigen, durch eine Naht miteinander verbundenen Säcken (Hodensack, Scrotum) beweglich zwischen den Beinen aufgehängt. Das männliche Glied (Penis) tritt ebenfalls nach außen hervor. Es ist inwendig hohl (Harnröhre, Urethra) und dient merkwürdigerweise zugleich dem Abfluß des Harns aus der Harnblase *und* der Ausstoßung der Samenflüssigkeit (Sperma). Durch einen sinnreichen Verschluß ist dafür gesorgt, daß niemals Harn und Sperma gleichzeitig aus der Harnröhre herauskommen.

Daß die Geschlechtsorgane beim Manne außen zu sehen sind, gilt im allgemeinen als unschön. Es hat aber seinen biologischen

Sinn und ist daher, wie alles Seiende, gut und damit auch schön. Ein Mann ist also, wenn er einigermaßen gepflegt und sportlich und noch nicht gar zu alt ist, schön. Ebenso schön wie eine Frau. Die Antike hat sich am Körper des jungen Mannes gefreut und ihn in vielen berühmt gewordenen Kunstwerken dargestellt. Wenn trotzdem die Frau häufiger als Aktmodell auftritt als der Mann, so muß man bedenken, daß die Künstler meistens Männer sind, und daß die Frau auch – im Bewußtsein ihrer Schönheit – leichter bereit ist, ihren Körper zu entblößen. Der Leser, der hier stutzt, erinnere sich an Bikini und Dekolleté, an enge Pullover und schimmernde Perlonstrümpfe bei kniekurzen Röckchen; ganz zu schweigen von Striptease – alles besonders geschickte Formen der Entblößung, auf die ein Mann nicht leicht verfallen würde.

Männer tragen ja grundsätzlich reizlose, nicht anliegende Kleidung und häßliche Wäsche, womit sie sich von vornherein der Möglichkeit berauben, sich bei Gelegenheit auf ansprechende Weise zu entkleiden. Es bleibt ihnen deshalb im Ernstfall nichts übrig, als in einer dunklen Ecke alles schnell von sich zu werfen... Wenn nun die Frau, so gänzlich unvorbereitet, solch splitternackten Mann vor sich sieht, kriegt sie natürlich einen Schreck. Der Mann schließt daraus wieder, daß er ein von Natur aus häßliches Geschöpf sei, und hat nächstes Mal noch mehr Hemmungen.

Das ist also zum großen Teil Tradition und hat mit Schönheit oder Häßlichkeit wirklich nicht viel zu tun. Ebensowenig mit echter Schamhaftigkeit.

Hier sei erwähnt, daß man aus der Größe der männlichen Organe nicht auf die Potenz oder Triebhaftigkeit des Mannes schließen kann.

Weiter wäre hier zu sagen, daß es bei den männlichen Organen gewisse Mißbildungen gibt, die aus der Entwicklung des Embryos im Mutterleibe zu verstehen sind.

Da sind zuerst die Zwitterbildungen zu nennen, bei dem die Geschlechtsorgane des Neugeborenen nicht recht männlich, aber auch nicht richtig weiblich aussehen, so daß man im Zweifel ist, ob man beim Standesamt einen männlichen oder einen weiblichen Vornamen angeben soll. Oft bringt die spätere Entwicklung des Kindes eine Entscheidung, oder durch Operation wird eine Klärung herbeigeführt, wobei sich dann herausstellt, ob männliche oder weibliche Keimdrüsen angelegt sind.

Eine viel häufigere angeborene Störung besteht darin, daß die Hoden nicht an der richtigen Stelle liegen. Dazu muß man wissen, daß die männlichen Keimdrüsen (genau wie die weiblichen) beim Embryo zunächst in der Nierengegend liegen und erst einige Zeit vor der Geburt nach abwärts wandern. Nun ist diese Wanderung besonders bei Frühgeborenen, aber auch bei manchen reifen Neugeborenen, zum Zeitpunkt der Geburt noch nicht beendet, und man findet die Hodensäcke noch leer. (Bauchhoden, Leistenhoden, Kryptorchismus.) Meistens wandern die Keimdrüsen im Laufe des ersten Lebensjahres von selbst an ihren Platz. Wenn nicht, soll man den Arzt fragen. Wenn der Junge größer ist, kann man durch Hormone oder eine Operation nachhelfen und oft die Sache ganz in Ordnung bringen. Unbedingt sollte das noch vor der Pubertät in Angriff genommen werden, weil sonst dauernde Schäden entstehen können. Die häufigste und harmloseste Störung betrifft lediglich die Vorhaut. Die Vorhaut ist die ringförmige Hautfalte, die den vorderen Teil des Gliedes (Eichel) bedeckt und normalerweise leicht zurückgeschoben werden kann bzw. von selbst über die Eichel zurückgleitet. Ist nun die Vorhaut verengt (Phimose), kann der Säugling dadurch Schwierigkeiten beim Wasserlassen haben. Meistens gibt sich das von selbst. Zuweilen wird es der Arzt durch eine Dehnung oder eine kleine Operation in Ordnung bringen.

Manche Religionen (Juden, Mohammedaner) schreiben eine Beschneidung der Vorhaut vor. Das ist auch von hygienischer Bedeutung: Unter der Vorhaut sammelt sich nämlich immer etwas Hauttalg an, vermischt mit abgeschilferten Hautschüppchen. Diese schmierige Masse (Smegma) zersetzt sich sehr leicht, besonders bei Unsauberkeit und warmem Klima, und kann dann zu Entzündungen, auf die Dauer vielleicht sogar zu Krebs führen. Jedenfalls hat man festgestellt, daß bei den Juden fast niemals ein Peniskrebs vorkommt. Auch bei den Mohammedanern ist er sehr selten, aber etwas häufiger als bei den Juden, was man darauf zurückführt, daß die Knaben der Mohammedaner erst mit zwölf Jahren beschnitten werden, die der Juden dagegen gleich nach der Geburt. Interessanterweise ist bei den Frauen der Juden und der Mohammedaner der Krebs des Gebärmutterhalses (also des Teiles, der mit dem Glied des Mannes in Berührung kommt), extrem selten, während bei uns der Gebärmutterhalskrebs zu den häufigsten Krebsen überhaupt gehört. Das gibt doch zu denken. Wenn wir nicht eine generelle Beschneidung aller Knaben propagieren wollen, so sei doch schon hier darauf hingewiesen, daß der Mann diese Körperteile sehr sorgfältig waschen muß, und zwar jeden Tag, nicht nur in seinem eigenen Interesse, sondern auch im Interesse der Gesundheit seiner Frau! Im übrigen sind die männlichen Organe nicht besonders empfindlich, ganz im Gegensatz zu denen der Frau. Sauberkeit ist aus den verschiedensten Gründen selbstverständlich, für warme Wäsche ist beim Manne meistens gesorgt, weiter bedarf es eigentlich nichts.

Die Aufgaben der männlichen Organe

Die Keimdrüsen des Mannes haben zwei Aufgaben: Erstens produzieren sie die *Samenzellen* (Spermien), also das, was der Mann zur Entstehung eines Kindes beiträgt; zweitens erzeugen sie die männlichen *Hormone*.

Zuerst zu den Samenzellen: Das sind winzige Körperchen, die aus einem dicken Kopf (der die »Erbmasse« enthält) und einem langen, lebhaft wedelnden Ruderschwanz bestehen. Das ganze ist so klein, daß man es nur im Mikroskop sehen kann. Mit dem Schwanz bewegen sich die Spermien vorwärts, und zwar schwimmen sie so schnell wie ein Weltmeister im Schwimmsport, wenn man die Geschwindigkeit auf ihre winzige Körperlänge bezieht! Manchmal muß der Arzt die Samenflüssigkeit eines Mannes im Mikroskop untersuchen, um zu sehen, ob der Mann zeugungsfähig ist. Dann sieht er diese flinken Schwimmer, die wie muntere Tierchen herumstrudeln. In jedem dieser kleinen Lebewesen aber ist die Anlage zu einem Kinde, mit allen körperlichen und geistigen Eigenschaften, die der Vater ihm mitgeben kann.

Diese Samenzellen werden in den Hoden gebildet. Von dort gelangen sie in die Nebenhoden, wo sie gespeichert werden. Bei Bedarf werden sie durch einen langen dünnen Gang, den Samenleiter, in die Harnröhre und von dort nach außen befördert. Auf dem Wege kommt noch Flüssigkeit aus der Vorsteherdrüse (Prostata) dazu. Das ist eine kastaniengroße Drüse, die dicht an der Harnröhre liegt, gerade da, wo der Blasenschließmuskel sitzt. Auch die Samenblasen und noch andere kleinere Drüsen geben etwas Flüssigkeit dazu. Der fertige Samenerguß beträgt mehrere Kubikzentimeter einer gelblichweißen, etwas schleimigen Flüssigkeit von eigenartigem Geruch. Und in *jedem Kubikzentimeter* dieser Flüssigkeit schwimmen 60–100 *Millionen* quicklebendiger, kräftiger Samentierchen herum, die kein anderes Bestreben haben, als das weibliche Ei zu befruchten, um ein Kind zu erzeugen. Wenn bei mehrmaligem Geschlechtsverkehr kurz hintereinander mehrmals ein Schub Samenflüssigkeit ausgestoßen wird, so kann die Zahl der Spermien abnehmen. Dann sind vielleicht in einem Erguß nur noch 200 Millionen, statt wie sonst 600 Millionen. Wenn man keine Empfängnis wünscht, darf man sich dadurch nicht in Sicherheit wiegen lassen: Eine *einzige* Samenzelle genügt für die Befruchtung! Die Natur arbeitet, wo es ihr um die Erhaltung der Art geht, mit riesigem Überfluß, wie ja jeder einzelne Baum unzählige Blüten trägt.

Trotzdem braucht man nicht zu befürchten, daß bei solchem Überfluß eine Stauung eintreten könnte, z. B. wenn ein Mann nicht verheiratet ist oder auf einer Seereise keine Gelegenheit hat. Bei solchen Männern entlädt sich die Samenflüssigkeit von Zeit zu Zeit während des Schlafes, ebenso wie bei Jugendlichen. Im übrigen wird, wenn wenig Sperma verbraucht wird, auch wenig hergestellt, so daß eine Stauung nicht eintritt. Wenn der Mann trotzdem das Gefühl einer zuerst lustvollen, dann aber unerträglich drängenden Fülle und Spannung in diesen Organen hat, so liegt das an einem starken *Blut*zudrang. Das männliche Glied hat drei Schwellkörper. Das sind langgestreckte, schwammige Gebilde, die die Harnröhre rechts und links und auf ihrer Unterseite ihrer ganzen Länge nach umgeben. Wenn sich der Mann geschlechtlich erregt, sei es durch eine Berührung, einen Anblick oder auch nur durch einen Gedanken, so strömt das Blut in diese Schwellkörper, und zwar durch eine Art Ventil, so daß es nicht wieder zurück kann. Dadurch wird das Glied, das im Ruhezustand weich und klein herunterhängt, auf einmal hart und lang und fast doppelt so dick; es richtet sich gerade auf und streckt sich dadurch nach vorn. Diesen Zustand der Versteifung nennt man *Erektion*. Es ist die Vorbedingung zum Geschlechtsverkehr, denn nur das voll aufgerichtete (erigierte) Glied kann in den Körper der Frau eingeführt werden. Erektionen gibt es aber auch bei Männern, die selten oder gar keinen Geschlechtsverkehr haben. Schon beim männlichen Säugling sieht man, wie sich das Glied versteift, besonders im warmen Bad und vor dem Wasserlassen. Auch beim erwachsenen Mann hängt die morgendliche Erektion meistens mit der Füllung der Blase zusammen. Sie kommt bei älteren Männern, bei denen die eigentliche Potenz schon recht nachgelassen hat, noch vor und kann unter Umständen zum Geschlechtsverkehr ausgenutzt werden. Auf die Erektion kann nun die *Ejakulation* folgen, d. h. die Ausstoßung der Samenflüssigkeit. Beim Geschlechtsverkehr ist das die Regel – wir kommen später noch darauf zurück. Im andern Falle verschwindet die Erektion nach einer Weile wieder, d. h. der Abfluß des Blutes wird freigegeben, und bald ist das Glied wieder schlaff und klein wie vorher.

Die Frau wird diese Vorgänge erst in der Ehe genauer kennenlernen. Aber schon das junge Mädchen muß wissen, was es bedeutet, wenn sie z. B. beim Tanzen das Glied des Mannes gegen ihren Körper drängen fühlt. Sie muß wissen, was er sich jetzt wünscht, so gelangweilt sein Gesicht auch aussehen mag. Wenn sie ihm nicht (oder an diesem Abend noch nicht) körperlich nahekommen will, so sollte sie sich jetzt zurückhalten und ihn nicht noch weiter erregen; für einen Mann (besonders einen *jungen* Mann) kann es sehr schwer sein, die Erregung wieder abklingen zu lassen. Sie muß wissen, daß ein Mann zuerst von Herzen zärtlich sein kann, mit einemmal aber doch bitterböse wird auf das Mädchen, das sich ihm gerade in dem Augenblick entzieht, wo bei ihm durch die beiderseitige Zärtlichkeit das Blut schmerzhaft in die männlichen Organe drängt. Da kann es sein, daß er die Frau stehenläßt oder daß er sie doch nach Hause begleitet und sie dann auf dem Wege rücksichtslos überfällt – ohne daß das für das Mädchen irgendwie schön wäre, zumal es eventuell auch unerwünschte Folgen haben kann.

Wir sagten, daß die Keimdrüsen des Mannes außer den Spermien noch etwas anderes hervorbringen, nämlich die männlichen *Hormone*. Das sind Stoffe, die die typisch männliche Prägung des Körpers und der Seele bewirken: die kräftige Statur des Mannes, seine starken Knochen und Muskeln, die tiefe Stimme, die männliche Verteilung der Behaarung (stärkere Behaarung am ganzen Körper, besonders auf der Brust, Neigung zur Glatzenbildung, die männliche Art der Schamhaare, die sich in einer auslaufenden Spitze bis zum Nabel hinaufziehen, und vor allem natürlich der Bart). Außerdem steuern die Hormone den männlichen Geschlechtstrieb und die Potenz, d. h. die Fähigkeit des Mannes zum Geschlechtsverkehr. Überdies haben sie einen Einfluß auf die gesamte geistig-seelische Haltung des Mannes. Die Hormone beginnen mit ihrer prägenden Arbeit bereits im Mutterleib und bewirken die Differenzierung der Geschlechtsorgane nach der männlichen Richtung. Auch im Kindesalter sind sie fortwährend tätig. Man ist ja oft erstaunt, wie sehr sich schon im Alter von erst einem Jahr ein Bub von einem Mädchen unterscheidet; kurz darauf fängt es dann an, daß der Bub eine Neigung zu Rädern und mechanischen Spielzeugen, zu langen Stöcken und dicken Steinen entwickelt, während das kleine Mädchen lieber mit Stoffresten, Blumen und Puppen spielt.

Erst in der Pubertät werden *größere Mengen* von Hormonen

gebildet. Von den starken Umwandlungen, die damit für Leib und Seele verbunden sind, sprechen wir noch.

Wenn im höheren Alter die Produktion von Hormonen nachläßt, so bleibt der Mann dennoch ein richtiger Mann: In den vielen Jahren ist die leib-seelische Prägung so gefestigt, daß – außer einem allmählichen Nachlassen der sexuellen Aktivität – sich nichts Wesentliches mehr ändert.

Anders, wenn durch einen Unfall oder eine Operation schon in jungen Jahren die Keimdrüsen entfernt oder zerstört worden sind (Entmannung, Kastration). Wenn man dann die fehlenden Hormone nicht dauernd künstlich zuführt, so verliert der Mann einen Teil seiner männlichen Eigenschaften, und zwar um so mehr, je *jünger* er zum Zeitpunkt des Verlusts war. Kastrierte Knaben behalten eine hohe Stimme (Falsett) und werden sehr groß. Fast alle Kastraten werden fett und weichlich, wie man dies bei den Haremswächtern im Orient (Eunuchen) beobachten kann. Manchmal bekommen sie geradezu weibliche Körperformen. In jedem Manne ist nämlich eine kleine Menge weibliches Hormon. Wenn nun das männliche wegfällt, so bekommt das weibliche die Oberhand und führt z. B. zu stärkerer Fettansammlung an der Brust oder an den Hüften.

Die männliche Sexualität in der Kindheit und in den Reifungsjahren

Bereits im Säuglingsalter gibt es Versteifungen des männlichen Gliedes, die wohl teilweise mit Lustgefühlen verbunden sind. Das ist völlig normal. Später, wenn der Einfluß der männlichen Hormone stärker wird, wird das häufiger, bleibt aber zunächst noch unbewußt, wenn nicht ein ungeschickter Erwachsener das Interesse darauf lenkt.

Wenn die Pubertät naht, gibt es unter dem Einfluß der Hormone hin und wieder nächtliche unabsichtliche Samenergüsse (Pollutionen), die mit lustvollen Träumen verbunden sind. Das bleibt bei jungen Männern, die sich noch nicht geschlechtlich betätigen, unter Umständen noch jahrelang so. Meistens kommt es aber schon bald zur Selbstbefriedigung (Onanie, Masturbation). Es ist in diesem Alter noch alles normal anzusehen und sollte die Eltern nicht gar zu sehr erschrecken. Schlimm wird es nur, wenn es in solchem Übermaß betrieben wird, daß das ganze Sinnen und Trachten des Knaben davon erfüllt ist; vor allem aber, wenn sich deshalb starke Schuldgefühle entwickeln. Man sagt ja neuerdings, daß diese Schuldgefühle viel schädlicher für die Entwicklung des jungen Menschen seien als die Onanie selbst.

Wir können hier nicht auf alle Probleme der Kindheit und Pubertät eingehen, das würde wieder mehrere Bücher füllen. Nur was für unser Thema »Liebeskunst und Eheglück« wichtig ist, soll angedeutet werden.

Nun ist es so, daß in frühester Kindheit bereits die Weichen gestellt werden können für eine glückliche oder unglückliche Ehe.

Schon im zartesten Alter lernt das Kind zu lieben; schon das Zweijährige nimmt sich unbewußt ein Beispiel an seinen Eltern. Wenn diese in harmonischer Ehe leben und das Kind ganz selbstverständlich und natürlich in ihre Liebe mit einbeziehen, wenn womöglich noch ein paar Geschwister da sind, dann braucht man um die spätere Liebesfähigkeit eines normal veranlagten Kindes nicht viel zu fürchten.

Viele Kinder wachsen aber in Verhältnissen auf, die ihnen fürs ganze Leben ein Trauma sind und einen Knacks geben. Dazu kommt, daß manche Eltern irgendwelche Bücher gelesen haben, aus denen sie entnehmen, daß man den Kindern keine Liebe und Zärtlichkeit zeigen dürfe. Besonders bei kleinen Buben heißt es dann, das wäre unmännlich, und so wehren die Eltern die natürliche Zärtlichkeit der Kinder ab.

Ein Körnchen Wahrheit ist schon daran: Man soll nicht *übertrieben* zärtlich zu Kindern sein, sie nicht auf den Mund küssen wie ein Mann seine Braut, auch Gesäß und Geschlechtsteil nicht unnötig berühren. Auch nicht aufs Gesäß schlagen! Sonst können tatsächlich im Kinde gar zu früh gewisse sexuelle Gefühle geweckt werden, die in diesem Alter noch schlummern sollten. Auch können sich bei dazu veranlagten Kindern gewisse neurotische Bindungen an die Eltern oder an einen Elternteil entwickeln, die sich zwanzig Jahre später auf Gattenwahl und Ehe ungünstig auswirken. Aber hier handelt es sich nur um Auswüchse. Im allgemeinen muß man den Eltern recht geben, die sagen: »Das kleine zarte Wesen braucht doch so viel Liebe, und wie soll man sie ihm zeigen, wenn nicht durch Zärtlichkeit?« Und wie oft kommt es vor, daß ein Bub als Kind zu streng und ohne Zärtlichkeit erzogen wurde und nun auch als junger Mann es nicht wagt, seinem Mädchen seine Gefühle zu zeigen, aus lauter Angst, unmännlich zu wirken. Das aber macht kein Mädchen lange mit.

Wir wollen festhalten: Wirkliche Zärtlichkeit ist ein Zeichen der Reife. *Lernen* muß man das aber schon als Kind. Natürlich veranlagte, liebevolle Eltern werden es schon recht machen. Sie wissen, daß in den ersten Lebensjahren die Eltern für das Kind die ganze Welt bedeuten, daß die Liebe und auch das Vorbild der Eltern das Kind zu dem machen, was es später einmal werden soll.

Eines Tages, mit 13 Jahren vielleicht, meldet sich die Pubertät an. Der Junge ist nicht mehr so unbefangen, er schließt jetzt zu, wenn er badet, und mag der Tante keinen Kuß mehr geben. Wenn die Nachbarstochter vorbeigeht, mit der er vor kurzem noch Fußball gespielt hat, errötet er. Eines Tages entdeckt man, wie er sich mit Vaters Rasierapparat zu schaffen macht. Eigentlich ist ja nicht viel zu rasieren bei ihm, aber er behauptet, das Rasieren würde den Bartwuchs fördern. Vor dem Spiegel steht er jetzt sehr oft, und jede Woche hat er eine neue Frisur. Lachen darf man jetzt auf keinen Fall über ihn, lieber sollte man ihn ein wenig »unter Naturschutz« stellen. Er macht es sich nämlich nicht etwa leichter, als er es seinen Eltern macht, im Gegenteil: Er fühlt sich unverstanden daheim und ist selbst am allerunglücklichsten darüber. Gewiß, alle meinen es gut mit ihm, das muß er zugeben, aber er ist doch kein Kind mehr und möchte auch keines mehr sein. Ein Erwachsener ist er natürlich noch nicht, und er möchte eigentlich keiner sein... So rauh er nach außen scheint, so verletzlich ist er im Innern, und wenn jemand über ihn lacht, hätte er nicht übel Lust, zur Fremdenlegion zu gehen oder sich in einen Vulkan zu stürzen. Nur nichts Alltägliches... Seine Schulleistungen lassen recht nach, gerade in dem Augenblick, wo er irgend jemandem imponieren möchte. Und statt eines gepflegten Bartwuchses stellen sich Hunderte von scheußlichen Pickeln ein – ausgerechnet in dem Augenblick, wo man so gern gut aussehen möchte... Eine schwierige Zeit für den Jungen und seine Eltern. Nicht immer äußert es sich so, daß man sagen könnte *Flegeljahre*. Oft ist so ein Bub im Gegenteil sehr scheu und still, in sich gekehrt, leicht verstimmt. Man sagt: In diesen Jahren merken die Kinder, was sie an ihren Eltern haben!

In dieser Zeit nun sollte ein Junge bereits alles Wesentliche über die Liebe, die Fortpflanzung und über die damit verbundenen Gefahren wissen. Schon in der Kindheit sollte man damit anfangen. Wenn ein Kind von sieben Jahren fragt, woher eigentlich das kleine Geschwisterchen gekommen sei, so darf man ihm ruhig sagen, daß es bis jetzt im Leib der Mutter geruht hat, da wo auch er hergekommen ist vor sieben Jahren. Das werden auch die meisten Eltern noch fertigbringen. Schwieriger wird es, die Rolle des Vaters bei der Entstehung eines Kindes zu erklären. Eine beliebte Methode ist es, mit dem Kind Pflanzen und Tiere zu beobachten, so daß der Schritt zum Menschen dann nicht mehr so ungeheuerlich ist. Auf dem Lande ergibt sich das besonders leicht. Wenn die Eltern sich genieren, mit ihren Kindern darüber zu sprechen, so sollen sie daran denken, auf welch schmutzige Weise es die Kinder in kurzer Zeit erfahren werden. Unter 11- bis 13jährigen werden diese Dinge in einer Weise besprochen, die von manchen alten Herren in fröhlicher Runde kaum erreicht werden dürfte. Es kann Jahre dauern, bis ein junger Mann den ersten Eindruck, den er auf diese Weise von der *Liebe* erhalten hat, wieder überwindet.

Gefährlich ist unter anderem das Kraftprotzentum, das in

manchen Kreisen junger Männer herrscht; da hört der Jüngling, um richtig männlich zu sein, müsse er möglichst bald mit dem Geschlechtsverkehr anfangen, je öfter, desto besser, natürlich immer wieder mit anderen Mädchen. Die Frau sei sozusagen immer da, um seinen Drang abladen zu können. Warum wir dies so schonungslos aussprechen? Weil es die Aufgabe der Eltern ist, schon vorher, vielleicht, wenn der Bub 11 Jahre ist, die Dinge in der richtigen Form mit ihm zu besprechen. Das ist eben doch ein gewisser Schutz gegen die üblen Reden, die bald darauf über ihn ausgegossen werden können. Wenn er später ein Mädchen hat, eine Gattin, so hat diese es viel schwerer, den verfahrenen Karren wieder aus dem Morast zu ziehen, abgesehen davon, daß die besseren der Mädchen sich vor einem *verdorbenen* jungen Mann hüten.

Wichtig ist natürlich in *dieser* Lebensphase das Beispiel der Eltern. Gerade Jungen in den Pubertätsjahren beobachten sehr genau. Gewiß, der Bub wird immer annehmen, daß seine Eltern schon etwas verkalkt sind, jedenfalls die jugendlichen Triebe, die *ihn* zur Zeit so bewegen und plagen, längst hinter sich haben. Trotzdem wird er instinktiv fühlen, was eine gute Ehe bedeutet, wie er sie von frühester Kindheit an bei seinen Eltern erleben durfte.

Wenn alles seinen natürlichen Weg geht, so wird der Bub zuerst einige Vorstufen der Liebe durchlaufen, die zwar durchaus von Eros getragen, aber noch nicht mit sexuellem Begehren verbunden sind. Er schwärmt für den jungen Zeichenlehrer, oder aber er verehrt eine ältere, mehr mütterliche Frau. Geschlecht und Alter des verehrten Wesens spielen dabei noch keine große Rolle. Auch die Jugendbünde, sei es ein Sportverein, eine Pfadfindergruppe oder ein Jazzklub, fördern gleichgeschlechtliche Freundschaften, ohne daß dabei etwas Bedenkliches wäre. Die Tanzstundenliebe gehört ebenfalls in dieses Stadium der Vorstufen. Früher oder später ist es auf einmal so weit, daß er ein Mädchen hat, mit dem er tanzen oder Ski fahren geht. Es kann sein, daß beide meinen, dies sei die große Liebe. Leider hat die große Liebe kein Schild um den Hals. In diesem Alter ist es praktisch *niemals* die große Liebe, weil man einfach dazu noch nicht reif ist. Trotzdem kann der Drang nach körperlicher Vereinigung so stark sein, daß man ihm nachgibt (sofern nicht die beiderseitigen Eltern es zu verhindern wissen). Von den Nöten und Gefahren, die dies mit sich bringt, werde ich noch berichten.

Das wäre also in etwa die normale Entwicklung der Dinge. Leider steht jedoch die erste Begegnung mit dem anderen Geschlecht unter einem ganz anderen, üblen Vorzeichen. *Die Mädchen, die gleich Bubi sagen und sich auch sonst gemein betragen*, haben oft ein ausgesprochenes Vergnügen daran, einen anständigen jungen Mann einzufangen und verzichten in solchem Falle sogar mal aufs »Honorar«.

Eltern junger Söhne sollten die kleine Geschichte von Franz Werfel: *Der Abituriententag* lesen. Die Eltern sind es ja, die versuchen müssen, diese Gefahren vorauszusehen und rechtzeitig zu bekämpfen. Viel ist schon gewonnen, wenn auch über die kritischen Jahre der Pubertät hinweg ein Vertrauensverhältnis zwischen Eltern und Sohn bestehen bleibt. Das heißt nicht, daß der Junge jede Regung seines Herzens mit den Eltern besprechen muß, ihnen jedes kleinste Erlebnis erzählen; aber es sollte so sein, wie ein Mädchen neulich sagte, als es gefragt wurde, was eigentlich ein *Zuhause* sei: »Zuhause ist, wo man, auch wenn's einem dreckig geht, nicht rausgeschmissen wird.«

Das körperlich-seelische Empfinden des Mannes

Schon in den beiden vorigen Abschnitten haben wir zum körperlich-seelischen Empfinden des Mannes übergeleitet. Wir werden immer wieder davon zu sprechen haben. Zunächst nur so viel:

Der Mann ist leichter geschlechtlich (sexuell) erregbar als die Frau, und zwar auch durch solche Reize, die keinen großen Tiefgang haben. Mit solchen Reizen wird er nicht nur von den ihn umgebenden Frauen, sondern viel mehr noch von der Industrie her überschwemmt. Auch wenn er sich kein Magazin kauft, keine Striptease-Veranstaltungen und nicht einmal ein Kino besucht, so fällt sein Blick allenthalben auf die Titelseiten der Illustrierten, auf riesige Kinoplakate und Auslagen in Schaufenstern, die ihm halb-, dreiviertel- und noch weiter entkleidete Frauen zeigen (in allen Abstufungen vom Künstlerischen bis zum Obszönen) und weiter viele Darstellungen, die geeignet sind, ihn zu erregen. Bei einem Mann braucht es dazu wirklich nicht viel: Ein Bild genügt vollauf, ja schon eine Vorstellung, ein Gedanke. Natürlich auch der Anblick hübscher Frauenbeine, die so aufreizend vor ihm herstöckeln, oder die Umrisse des weiblichen Körpers, die sich unter einem engen Pullover abheben. Dabei ist es zunächst von untergeordneter Bedeutung, ob die Wirkung zum größten Teil auf einen schaumgummiunterlegten BH zurückzuführen ist. Oft ist es etwas, was eine Frau als eine Winzigkeit empfindet: das Vorbeistreifen eines Kleides im Kino, ein Atemhauch, der in der überfüllten Straßenbahn seine Wange streift –: Ein Mann kann noch lange davon träumen oder, je nach Veranlagung, schnell aggressiv werden.

Ein kultivierter Mann wird diese Empfindungen zu zügeln lernen, und seine Frau wird Verständnis und ein bißchen Humor dafür aufbringen; vor allem wird sie sich klugerweise diese kleine männliche Schwäche zunutze machen. An der Tatsache, daß der Mann nun einmal so veranlagt ist, ändert sich sowieso nichts. Biologisch kann man das vielleicht so verstehen, daß der Mann, der ja jeden Tag Millionen von Spermien produzieren kann, von diesem Gesichtspunkt her mit seiner Männlichkeit wirklich nicht geizig zu sein braucht; ebenso wie jedes einzelne Samentierchen eifrig auf der Suche nach dem zu befruchtenden Ei ist, immer bedrängt durch die große Konkurrenz der Millionen anderer Spermien, ebenso ist – rein biologisch gesehen – der Mann immerzu auf der Suche nach einem Boden, in den er seinen überreichen Samen senken kann. Bei der Frau ist das alles ganz anders: Wenn nur ein einziges dieser Millionen Samentierchen in ihren Körper eindringt, so kann daraus sehr leicht eine Schwangerschaft entstehen, also eine riesige Umwandlung in ihrem ganzen Leben. Man kann es schon verstehen, daß ein Mädchen normalerweise in diesen Dingen viel zurückhaltender ist als ein Mann und am liebsten erst den Trauring am Finger haben möchte.

Durch die vielen Kriege kommen immer wieder Zeiten des Männermangels oder des *Frauenüberschusses*. Da werden sich die Männer jedesmal ihres Wertes stark bewußt, oft sogar übermäßig stark. Eine Zeitlang kann sich sogar das natürliche Verhältnis umkehren, so daß die Frauen sich um die Männer bemühen. In solchen Zeiten haben auch minderwertige Männer noch Chancen. Dem richtigen Mann aber gefällt dieser Zustand letzten Endes nicht. Ihm liegt es im Blut zu werben, zu erobern, er möchte aus einer Reihe von Bewerbern als der Beste, der Stärkste, als der Sieger hervorgehen und dann der Einzige für seine Frau sein.

Im Manne schlummert immer das Gefühl, daß er etwas abzugeben hat, was auf der ganzen Welt in riesigem Überfluß vorhanden ist, eben die Millionen von Samentierchen. Er sieht zu, sie laufend und möglichst ohne Risiko loszuwerden. Man sagt deshalb, der Mann habe »einen Geschlechtstrieb an sich«, während der Geschlechtstrieb der Frau immer auf einen bestimmten Partner gerichtet sei. Biologisch wäre das gut zu verstehen, denn die Frau sieht im Manne immer ganz im geheimen den möglichen Vater ihres Kindes und ist darum viel wählerischer. Ob es aber bei der Frau gar keinen *Geschlechtstrieb an sich* gibt? Sie würde wohl kaum darüber sprechen.

All diese Dinge spielen sich weitgehend im Unbewußten ab und sind weder gut noch böse, sondern natürlich. Eine verständige Erziehung, auch die Selbsterziehung, zunehmende Reife und mancherlei Erfahrungen lassen den normalen Mann dieses Streben so weit bändigen, daß er in den meisten Fällen freiwillig und recht zufrieden den größten Teil seines Lebens in der Ehe, also mit einer einzigen Frau verbringt. Vielleicht wird seine ursprüngliche Veranlagung irgendwann einmal in einem Seitensprung hervorkommen; vielleicht wird er nur hin und wieder einmal mit seinen Stammtischbrüdern über einen Herrenwitz schallend lachen (das ist in späteren Jahren besonders häufig). Im besten Falle wird es seiner klugen Gattin gelingen, ihm über viele Jahre hinweg immer wieder die kleinen Reize und Abwechslungen zu bieten, nach denen sein Herz so sehnsüchtig verlangt und für die er so strahlend dankbar ist, daß die Frau im geheimen fast ein wenig lächeln muß. Der spanische Schriftsteller José de Campos schreibt: »Nur etwas kann das Herz des Mannes ganz erfüllen, nämlich das Herz des Weibes.«

Andererseits: »Dem normalen Mann gefallen fast alle Frauen, die in seine Nähe kommen« (Ortega y Gasset).

Wenn der Mann nun so leicht entzündbar und aktiv ist, kann es bei ihm natürlich nicht jedesmal so tief gehen. Es liegt in seiner Natur, daß Liebe und Ehe sein Leben nicht *dauernd* ganz erfüllen; sein Hauptziel ist sein Werk, seine Arbeit, sein Beruf. Auch ein Mädchen wird das einsehen, besonders im Hinblick auf die Familiengründung.

Wenn der abendliche Besucher sich zärtlich von seinem Mädchen verabschiedet hat, schleicht er heiter und siegesbewußt, vielleicht ein kleines bißchen albern, die Treppe hinunter, noch ganz voll Liebe und Dankbarkeit für den schönen Abend. Wenn er unten den Schlüssel herumdreht, denkt er schon an die Flugreise, die er übermorgen vorhat, oder er entwirft einen Leitartikel für die Zeitung, bei der er tätig ist. Vielleicht erwägt er nur, ob er doch noch fünfzig Kisten Apfelsinen für sein Geschäft bestellen soll...

Das Mädchen dagegen liegt noch träumend auf dem Bett und denkt an den Geliebten. Sie schläft ein in dem Gedanken an ihn, und wenn am Morgen die Post kommt, meint sie, es müßte schon ein Briefchen von ihm da sein. Tag um Tag wartet sie, während er zwar noch recht gern an sie denkt, im übrigen aber mit beiden Beinen in seinem Beruf steht.

Nach 14 Tagen steigert sich die Unruhe des Mädchens: Sie wartet auf die Periode, und schon bei dem Gedanken, es könnte etwas nicht in Ordnung sein, ist ihr morgens ganz übel vor Angst.

Zum Thema Schwangerschaft hat der Mann natürlich eine ganz andere Einstellung als die Frau, weil er selbst ja niemals ein

Kind bekommen kann. Wenn er so etwas hört, ist sein erster Gedanke oft *Heiratszwang* oder *Alimente*. Insofern kann der Mann ebenso große Angst vor einer Schwangerschaft haben wie das Mädchen. Ist er aber erst einmal verheiratet, kann er sich ebenso sehnsüchtig ein Kind wünschen wie seine Frau; wenn es dann da ist, kann er sich genauso freuen.

II. Teil
DIE FRAU

*Die weiblichen Organe und ihre Pflege · Die Aufgaben der
weiblichen Organe · Die weibliche Sexualität in der Kindheit und in den Reifungsjahren · Das körperlich-seelische
Empfinden der Frau*

Die weiblichen Organe und ihre Pflege

Die Keimdrüsen der Frau heißen Eierstöcke (Ovarien). Sie haben etwa die gleiche Größe wie die Hoden des Mannes, sind aber von außen nicht zu sehen oder zu fühlen, sondern liegen im kleinen Becken, rechts und links, verborgen.

Ebenso wichtig wie die Eierstöcke ist die Gebärmutter (Uterus). Sie liegt in der Mitte des Unterleibs, auch wiederum ganz verborgen, nämlich so, daß vor ihr die Blase, hinter ihr der Mastdarm liegt. Die Gebärmutter hat etwa die Größe und Form einer kleinen, etwas abgeplatteten Birne. Der Halsteil zeigt nach unten und reicht in das weiche Rohr der Scheide (Vagina) hinein. Die Gebärmutter ist, wenn keine Schwangerschaft besteht, nur etwa 5 Zentimeter lang. Sie hat eine dicke, muskelstarke Wand, inwendig aber einen kleinen Hohlraum, der mit Schleimhaut ausgekleidet ist. Diese Gebärmutterhöhle hat drei Ausgänge: Nach unten zu mündet sie mit dem engen Halskanal in die Scheide. Das ist der Muttermund, der durch einen zähen Schleimpfropf schützend verschlossen ist. Nach oben zu gehen rechts und links die Eileiter (Tuben) ab, dünne Rohre, die sich bis zu den Eierstöcken erstrecken. Sie sind etwa 10–15 cm lang.

Die Scheide ist ein sehr elastisches Rohr von etwa 10 Zentimeter Länge, das innen mit einer ziemlich widerstandsfähigen Schleimhaut ausgekleidet ist. Sie ist faltig und hat dadurch eine große Dehnbarkeit, was ihr nicht nur bei der Aufnahme des männlichen Gliedes, sondern noch mehr bei der Geburt zugute kommt.

Die Scheide ist immer etwas feucht. Ihre Schleimhaut sondert nämlich laufend eine kleine Menge Flüssigkeit ab. Diese Flüssigkeit enthält natürliche Milchsäure und ist daher etwas säuerlich. Diese Milchsäure ist ein natürliches Desinfektionsmittel: Sie hält die Bakterien ab, die beim Baden, beim Geschlechtsverkehr usw. in die Scheide eindringen. Das muß man sich ähnlich so vorstellen wie bei einem Fläschchen Joghurt oder bei einem Topf Sauerkraut: Auch da ist die Milchsäure im Spiel, auch da verhindert sie das Eindringen von Bakterien, so daß die Milch oder das Kraut nicht ohne weiteres verderben können.

Wenn nun die säuerliche Flüssigkeit aus der Scheide entfernt wird, sei es durch Spülungen und Salben, sei es durch eitrigen Ausfluß oder durch das ausfließende Menstruationsblut, so besteht die Gefahr einer aufsteigenden *Infektion* mit irgendwelchen Bakterien, die von der Scheide aus nun ungehindert in die Gebärmutter und von dort durch die Eileiter bis ins Innere des Leibes vordringen und sogar eine Bauchfellentzündung hervorrufen können. Ganz besonders besteht diese Gefahr während der Geburt und im Wochenbett, auch bei Fehlgeburten, denn da steht der Muttermund weit offen, und die Gebärmutterhöhle ist eine einzige große Wunde. Das ist dann das berüchtigte Kindbettfieber, eine besondere Art der Sepsis, an der früher viele Frauen gestorben sind.

Der Unterleib ist also bei der Frau etwas Zartes und Empfindliches. Eigentlich ist es irrsinnig, daß gerade die Frau von unten her so leicht angezogen ist. Ein Mann würde das nie durchhalten, im Winter mit Perlonstrümpfen und kurzem Röckchen zu gehen, obwohl seine Organe gar nicht so empfindlich sind. Die Frauen halten es übrigens ebenfalls nicht durch: Es heißt, daß jede dritte Frau wegen Ausfluß (Fluor) in Behandlung sei, ganz abgesehen von allen andern Unterleibsleiden. Es gibt übrigens Wollwäsche, die so eng anliegt, daß selbst eine eitle Frau nicht befürchten muß, dadurch plumper zu erscheinen.

Ferner ist große Sauberkeit notwendig. Man muß bedenken, daß der Scheideneingang ausgerechnet zwischen After und Harnröhrenmündung liegt, also in einer beengten Gegend. Nach dem Stuhlgang ist die ganze Gegend am besten unter fließendem Wasser abzuspülen, und zwar bei Frauen und Mädchen (sogar schon bei weiblichen Säuglingen) immer von vorn nach hinten zu, damit möglichst keine Darmkeime in die Scheide gelangen. Spülungen sollte die Frau nur vornehmen, wenn der Arzt es verordnet. Zur allgemeinen Sauberkeit sind sie *nicht* notwendig. Manche Frauen meinen, es gehöre zur Morgentoilette wie das Zähneputzen. Damit spülen sie aber immer wieder die schützende Milchsäure hinaus und haben nachher unter Ausfluß und anderen Krankheiten zu leiden.

Ferner empfiehlt sich besondere Vorsicht während der Menstruation. Von außen natürlich mehrmals am Tage gründlich waschen, aber es soll nichts nach innen kommen: keine Spülungen, nicht baden, keine Salben und Einlagen, Pessar heraus, am besten auch kein Geschlechtsverkehr. Dem Gatten sei nochmals größte Sauberkeit ans Herz gelegt, ehe er zu seiner Frau kommt.

Die Scheide hat übrigens eine gewisse Muskulatur, ähnlich dem Schließmuskel des Darms. Manche Frauen können diese Muskeln bewegen, um damit das Glied des Mannes fester zu umschließen. Das kann man auch lernen.

Die Scheide mündet frei nach außen. Beim Kind und bei der Jungfrau ist sie nochmals besonders abgeschlossen durch das sogenannte Jungfernhäutchen (Hymen), das eigentlich kein vollständiger häutiger Verschluß, sondern eher ein Ring genannt werden kann. Es hat nämlich eine Öffnung, damit bei der Menstruation das Blut abfließen kann. Bei den meisten Mädchen ist es möglich, durch diese Öffnung die fingerdicken Tampons einzuführen, die der Monatshygiene dienen. Da diese Tampons sich vollsaugen und dicker werden, wird mit der Zeit der Jungfernring etwas gedehnt, so daß es später dem Mann unter Umständen möglich ist, mit dem Mädchen zu verkehren, ohne den Jungfernring zu verletzen. Daraus sieht man schon, daß die körperliche Unversehrtheit nicht mehr die Bedeutung hat, die ihr lange Zeit beigemessen wurde. Es gibt jungfräuliche Mädchen, bei denen der Ring durch einen notwendigen ärztlichen Eingriff verletzt werden mußte (sehr selten), es gibt andere, die schon die verschiedensten sexuellen Erlebnisse hinter sich haben, bei denen aber das Jungfernhäutchen nur gedehnt, nicht eingerissen ist. Wirkliche Jungfräulichkeit ist letzten Endes etwas Seelisches.

Weiterhin ist die Scheide nach außen durch die großen und die kleinen Schamlippen geschützt. Das sind häutige Wülste, die sich, besonders bei der Jungfrau und der Frau, die noch nicht geboren hat, eng aneinanderlegen und so den Eingang noch einmal zudecken. Die großen Schamlippen liegen außen und sind von Haut und Haaren bedeckt. Die kleinen liegen nach innen zu und sind mit Schleimhaut bedeckt. Sie enthalten kleine Schleimdrüsen, die für die Begattung sehr wichtig sind: Wenn die Frau geschlechtlich erregt ist, geben sie einen halbflüssigen Schleim ab, der den Scheideneingang schlüpfrig macht und dadurch die Einführung des männlichen Gliedes sehr erleichtert. Außerdem bedeutet das für den Mann einen besonderen Reiz (es wäre also ganz falsch von der Frau, wollte sie dieses natürliche und wichtige Sekret aus Schamgefühl heimlich entfernen). Die dauernde Absonderung der milchsäurehaltigen Flüssigkeit in der Scheide ebenso wie dieser glasige Schleim haben beide nichts mit Ausfluß zu tun. Ausfluß ist gelblich, grünlich oder bräunlich, auch blutig, beschmutzt die Wäsche und fällt durch die größere Menge meistens auf, oft durch Geruch, Brennen und Jucken. Im Zweifelsfalle nie behandeln, immer gleich den Arzt fragen!

Die Schamlippen laufen vorn zusammen. An dieser Stelle liegt die Klitoris (der Kitzler). Das ist ein Punkt, dessen Berührung für die Frau einen besonders starken sexuellen Reiz hervorruft. Die Klitoris entspricht dem männlichen Glied, hat ebenfalls kleine Schwellkörper und kann sich dadurch im Erregungszustand ein wenig aufrichten. Auch die Schamlippen sind in dieser Hinsicht reizbar. Die Scheide selbst zunächst weniger, gewisse Reize kommen in der Ehe.

Nach hinten zu vom Scheideneingang mündet der Darm, nach vorn zu die Harnröhre, genauso wie im Inneren des Leibes der Darm hinten liegt, liegt die Blase vorn, die Gebärmutter dazwischen. Die Harnröhre hat an ihrer Mündung einen kleinen Wulst, der ebenfalls zu den sexuellen Reizpunkten gehört. Das fleischige Stück zwischen dem Eingang zur Scheide und dem After nennt man Damm. Der Damm spielt bei der Geburt eine Rolle, weil er dabei leicht einreißt und genäht werden muß.

Wir haben also jetzt die Geschlechtsteile (Genitalien) der Frau besprochen:

1. Die inneren Geschlechtsteile; das sind die Eierstöcke, die Gebärmutter und als Verbindungsstücke die beiden Eileiter; ferner die Scheide als Verbindung nach außen.

2. Die äußeren Geschlechtsteile sind die beiden Schamlippen-Paare.

Die Aufgaben der weiblichen Organe

Ebenso wie beim Mann dienen auch bei der Frau die Geschlechtsorgane dazu, ein Kind hervorzubringen. Da bei dieser Aufgabe der Frau der Löwenanteil zufällt, ist über *ihre Organe* viel mehr zu sagen.

Zunächst die Eierstöcke. Entsprechend den Hoden des Mannes, produzieren auch sie zweierlei: erstens das, was die Frau zur Entstehung des Kindes beiträgt, also die Eizelle; zweitens die Hormone.

Die Eizellen sind etwas größer als die Samenzellen, aber immer noch mikroskopisch klein. Während nun die Samenzellen des Mannes täglich und stündlich in unbegrenztem Überfluß gebildet werden, ist die Zahl der Eizellen sehr begrenzt. Im ganzen Leben der Frau kommen etwa drei- bis vierhundert Eizellen zur Reifung, nämlich in jedem Monat eine, und zwar etwa dreißig Jahre lang. Das ist immer noch vielfacher Überschuß, denn sie kann sowieso höchstens einmal im Jahr gebären. Die Eizelle reift im Eierstock, meistens einmal im rechten, im nächsten Monat im linken. Sie sitzt in einer kleinen Hülle, die man den Follikel nennt. Wenn das Ei reif ist, platzt die Hülle (Follikelsprung), das Ei tritt in den Eileiter ein und beginnt, in Richtung Gebärmutter zu wandern.

Wenn nun gerade ein Geschlechtsverkehr stattfindet oder kurz vorher stattgefunden hat, so trifft das Ei im Eileiter oder in der Gebärmutter auf eine große Zahl von männlichen Samenzellen, die sich alle auf das Ei stürzen, um es zu befruchten. *Die* Samenzelle, die am schnellsten und stärksten ist, wird hierbei das meiste Glück haben: Sie dringt in das Ei ein und verschmilzt mit ihm. Damit ist es zur Befruchtung, zur Empfängnis gekommen. Die Frau, in deren Körper das geschieht, ist von *diesem* Augenblick an schwanger, auch wenn noch niemand ihr etwas anmerken könnte und sie selbst noch nicht das geringste davon weiß.

Die befruchtete Eizelle kapselt sich, wie eine gute Ehefrau, sofort gegen die übrigen Bewerber ab und sucht sich einen Platz in der Gebärmutter, an dem sie sich für die nächsten neun Monate festsetzt. An dieser Stelle entsteht nun die Frucht, das Kind.

Die Gebärmutter hat sich übrigens auf diesen Augenblick schon etwa 14 Tage lang vorbereitet: Als das Ei im Eierstock anfing, auszureifen, hat sich unter dem Einfluß bestimmter Hormone in der Gebärmutter eine dicke, saftige Schleimhautschicht gebildet, die mit jedem Tag weicher und dicker wurde, ein richtiges Bett für die Einnistung des Eies. Gerade an dem Tage, an dem das Ei ganz reif war, als der Follikelsprung erfolgte und das Ei sich auf die Wanderung machte – an diesem Tage war das Bettchen fertig.

Der Körper weiß ja nicht, ob in diesem Monat eine Befruchtung eintreten wird, aber auf jeden Fall bereitet er jedesmal alles vor, jeden Monat, über dreißig Jahre lang.

Was geschieht nun, wenn an den Tagen um den Follikelsprung herum kein Verkehr stattfindet oder wenn sich die Eheleute dabei gegen eine Empfängnis schützen? Das Ei wandert in die Gebärmutter und wartet ein wenig, ob doch noch Samenzellen kommen. Aber es kann nicht lange warten, weil es nur eine kurze Lebensdauer hat. Wenn es 2–3 Tage nach dem Follikelsprung noch nicht befruchtet ist, stirbt es ab.

Der Tod des unbefruchteten Eies wird der Gebärmutter sofort gemeldet, wiederum durch die Hormone. Damit weiß die Gebärmutter, daß ihre Vorbereitungen vergeblich waren und räumt das Kinderbettchen wieder weg: Die schöne dicke Schleimhaut wird durch Fermente abgebaut und einige Tage später ausgestoßen. Dabei entsteht eine Blutung, die Menstruation. Das abgestorbene Ei wird ebenfalls mit hinausgespült. Man sieht also, die Menstruation ist eine Art von Fehlgeburt – die Fehlgeburt des unbefruchteten Eies. Man kann sich vorstellen, daß manche Frauen, die sich sehnlichst ein Kind wünschen, zur Zeit der Menstruation traurig sind.

Kaum aber hat sich die Gebärmutter ganz gereinigt, so wird ihr von den Eierstöcken gemeldet, daß wiederum eine Eizelle im Begriff ist zu reifen. Die Gebärmutter macht sich sofort unverdrossen von neuem an die Arbeit und bereitet wieder ein weiches, saftiges Schleimhautlager für das zu erwartende Ei vor. So geht es das ganze Leben lang. Auch wenn eine Frau niemals mit einem Mann zusammen ist, so lassen die weiblichen Organe es sich doch nicht verdrießen, für alle Fälle jeden Monat wieder alle Vorbereitungen zu treffen, um dann in der Menstruation jedesmal alles wieder abzustoßen und dann wieder neu anzufangen. Es kann sein, daß eine Frau erst mit 40 heiratet und dann sofort ein Kind bekommt. Im allgemeinen sagt man, daß durchschnittlich erst nach etwa dreieinhalbmonatiger Ehezeit mit einer Empfängnis zu rechnen ist. Aber das ist nur ein statistischer Durchschnitt, auf den man sich – hin wie her – auf keinen Fall verlassen darf. Bitte denken Sie immer daran: Es kann ebensogut schon beim erstenmal geschehen.

Wenn es aber zu einer Befruchtung des Eies gekommen ist, zur Empfängnis, so beginnt nun die *Schwangerschaft*. Das befruchtete Ei, wir sagten es schon, nistet sich in der weichen, warmen Schleimhaut der Gebärmutter ein, es gräbt sich ein richtiges Nest darin und nimmt von allen Seiten nahrhafte Säfte auf, so daß es schnell größer wird. So ähnlich, wie man es sieht, wenn man versehentlich ein angebrütetes Hühnerei aufgeschlagen hat, bildet sich hier innerhalb der weichen, schwammigen Masse ein kleiner fester Körper aus. Schon ein paar Wochen nach der Befruchtung hat das kleine Lebewesen einen Kopf und Arme und Beine, wenn es auch noch nicht ganz wie ein Mensch aussieht.

Inzwischen hat sich der Mutterkuchen (die Placenta) gebildet, ein gut durchbluteter Schwamm, der alle Nahrungsstoffe für das Kind bereitstellt. Vom Mutterkuchen geht eine dicke Leitung, die Nabelschnur, zum Bauch des Kindes. Es braucht im Mutterleib noch nicht zu essen oder zu trinken, sondern alles wird direkt in den Bauch hineingeleitet. Diese Nahrungsstoffe kommen aus dem mütterlichen Blut und sind damit schon so fein vorbereitet, daß sie beim Kind direkt ins Blut gehen und nicht erst verdaut werden müssen. Dieser Mutterkuchen wird später, wenn das Kind geboren ist, als *Nachgeburt* ausgestoßen. (Weiteres über die Schwangerschaft siehe im 4. Kapitel.)

Nun noch zu den *Hormonen*. Wir sagten, daß bei der Menstruation die weiblichen Hormone im Spiel sind. Der wellenförmige Verlauf der Morgentemperatur hängt damit zusammen. Außerdem haben die Hormone die Aufgabe, für die Erhaltung der Schwangerschaft zu sorgen. (Darum gibt der Arzt bei drohender Fehlgeburt Hormonspritzen.) Und schließlich bewirken sie das Entsprechende wie beim Manne: die Ausbildung der geschlechtsspezifischen Körperformen und der ganzen geistig-seelischen Haltung der Frau.

Bei der Frau sind es besonders die Brüste, die von den Hormonen zum Wachstum angeregt werden. Dabei kann man nicht sagen, daß Frauen mit besonders stark entwickelter Brust immer besonders begabt wären für die Liebe und die Fortpflanzung. Es ist nicht einmal gesagt, daß sie besonders gut stillen können. Oft haben magere, unscheinbare Frauen die meisten Kinder und können sie auch stillen.

Gewisse Anhaltspunkte kann der Körperbau doch geben: Frauen mit sehr schmalen Hüften und mangelnder Brustentwicklung, besonders, wenn sie noch einen männlichen Behaarungstyp, etwas männliche Züge und männliche Interessen haben, brauchen in der Ehe oft erst einige Zeit, um sich zur vollen Frau zu entwickeln, und bekommen oft erst nach einiger Zeit ihr erstes Kind.

Die Hüften sind bei der Frau verhältnismäßig breit, die Schultern dafür schmaler als beim Mann, Knochen und Muskulatur schwächer entwickelt. Dafür ist das Fettpolster reichlicher. Der Körper ist nur ganz zart behaart, und die Schamhaare schließen nach oben in einer fast waagerechten Linie ab, während sie beim Manne in einer Spitze zum Nabel hin auslaufen.

Auch bei der Frau können die Geschlechtsorgane gewisse Mißbildungen aufweisen. Von den Zwitterbildungen sprachen wir schon. Die Gebärmutter kann in der Mitte eine Trennungswand haben. Oder die Scheide kann verschlossen sein und ganz fehlen. Oder das Jungfernhäutchen hat keine Öffnung, so daß bei der ersten Menstruation das Blut nicht heraus kann. Alle diese Dinge sind nicht häufig. Trotzdem sollte man, wenn man irgendwelche Zweifel hat, gleich zum Arzt gehen und sich nicht erst lange mit ängstlichen Vermutungen plagen. Manche dieser Störungen können durch einen kleinen Eingriff behoben werden.

Übrigens hat jede Frau ein wenig männliches Hormon in ihrem Körper (ebenso wie jeder Mann ein wenig weibliches). Das zeigt sich, wenn in den Wechseljahren die Produktion von weiblichen Hormonen nachläßt. Dann können die männlichen, die sonst immer von den weiblichen in Schach gehalten wurden, sich besser auswirken. Darum bekommen manche Frauen in diesen Jahren eine tiefe Stimme, oder es wachsen ihnen ein paar Barthaare. Das alles ist ganz harmlos.

Die weibliche Sexualität in der Kindheit und in den Reifungsjahren

Öfter als bei kleinen Buben kommt es bei kleinen Mädchen vor, daß sie schon als Kinder sexuelle Erlebnisse haben. Zwar ist die Neigung zur Selbstbefriedigung bei Mädchen und Frauen offenbar geringer als beim männlichen Geschlecht. Dafür kommt es öfter vor, daß Erwachsene, besonders Greise, sich an kleine Mädchen heranmachen.

Der Geschlechtstrieb bei Mädchen ist ja überhaupt anders als bei Buben, vor allem auch mit Muttergefühlen gekoppelt. So finden Mädchen oft ihre Freude daran, kleine Geschwister und Nachbarskinder zu betreuen und sind weniger in Versuchung, sich sexuellen Spielereien hinzugeben. Wenn sie allerdings doch Selbstbefriedigung treiben, so ist das gefährlicher als bei Buben. Sie benutzen nämlich gern Fremdkörper (Häkelnadel, Haarklammern usw.), die bei dieser Gelegenheit leicht in der Blase verschwinden können und vom Chirurgen wieder entfernt werden müssen. Jede größere chirurgische Klinik hat eine Sammlung von Gegenständen, die aus der Blase entfernt wurden!

Die Pubertät kommt beim Mädchen etwas eher als beim Knaben. Hier haben wir ein ganz deutliches Merkmal, das den Beginn der Pubertät auf den Tag genau angeben läßt: die Menarche, d. h. das Auftreten der ersten Menstruation. Mit der allgemeinen Entwicklungsbeschleunigung (Akzeleration) unserer Jugend in den letzten Jahrzehnten tritt auch die Menarche jetzt früher auf als bei der vorigen Generation. Meistens zwischen dem 12. und 14. Jahr, in einem Alter also, wo die Mädchen weitgehend noch Kinder sind.

Trotzdem sollte in diesem Alter beim Mädchen die geschlechtliche Aufklärung schon ziemlich weit fortgeschritten sein: In Mädchenschulen o. ä. wird viel getuschelt, und es ist am besten, wenn unsere Tochter bereits selbst das Nötigste weiß. Dann ist sie auf das *Thema eins* nicht gar zu neugierig und glaubt nicht so ganz unbesehen alles, was da an haarsträubenden Dingen erzählt wird. Vor allem sollte sie auf die Periode vorbereitet sein, damit sie nicht erschrickt, wenn sie merkt, daß aus ihrem Körper Blut kommt. Außerdem sollte sie das Wesentliche von der Mutterschaft wissen, unbedingt aber auch, was der Vater damit zu tun hat. Sehr bald muß sie etwas von Mädchenhändlern und allerhand anderen Verführern erfahren, nachdem ihr natürlich schon als kleines Kind eingeschärft wurde, daß man mit keinem Fremden mitgeht und nichts zu essen oder zu trinken von ihm annimmt.

Alles dies soll, genau wie beim Jungen, nicht in Form eines

ausführlichen, feierlichen Vortrags, womöglich noch an einem Geburtstag, erörtert werden. Sondern kurz und sachlich, jeweils in kleinen Dosen, nur immer so viel, wie sich durch eine Frage des Kindes oder durch eine andere Gelegenheit ergibt.

Kommt z. B. die Mutter mit dem jungen Mädchen an einem entsprechenden Lokal der Altstadt vorüber, so macht sie beim erstenmal nur eine ganz kleine Bemerkung. Es genügt vielleicht schon, wenn sie im Gespräch etwas leiser wird und ihren Schritt ein wenig beschleunigt. Also nicht etwa einen erschöpfenden Bericht über die Prostitution. Das Mädchen wird fragen, soviel es ihrer Entwicklungsstufe entspricht. Die Hauptsache: sie muß wissen, daß man die Mutter alles fragen darf, daß die Mutter niemals sagt: »Pfui, darüber spricht man doch nicht«, oder versucht, ihr jetzt noch ein Kindermärchen aufzutischen.

Wenn irgendwann einmal unerwartet die erste Liebe kommt, muß diese Aufklärung schon nahezu abgeschlossen sein, denn dann würde sie nicht mehr recht zuhören. Trotz aller Aufklärung können sich die Eltern zu keiner Zeit auf den Standpunkt stellen: »*Wir* haben unsere Tochter gewarnt, sie muß jetzt selbst wissen, was sie tut.«

Die Tochter ist zu der Zeit vielleicht schon siebzehn, sieht süß aus, eine reizende junge Dame. Sie bringt auch einen Haufen Geld heim, gewiß. Aber sie ist trotzdem noch sehr unerfahren, die Eltern wissen es. Da braucht die Mutter (und auch der Vater) eine ganze Menge Liebe und Feingefühl und pädagogisches Geschick, um der Tochter die ersehnte Freiheit zu lassen und sie zugleich ein wenig zu behüten.

Die Vorstufen der Liebe, das Schwärmen für eine Lehrerin, für die verschiedensten Filmschauspieler und -innen, auch die Tanzstundenliebe und die innigen Mädchenfreundschaften werden bei Mädchen vielleicht schneller abgewickelt. Jedenfalls sind diese Dinge oft noch im vollen Gange – da ist schon der erste *Freund* da. Hier ist es wie bei den Buben: Wenn es den Eltern gelungen ist, das Vertrauensverhältnis zu der heranwachsenden Tochter zu erhalten, wird sie zwar viele Briefe und Tagebücher vollschreiben, die wichtigen Sachen aber doch daheim erzählen.

Wenn die Eltern Verständnis haben und den jungen Mann einladen, vielleicht sogar einmal eine Party arrangieren, so ist das viel klüger und erfreulicher als Verbote und nutzloses Hinterherschnüffeln. So lernen die Eltern wenigstens den Umgang ihrer Kinder kennen. Und wenn man die jungen Leute gewiß einmal allein lassen wird, so ist die Häuslichkeit doch ein gewisser Rahmen, der einem jungen Mädchen – auch in unserm Jahrhundert noch – gut steht.

Kommt aber so ein junges Ding in die Hände eines Verführers, kann es eine todunglückliche Liebe, Krankheit, Empfängnis und zum Schluß unter Umständen sogar einen Selbstmord geben. Die Eltern müssen in aller Stille auf der Hut sein.

Heutzutage ist es nicht mehr so, daß das Mädchen seine Jugend streng behütet im Hause verbringen muß und auf den Mann wartet, wie es noch vor 50 Jahren war. Heute haben alle Mädchen in dieser Zeit mit einer Ausbildung oder einem Beruf zu tun, und das ist gut. Wieviel besser wird der Blick der Geschlechter füreinander geschult als damals, wo Zwang und Tradition, Frack und Uniform den wirklichen Menschen fast verdeckten. Damals konnte ein eleganter Windhund einen bescheidenen, schlichten Mann viel leichter ausstechen als heute. Wenn zwei Menschen ein halbes Jahr an derselben Arbeitsstätte tätig sind, oder wenn sie eine Gebirgswanderung in größerem Kreis miteinander gemacht haben, werden sie mehr voneinander wissen, als wenn sie einander nur auf Bällen und Redouten begegnet wären. Es sei denn, daß die Liebe sie von Anfang an blind gemacht hätte, was die Liebe leider auch heute noch hin und wieder tut... Trotzdem ist es die Pflicht der Eltern, sich um das Tun und Lassen ihrer Kinder zu kümmern, seien diese auch noch so bezaubernde junge Damen. Sogar der Gesetzgeber legt den Eltern Minderjähriger die sogenannte Aufsichtspflicht auf, und wenn die Kinder vor Gericht erscheinen müssen, werden regelmäßig auch die untröstlichen Eltern mit vernommen.

Aber zurück zu unserem Ausgangspunkt: Wir hatten gesagt, daß bei den jungen Mädchen von heute die Periode schon sehr früh kommt und daß man deshalb auch mit der Aufklärung der

Kinder in diesem Alter schon früh anfangen muß, wenn auch gewiß noch nicht bis in alle Einzelheiten vollendet. Wenn nun die Periode eines Tages da ist, wird das Kind nicht erschrecken, sondern gleich zur Mutter kommen, oder, sollte sie gerade nicht da sein, das Paket aus dem Schrank nehmen, das ihr die Mutter vorsorglich schon bereitgelegt und erklärt hat.

Am Abend dieses Tages wird die Mutter beim Gutenachtsagen noch ein wenig bei der Tochter verweilen. Es braucht wieder kein großer Vortrag zu sein. Die Hauptsache ist: Das Kind muß merken, daß die Mutter sich ganz ehrlich über dieses Ereignis freut. Das ist für eine Mutter gar nicht so leicht. Natürlich ist es ihr in diesem Augenblick, als habe sie ihr Kind verloren, und halb sieht sie es schon am Traualtar stehen und das heimatliche Nest ganz verlassen. Es wird der Mutter nur dann gelingen, ehrlich erfreut zu sein, wenn sie von Anfang an, als das Kind gerade laufen lernte, es dann in die Schule kam, niemals sich an das Kind geklammert hat; wenn sie sich immer seiner Fortschritte, seiner zunehmenden Selbständigkeit gefreut hat. Jetzt zeigt sich, ob ihr das wirklich gelungen ist. Es geht ja darum, daß ihre kleine Tochter nun eine Frau wird: Heute hat sie einen großen Schritt auf diesem Wege getan. Ganz im Innern weiß sie, daß es nicht leicht ist, eine Frau zu sein, daß damit viel Verzicht, mancherlei Gefahren und Sorgen, wenn auch daneben die großen Freuden der Mutterschaft verbunden sind. Darum fällt es manchen Mädchen ganz im Unterbewußtsein schwer, sich in die Rolle der Frau einzuleben. Das führt dann zu einer unbewußten Ablehnung der Menstruation, was sich in krampfhaften Schmerzen und Verstimmungen äußern kann und bei manchen so weit geht, daß sie später nicht den richtigen Kontakt zum anderen Geschlecht finden; daß sie allein bleiben oder frigide Ehefrauen werden und vielleicht sogar kinderlos bleiben.

Solche Fehlentwicklungen haben natürlich meistens verschiedene Gründe; jedenfalls gilt es in diesem kritischen Alter so gut wie möglich vorzubeugen, indem man die Periode als etwas ganz Natürliches und Positives ansieht.

Bärbel muß wissen, daß man während dieser Zeit nicht reiten

und schwimmen darf, möglichst auch nicht turnen, daß man sich sehr sauber halten und untenrum warm anziehen soll, daß man aber im übrigen auch an diesen Tagen völlig gesund und frisch ist. Wenn in den ersten Tagen besondere Beschwerden auftreten, kann das Mädchen sich ein wenig hinlegen und eine Tablette nehmen, evtl. auch eine Gummiwärmflasche ins Kreuz. Eine Wärmflasche allerdings nur, wenn die Blutung nicht übermäßig stark ist, weil jede Blutung durch Wärme eher verstärkt wird. Wenn Bärbel sehr starke Beschwerden hat oder eine zu starke Blutung, wird der Hausarzt raten. Die Mutter berät die Tochter in der Wahl der Hilfsmittel, seien es die Periodenbinden, seien es die jetzt vielfach üblichen Tampons. Die Mutter leitet die Tochter gewiß an, einen Kalender zu führen, und schreibt den Entschuldigungszettel für die Sportstunde. Sie kann gelegentlich erwähnen, daß an jedem Tage ungefähr 200 Millionen Frauen ihre *Tage* haben – in Afrika und im Himalaja, auf den Fidschiinseln und bei den Eskimos... Alle tun sie dabei ihre Arbeit: Die eine hält gerade Physikstunde in einem Knabengymnasium, die andere nimmt zur selben Zeit gerade einen Seehund aus. Da muß Bärbel natürlich lachen, und sie versteht jetzt, daß die Periode keine große sensationelle Schau ist, sondern eine natürliche und notwendige Sache. Bald wird sie den Ehrgeiz haben, daß ihr niemand etwas anmerkt. Es ist überhaupt gut, wenn sie das lernt, denn es gehört zum Schicksal der Frau, sich in vielen Situationen nichts anmerken zu lassen. Das ist ein Teil typisch weiblicher Tapferkeit und hat nichts mit Heuchelei zu tun.

Übrigens: Benutzt man Tampons, so ist auf die passende Größe zu achten. Der Tampon darf natürlich nicht vergessen werden: Nach spätestens 24 Stunden muß man ihn entfernen, weil sonst Fäulniserscheinungen auftreten, was bei der in diesen Tagen weit offenstehenden Gebärmutter gefährlich werden könnte.

Wenn die Periode bis zum 16. Lebensjahr noch nicht da ist, soll man sich zwar keine großen Sorgen machen, unbedingt aber zum Arzt gehen. Er wird das Mädchen, wenn überhaupt, nur vom Darm her untersuchen, also das Jungfernhäutchen nicht berühren. Eine Behandlung mit milden pflanzlichen Extrakten genügt oft schon, die Entwicklung ein wenig anzustoßen, so daß unter dieser Behandlung die Periode meistens bald eintritt. Wartet man aber zu lange, so können die Organe in ihrem kindlich unentwickelten Zustand steckenbleiben, was sich später unter Umständen nicht mehr korrigieren läßt. Eine kinderlose Ehe kann die Folge sein.

Das körperlich-seelische Empfinden der Frau

Während der Mann in starkem Maße von geistigen, beruflichen, politischen, sportlichen und anderen Interessen erfüllt ist, so daß die Liebe doch nur einen Teil seines Lebens ausmacht, ist das bei den meisten Frauen anders. Die Liebe steht ganz im Vordergrund. Allerdings gehört bei der Frau dazu nicht nur die Liebe zum Mann, sondern auch die Liebe zu ihren Kindern, woraus sich ja bei der Frau ein ganzer Beruf, der Beruf der Hausfrau und Mutter, ableitet. Bei jungen Mädchen, oft schon bei kleinen Mädchen von drei oder vier Jahren, macht sich die Mütterlichkeit bemerkbar. Und wenn sich ein Mädchen verliebt und heiratet, so steckt unterbewußt bereits die Liebe zum Ungeborenen in ihr. Das ist ein Teil ihres Geschlechtstriebes, und wenn dieser Teil auch zeitweise ein wenig zurücktreten kann, so kommt er doch immer wieder hervor. Frauen, die sich längst damit abgefunden hatten, keine Kinder zu haben, fangen plötzlich mit fünfzig an, wieder sehnsüchtig in die Kinderwagen zu gucken. Es ist für einen Mann gut, das zu wissen, so wie es überhaupt gut ist, wenn er weiß, wie verschieden das Empfinden der Frau von dem seinen ist.

Ein kleiner Test für diesen Unterschied ist das Verhalten beim Mittagsschläfchen: Legt die Frau sich ein bißchen aufs Sofa, so erfaßt den Mann oft gleich das Verlangen, sich zu ihr zu gesellen. Von Schlaf ist dann natürlich zunächst keine Rede mehr. Wenn der Mann dagegen sich hinlegt, wird das die Frau meistens nicht besonders erregen. Statt dessen erwachen gleich Mutterinstinkte bei ihr: Sie deckt ihn warm zu und sorgt liebevoll und leise dafür, daß niemand seine Ruhe stört...

Ein anderes Beispiel: Der Mann wird erregt durch Bilder halbbekleideter Frauen, und er sieht auch seine Frau gern ohne Kleider oder noch lieber mit nur sehr leichter Verhüllung. Er kann aber nicht erwarten, daß es seiner Frau ebenso geht; Bildern jedenfalls wird sie in dieser Hinsicht kaum jemals etwas abgewinnen können, jede Darstellung verabscheut sie.

Und was die Zärtlichkeit betrifft, ist es bei der Frau ein bißchen anders. Sie ist bereit, viele Stunden lang sehr zärtlich zu sein, vor allem aber, sich der Zärtlichkeit des Mannes ganz hinzugeben. Sie wird dabei angenehm erregt, aber – zumal wenn sie noch unberührt ist – nicht leicht gequält. Der Mann ist ebenfalls gern sehr zärtlich, aber ihn erregt das Gefühl körperlich gleich so stark, daß er es nicht lange aushält. Dann sagt er gern »Entweder – oder...«, und wenn die Frau nicht zu weiterem bereit ist, wird er sich vielleicht verstimmt eine Zigarette anzünden und von der Zärtlichkeit bis auf weiteres genug haben. Ortega y Gasset sagt zu dem Thema: »Der Mann will geliebt werden, die Frau liebt zuerst.«

Noch etwas: Da die Frau immer an Heim und Familie denkt, so denkt sie schon sehr bald an die Ehe. Das ist normal und natürlich. Wenn ein junger Mann dagegen einem Mädchen einen Kuß gibt, so denkt er bald daran, wie er sie zu noch näherem Kontakt bewegen könnte. An die Ehe denkt er zunächst kaum. Er hat seine Ausbildung, seinen Beruf, er plant eine Auslandsreise, und er möchte vielleicht erst noch andere Mädchen kennenlernen, ehe er sich lebenslänglich bindet. Gewiß, später möchte er alles, auch Kinder, unbedingt, aber jetzt noch nicht.

Obwohl die Wünsche von Mann und Mädchen so verschieden sind, kommt es erstaunlicherweise letzten Endes doch bei fast allen Menschen zu einer Ehe. Beide müssen die natürlichen Empfindungen des anderen Geschlechts kennen und dürfen alles nicht gar zu einseitig vom eigenen Standpunkt ansehen. Die Frau muß sich vorstellen, was es für einen jungen Mann bedeutet, eben dem Elternhaus entwachsen, eine lebenslängliche Bindung, einschließlich aller finanziellen Belastung und Verantwortung, einzugehen. Der Mann wieder muß bedenken, was er von dem Mädchen verlangt: die Preisgabe ihrer Unberührtheit, die Gefahr einer unehelichen Schwangerschaft mit allem, was dazugehört.

Nur wenn man einander sehr liebt, vertraut und nebenbei die Unbekümmertheit der Jugend hat, wird sich ohne Schwierigkeiten der gemeinsame Weg finden, auf dem beide in gleicher Weise glücklich sind. Zwingen sollte man weder den einen noch den andern.

Wer eine Frau mit kleinen Kindern ausgehen sieht, beobachtet voll Erstaunen, mit welch maßloser Geduld sie das macht und dabei offenbar noch vollkommen glücklich ist. Ein Mann kann das kaum nachfühlen, aber es gefällt ihm. In manchen Lebensphasen spricht ein Mann auf dieses Bild stärker an als auf das Bild der vollkommen eleganten, schlanken Frau, die mit wiegenden Hüften auf hohen Absätzen daherkommt und nur dazu geschaffen scheint, ihm zu gefallen. Der plattdeutsche Dichter Fritz Reuter sagt, daß ihm diejenigen Mädchen am liebsten sind, die immer um Kinder herum sind.

Auch der geduldige Fleiß ist typisch weiblich, mit dem eine Mutter spät am Abend, wenn die Familie schon schläft, noch einen großen Korb Wäsche bügelt oder einen halben Zentner Pflaumen einkocht.

Zum speziellen Geschlechtsempfinden der Frau wäre noch zu sagen: Es geht bei ihr nicht so schnell wie beim Mann, jedenfalls nicht in der ersten Zeit. Zu einem Teil kommt es daher, daß das Mädchen schon durch seine Erziehung von Anfang an gewöhnt ist, sich zurückzuhalten. Bis vor einiger Zeit konnte man der Erziehung sogar den Vorwurf machen, daß sie den Mädchen dadurch wirklichen Schaden zufügte. Mittlerweile hat sich manches geändert, oft wohl schon über das Ziel hinaus.

Außerdem entspricht es dem natürlichen Empfinden der Frau, daß ihre geschlechtliche Erregung langsamer ansteigt, dafür aber auch langsamer abfällt als die des Mannes. Beide sollten das wissen. Der Mann wird im Anfang Geduld haben müssen und wird sich auch hinterher nicht gleich umdrehen und einschlafen. Die Frau dagegen wird nicht gleich verzweifeln, wenn es im Anfang nicht ganz klappt.

III. Teil
MANN UND FRAU

Zwei Welten · Liebe – was ist das eigentlich? · Das Kennenlernen · Gattenwahl · Heiraten – warum? · Frühehe oder Spätehe? · Verlobung · Vorbereitungen · Hochzeit · Hochzeitsnacht · Der nächste Morgen · Flitterwochen · Pflichten der Frau · Ist das eigentlich erlaubt? · Hygiene des Geschlechtslebens · Die Liebe ist eine Kunst

Zwei Welten

Ortega y Gasset sagt in seinen Meditationen über die Liebe: »Der Mann kommt zur Frau wie zu einem Fest und zu einem Rausch, wie zu einer Ekstase, welche die Eintönigkeit des Lebens durchbrechen soll, und findet ein Wesen, das nur bei einer regelmäßigen Beschäftigung glücklich ist, handle es sich nun darum, Wäsche zu stopfen oder zum Tanztee zu gehen.«

Wir haben eben gesehen, wie verschieden Mann und Frau ihrer Natur nach sind. Eigentlich kann man sich gar nicht vorstellen, daß zwei so gegensätzliche Wesen in einem Hause miteinander wohnen können, daß sie freiwillig Tisch und Bett miteinander teilen und meistens sehr glücklich dabei sind.

Was die beiden trotz aller Verschiedenheit miteinander verbindet, sind zwei Dinge: erstens die uralte Anziehung zwischen Mann und Frau, die die Natur in sie hineingelegt hat; zweitens die Tatsache, daß beide *Menschen* sind.

Dieses Menschliche ist ebenso wichtig wie die erotische und sexuelle Anziehung, vor allem in Krisenzeiten. Dann z. B., wenn einer der beiden krank ist und wenn man älter wird. Wir können nur empfehlen, dieses unzerstörbare Menschliche gerade unter Liebenden zu pflegen.

Auf dem Umschlag dieses Buches steht ja »Liebeskunst«, und damit ist die ganz spezielle Liebe zwischen Mann und Frau gemeint. So wollen wir uns im folgenden hauptsächlich mit *dieser* Art von Liebe befassen, wenn wir auch die andere Liebe, die Nächstenliebe etwa, immer wieder heranziehen müssen, wo es kritisch wird.

Liebe – was ist das eigentlich?

Im alten Griechenland gab es einen Mythos, der eine Erklärung sucht für die überwältigende Liebe, die zwei Menschen zueinander empfinden können. Es heißt, sie seien in einem früheren Leben *ein* Mensch gewesen, ein starkes und übermütiges Wesen. Und so habe Gottvater Zeus ihn zur Strafe in zwei Teile geschnitten. Diese beiden Teile laufen seither in der Welt herum, getrieben von verzehrender Sehnsucht nacheinander. Haben sie einander aber gefunden, so sind sie überglücklich.

In dieser alten Geschichte ist etwas von der innigen Verflechtung zwischen Mann und Frau, zwischen Leib und Seele. Einer Verflechtung, die unheimlich und tragisch, oft unbegreiflich, aber naturgewollt und immer wieder von allerhöchstem Reiz ist.

Zu allem Überfluß ist da noch eine andere Verflechtung, von der in der griechischen Sage nicht die Rede ist: die zwischen Liebe und Kind. In manchen Zeiten erscheint uns alles ganz selbstverständlich und klar. In anderen Augenblicken finden wir es unverständlich, unpassend, ja geradezu absurd. Jeder Mensch wird irgendwann einmal gegen diese Verflechtung revoltieren und den Schöpfer dafür anklagen, daß er etwas verbunden hat, was überhaupt nichts miteinander zu tun hat... Nur, damit die ohnehin übervölkerte Erde noch voller werde...

Viele Tausende von Büchern sind schon über die Liebe geschrieben worden. Medizinische und theologische, philosophische und pornographische, dazu Romane und Gedichte, zarte Liebeslieder und immer wieder neue Schnulzen. Niemand konnte bisher die Liebe ganz ergründen.

Vielleicht wäre der alten griechischen Sage doch noch etwas hinzuzufügen: Auch bei den allerglücklichsten Liebes- und Ehepaaren, bei denen man wirklich sagen kann, daß jeder seine bessere Hälfte *gesucht und gefunden* habe, ist dieses große Glück kein ganz endgültiges, sicheres, gleichmäßiges, kein *Hafen!* Gewiß, die beiden Liebenden sind *ein* Herz und eine Seele. Für Augenblicke verschmelzen sie auch körperlich miteinander und werden *ein Fleisch*. Kurz darauf werden sie von unsichtbarer Hand schon wieder auseinandergeschnitten, sie sind dann *zwei* Menschen, die sich nacheinander sehnen. Das ist der immer neue Reiz der Liebe, das Wunderschöne, zugleich aber auch das Tragische.

Manche Liebende kommen da sehr bald auf einen Ausweg: Sie wünschen sich ein Kind. Aus ihnen beiden entstanden, muß es eine dauernde Verschmelzung ihrer beider Wesen sein, meinen sie. Endlich wird man die beiden Teile nicht mehr trennen können: Im Kind sind sie ganz vereinigt.

Aber auch das Kind ist es nicht: Selbst das Kind ist wieder ein ganz neuer Mensch, sosehr es Vater und Mutter gleichen mag.

Der erste Philosoph des christlichen Abendlandes, Augustinus, lernte in seiner Jugend das Leben kennen mit allen seinen Höhen und Tiefen. Später wurde er ein Heiliger. Er kam zu dem Schluß, daß die Unruhe des Herzens, die wir alle schon einmal empfunden haben, überhaupt nicht durch einen irdischen Partner zu stillen ist, und sagte: »Unruhig ist unser Herz, bis es ruhet in Dir, o Herr.«

Das mag allen denen zum Trost sein, die sich verzehren in der immer wiederholten Qual der Trennung, die dem geliebten Wesen immer näherkommen möchten. Die Stirn an Stirn, Herz an Herz liegen, in der Hoffnung, ihre Seelen könnten endlich miteinander verschmelzen, und die doch einen Augenblick später immer wieder erkennen müssen, daß ein Abstand, ein tiefes dunkles Wasser, zwischen Mensch und Mensch bleibt.

Das Kennenlernen

Von der Begegnung des jungen *Mannes* mit dem anderen Geschlecht haben wir vorhin schon etwas ausführlicher gesprochen. So wollen wir das Kennenlernen diesmal mehr aus der Sicht des Mädchens her betrachten und dabei zugleich etwas auf die jüngstvergangene Zeit eingehen, die ihre Schatten auf mancherlei Art in unsere Zeit hineinwirft. Nach allen Kriegen lockern sich die Sitten. Männer und Frauen werden – schon rein räumlich – durcheinandergeschüttelt. In einem zusammenstürzenden Hause drängen sich zwei fremde Menschen angstvoll aneinander. Nachtschicht in einer Munitionsfabrik mitten im Walde... Irgendwo in Frankreich lernt ein Soldat ein Mädchen kennen, dem er sonst nie im Leben begegnet wäre. In kurzen Urlaubstagen geben sich Liebende, die sich erst Tage kennen, einander hin... Sieh mal, morgen muß ich wieder an die Front...

Später, auf der Flucht, sind fremde Menschen auf einmal durch gemeinsame Not und Gefahr so aufeinander angewiesen wie sonst nur nahe Angehörige. Es gibt keinen Alltag mehr, jahrelang nicht. Die Maßstäbe verschieben sich. Man denkt nicht daran, daß irgendwann einmal wieder normale Zeiten sein könnten, mit Personalausweis und Standesamt. In offenem Kohlenzug fahren Menschen durch die eisige Winternacht. Ein Mädchen, das seine Eltern sucht; ein Student, der eine Unversität nach der andern abklappert. Ein älterer Mann sitzt ängstlich auf einem Eimer Heringe, den er von Cuxhaven geholt hat, um in München dafür Schuhe einzutauschen.

In solchen Nächten fallen fremde Menschen einander in die Arme, ohne sich im Sternenschein recht zu sehen. In solchen Zeiten wird das Leben zu einer rücksichtslosen Macht. Im stillen triumphiert es über den millionenfachen Tod. Männerknappheit tut ein übriges...

Auf einmal kommen doch wieder normale Zeiten. Man geht nicht mehr in Uniform, nicht mehr ohne Hut. Die Kinder, die als

Säuglinge noch in Luftschutzkellern geschlafen haben, sind jetzt Teenager. Sie tragen Petticoats, Cocktailkleider und Stilettabsätze, wenn sie zu ihren Parties gehen. Sie wissen um ihren Wert, und sie werfen sich nicht fort. Sie lassen sich umwerben, wie es sich gehört. Wenn der junge Mann Blumen mitbringt, so lächeln sie bei dieser selbstverständlichen Huldigung nur gemessen, etwa bis zum zweiten Schneidezahn oben. Oder sie lächeln nicht – je nachdem, genau wie vor 700 Jahren Dantes schöne Beatrice. Sie legen beim Tanzen vielleicht mit ernstem Gesicht die Arme um den Nacken des Twens. Sie wissen, daß ein Kuß noch ziemlich ungefährlich ist, daß alles Weitere aber gefährlich werden kann. Mag das heutige Mädchen noch so frei und selbständig sein – die Folgen trägt sie noch immer fast allein, genau wie das Mädchen vor 100 und vor 1000 Jahren. Gewiß, ein *lediges* Mädchen mit einem *Kind* wird nicht bestraft, aber ihr ganzes weiteres Leben ist – auch heute noch – ganz erheblich gestört. Beruf oder Ausbildung müssen zunächst unterbrochen werden, das Verhältnis zu dem jungen Mann und zur eigenen Familie wird ruckartig gewandelt, alle Unbekümmertheit und Sorglosigkeit der Jugend ist unwiederbringlich dahin.

Hier ging es uns darum, das Bild der eben vergangenen und der jetzigen Zeit zu zeichnen, die Zeit der jungen Töchter und ihrer Mütter, damit beide einander besser verstehen sollen.

Die älteren unter unseren Lesern, die jetzt Großväter und Großmütter sind, hatten in ihrer Jugend stark unter der zu strengen, übermoralischen Erziehung jener Zeit zu leiden. Ihre Erzieher gehörten jener Generation an, von der Wilhelm Busch so treffend schreibt: »Sie sind gottlob recht tugendlich und haben alles hinter sich.«

Die Leser mittleren Alters erinnern sich vielleicht noch, wie in ihrer Kindheit die Mütter über *Frauenfragen* und *Kameradschaftsehe* diskutierten.

Die Mädchen, die jetzt jung sind, kamen in einem Chaos zur Welt. Man kann es verstehen, daß sie die ältere Generation etwas skeptischer betrachten, als die Jugendlichen zu allen Zeiten es getan haben, und daß sie ihren eigenen Stil finden wollen. Den

Eltern kommen diese jungen Mädchen oft sehr zwiespältig vor: Uschi verkündet mit ganz ernstem Gesicht: »Weißt du, Mutti, guter Ruf ist nämlich wieder modern.« Eine Stunde später berichtet sie, daß im Sommer eine Reise mit Peter vorgesehen ist. Peter spart auf einen Motorroller. Nach Sizilien wahrscheinlich. Camping natürlich. Getrennte Kasse natürlich... Was sollen wir dazu sagen, was raten? Ein wenig Vertrauen zur Jugend wird man haben dürfen, notgedrungen haben müssen, sonst verlieren sie auch das Vertrauen zu den Eltern, das für sie so dringend notwendig ist. Wir sind auch verpflichtet, aus unserer Kenntnis vieler Menschenschicksale heraus zu *warnen* vor den Gefahren eines gar zu *freien Umgangs*, der letzten Endes in die Unfreiheit führt.

Der junge Mann mag recht haben, wenn er zu Uschi sagt: »Du liebst mich nicht richtig, sonst würdest du... Erst dann gehören wir ganz zusammen.« Kann er wirklich schon ermessen, welche große Verantwortung er auf sich nimmt, selbst in dem Fall, daß es nicht zu einer Schwängerung kommt? Er bindet das Mädchen fester als er denkt, vielleicht viel fester, als er möchte und als er sich selbst binden möchte.

Hin und wieder hört man, daß eine längst verheiratete Frau in den Armen ihres Mannes immer noch an den *ersten* denkt. Nicht immer wird das der Fall sein, besonders wenn der erste sie in dieser oder anderer Hinsicht enttäuscht hat. Aber auch dann kann eine tiefe Prägung, ein Knacks sozusagen, bei dem Mädchen zurückbleiben, wie es bei jungen Menschen leicht geschieht, wenn ein Ideal zerbricht.

Hier ist es wieder das Mädchen, das klug sein muß. Sie soll dem Mann nicht zürnen, aber sie soll wissen, wann es an der Zeit ist, auf Tanz und Zärtlichkeiten im Augenblick zu verzichten, wenn es auch gerade noch so schön ist. Ob sie ein bißchen am Radio dreht, so daß statt der weichen Musik der Wetterbericht kommt, ob sie auf ein Gespräch überleitet, das ihn erfahrungsgemäß interessiert, ob sie ihn bittet, die Dose mit Thunfisch in Öl aufzumachen und selbst aufsteht, um einen Tee zu kochen – das sei ihrem Taktgefühl überlassen. Jedenfalls muß sie wissen, daß man einem Mann nicht gar zuviel zumuten darf. Man kann nicht von ihm erwarten, daß *er* die Zärtlichkeiten abbricht und die Nachrichten einschaltet (wenn er es tut, unbedingt sofort darauf eingehen, dann war es bestimmt allerhöchste Zeit). Das würde nicht seiner Natur entsprechen, die aufs Weiterdrängen, aufs Erobern, ein wenig vielleicht aufs Zerstören und Wieder-neu-Aufbauen gerichtet ist. »Liebe ist das Verlangen, im Schönen zu zeugen...!«

Das Mädchen jedoch kann aus diesem Augenblick ein Kind bekommen, ein dreiviertel Jahr später! Daran sieht man schon, daß Mann und Mädchen nicht gleichberechtigt sind und es auch niemals sein werden. Daß es nicht Kultur oder gar Unnatur ist, wenn das Mädchen mit seiner Hingabe etwas zurückhaltender ist, sondern durchaus Natur. Wir können in diesem Buch nicht für jeden möglichen Fall ein Rezept geben; dazu ist das Leben zu vielfältig, zu sehr voller unendlicher Möglichkeiten. Das fertige Rezept wäre gar nicht so gut. Schließlich ist jeder seines Glückes Schmied oder möchte es doch sein, und was man sich selbst eingebrockt hat, löffelt man auch lieber aus, als wenn einem jemand anders alle Verantwortung abgenommen hätte.

Nur eines wollen wir: Ihnen die Augen öffnen für die *Tatsachen*. Sie zum Nachdenken anregen, damit Sie vielleicht selbst darauf kommen, wie Sie Ihrem Lebensschifflein oder dem Ihrer Kinder den entscheidenden kleinen Anstoß geben.

Gattenwahl

Es gibt für die Partnerwahl gewisse Regeln. Zuerst sollte man darauf achten, wie der oder die Geliebte sich anderen Menschen gegenüber verhält: wie er mit seiner Familie, seinen Untergebenen, seinen Freunden steht. Wie er Hilfsbedürftige, Kinder und Tiere behandelt. So und nicht anders wird er sich später, wenn die erste Leidenschaft verflogen ist, in der Ehe zeigen. Niemals denke man *Das bringe ich ihm dann schon bei* oder *Das werde ich ihr dann schon abgewöhnen.* Gewiß, manches läßt sich lernen, und vieles wird sich in einer Ehe, in jeder Ehe, abschleifen. Aber zu schleifen bleibt immer noch genug, und jedes Zuviel würde den so Erzogenen schwer kränken und den Erziehenden nur unglücklich machen. Überdies ist der Erfolg solcher Erwachsenenbildung sehr fraglich. Man muß immer denken: Wenn es seiner Mutter bis zu seinem 25. Jahr nicht gelungen ist, ihm das Rauchen abzugewöhnen, wie soll das jetzt *mir* gelingen?

Der gewählte Partner muß so sein, daß man sich zutraut, ihn bis ins hohe Alter hinein zu lieben, auch wenn er sich kein bißchen bessert, sondern wenn im Gegenteil seine ungünstigen Eigenschaften mit zunehmendem Alter immer schärfer herauskommen. Die meisten Menschen sind mit 50 noch genauso wie mit 25 – nur nicht mehr so jung! Ein guter Test: Das Mädchen soll sich vorstellen, ob sie den Mann als Vater haben möchte. Der Mann frage sich, ob er das Mädchen als Mutter möchte.

Man selbst solle zwar gute Vorsätze fassen, wenn man in die Ehe tritt. Zu viel soll man sich aber nicht vornehmen: Wenn der eine Partner, nur um dem andern zu gefallen, sein ganzes Ich umkrempelt, sich selbst aufgibt, so wird er das erstens nicht lange durchhalten; außerdem aber kann er noch erleben, daß der andere Partner sich enttäuscht abwendet. Ein Beispiel aus dem äußerlichen Bereich: Die Frau läßt ihre Hakennase operativ in eine niedliche Stupsnase umwandeln, ihr braunes Haar lichtblond färben, worauf der Mann sie wie eine Fremde betrachtet. Ein abgenommener Bart ist nicht schlimm; mit bleibenden Korrekturen aber sollte man vorsichtig sein.

Sehr viel wird über den Altersunterschied gesprochen. Die besten Kinder soll es geben, wenn die Frau ein klein wenig älter ist als der Mann. Aber hier geht es ja nicht allein um die Kinder. Die Frau altert in mancher Hinsicht früher als der Mann. Ist sie nun älter als er, wird sie eines Tages alt sein, während er noch jung ist, und dann kann es sein, besonders wenn in dieser Ehe das Triebhafte ganz im Vordergrund stand, daß sie zusehen muß, wie er sich anderweitig schadlos hält. Es wird allgemein als passend angesehen, wenn der Mann 5 bis 10 Jahre älter ist als die Frau. Für den Mann ist das auch insofern sehr praktisch, weil die Frau ihn dann wahrscheinlich überlebt und ihn im Alter besser pflegen kann. Für einen alten Mann ist ja das Alleinsein trostlos, während eine alte Frau sich meistens noch ganz gut selbst helfen kann und niemandem zur Last zu fallen braucht.

Wenn allerdings der Altersunterschied gar zu groß wird, so etwa, daß der Mann der Vater oder gar Großvater des Mädchens sein könnte, so wird es sich meistens um eine Verirrung handeln, die aus der Unreife des Mädchens zu erklären ist. In diesen Fällen wird wohl auch der Mann an irgendeinem Punkt in seiner Reifung etwas zurückgeblieben sein, so daß er das Unsinnige seines Handelns zu spät erkennt. Manche ältere Herren bilden sich ja ein, daß eine schlanke Taille durch eine dicke Brieftasche ersetzt werden könnte...

Wir sagten schon, daß junge Mädchen dazu neigen, für einen erheblich reiferen Menschen zu schwärmen. So wird ein 17jähriges, noch kaum der Kindheit entwachsenes Mädchen leicht dem berühmten Herrn mit den grauen Schläfen verfallen, der zwar die Vierzig schon überschritten hat, aber sportlich geblieben ist. Der sie im Auto abholt und sie in eine unbekannte, vielleicht recht luxuriöse Welt einführt. Vielleicht hatte das junge Mädchen vor ihren jungen Freunden immer ein bißchen Angst gehabt, die so beunruhigend unruhig waren und in ihrer Unreife ein wenig ungeschickt mit ihr umgingen. Bei *diesem* Mann gibt es kein »un«. Er hat Erfahrung. Er nimmt auf ihre Jugend, ihre Erziehung zunächst volle Rücksicht und mutet ihr nichts zu, was sie verletzen könnte. Er weiß ihre Unberührtheit zu schätzen und versteht doch, auf zarte und fast unmerkliche Art ihre Triebe zu wecken. Wie ein kostbares Schmuckstück behandelt er sie – und tatsächlich ist sie das auch für ihn: Er hat sonst alles erreicht in seinem Leben, nur dieses junge Mädchen fehlt ihm noch. Ein bißchen spürt er schon, daß er älter wird, obwohl er gerade eben noch fabelhaft aussieht, wie die Freundinnen des Mädchens feststellen müssen. Wenn es ihm *jetzt* gelingt, so ein junges Mädchen an sich zu fesseln – etwas später wird es ihm nicht mehr gelingen.

Und es gelingt ihm! Durch seine zarte Zurückhaltung erreicht er mehr als die jungen Männer, die es im Sturm versucht haben. Die Triebe des Mädchens werden geweckt, sie verliebt sich tatsächlich in ihn. Sogar die Eltern haben nichts gegen die Heirat.

Zuerst geht alles sehr gut. Eine bezaubernde Hochzeitsreise, wie jedes Mädchen sie erträumt. Die Gefühle der jungen Frau erwachen immer mehr. Der Mann wird wieder ganz jung mit ihr. Er weiß die kleinen Feinheiten, er kennt die Getränke, die er ins Zimmer bringen läßt. Er sorgt für dezente Beleuchtung, um das Schamgefühl der kleinen Frau zu schonen und eigene kleine Mängel zum Verschwinden zu bringen. Immer ist er sehr gepflegt gekleidet.

Er überfällt die Geliebte nicht, sondern spielt zuerst eine Weile mit ihr. Dabei kommt sie ganz von selbst dahin, wo er sie haben will. In seinem langen Leben hat er längst gelernt, seinen Orgasmus hinauszuschieben; vielleicht geht es bei ihm außerdem nicht mehr so schnell wie in jüngeren Jahren. Seine junge Frau wird auf keinen Fall frigid werden, dafür sorgt er bestimmt. Das Glück ist also vollkommen.

Was aber ist, wenn die Gattin 35, also immer noch eine blühende junge Frau ist? Dann ist der Mann über sechzig. Weiterer Kommentar überflüssig.

Die Sprichwörter wie »Jung und alt paßt nicht zusammen« usw. sind aufgrund jahrhundertealter Erfahrung entstanden! Werden sie einfach in den Wind geschlagen, so kann sich das später schwer rächen.

Übrigens fühlen sich auch junge Männer manchmal zu einer viel älteren Frau hingezogen. Sie stellt nicht mehr so große Ansprüche (hinsichtlich Barbesuch und Tanz etc.), dafür ist sie leicht bereit, der Liebe zu dienen. Sie weiß Bescheid mit der Empfängnisverhütung und Knaus-Ogino, oder sie ist (auch bereits im Laufe der Jahre erprobt) steril, so daß kein Risiko dabei zu sein scheint (scheint! Verlassen kann man sich darauf niemals!). Sie kennt alle Liebeskünste und versteht es geschickt, ihm die Dessins beizubringen. Solche Verbindungen können für Jahre das höchste Glück bedeuten, besonders, wenn die Frau sich pflegt und ihre Jugendlichkeit einigermaßen konserviert.

Eines Tages findet der jugendliche Liebhaber doch die Frau, die zu ihm paßt. Für die Ehe, die nun folgt, ist das Vorangegangene gar nicht einmal so ungeschickt, denn nun ist *er* derjenige, der etwas von der Kunst der Liebe versteht. Längst hat er gelernt, seinen Orgasmus hinauszuschieben und den Verkehr für sich und seine junge Frau zum Kunstwerk und zum höchsten Glück zu machen.

In Mecklenburg sagten die Bauernjungen: »Fahren lernen sie auf einer alten Maschine, erst dann kaufen sie sich eine neue.« Sie sagten das nicht nur von Motorrädern.

Ebenso wie der Altersunterschied nicht gar zu groß sein soll, so ist es auch gut, wenn in Herkunft, Bildung, Rasse, Religion eine gewisse Übereinstimmung herrscht. Wir alle kennen Geschichten, wo ein Europäer eine Chinesin geheiratet hat, ein evangelisch erzogenes Mädchen einen Mohammedaner, ein Professor ein Blumenmädchen.

Gewiß kann alles sehr gutgehen, aber es scheint doch, als ob es verhältnismäßig oft schiefginge. Mann und Frau, zwei fremde Menschen, die in verschiedenen Familien aufgewachsen sind und sich erst als Erwachsene kennenlernen, sind gerade verschieden genug. Da braucht es eigentlich nicht noch solcher tiefen Klüfte. Wenn wir gerade dabei sind, welche Partner nicht oder nur mit Vorbehalten zueinander passen, so mögen hier gleich einige gesetzliche Ehehindernisse folgen:

Verwandte auf- und absteigender Linie, z. B. Vater und Tochter (auch wenn es der uneheliche Vater ist); das ist wohl selbstverständlich. Weiterhin dürfen Stiefvater und Stieftochter, Adoptivvater und Adoptivtochter, Geschwister, auch Stiefgeschwister, nicht heiraten. Ganz allgemein darf man niemanden heiraten, der mit den Voreltern oder Abkömmlingen in geschlechtlichen Beziehungen gestanden ist. Auch der Schwiegervater kann also die Schwiegertochter nicht heiraten.

Der Ehebrecher kann den mitschuldigen Teil nicht heiraten! Die geschiedene Frau kann nicht wieder heiraten, ehe seit ihrer Scheidung zehn Monate vergangen sind. Es sei denn, sie hätte inzwischen geboren. Von einigen dieser Ehehindernisse gibt es auf Antrag unter Umständen Befreiung.

Zur Ehemündigkeit verlangt das Gesetz ein bestimmtes Lebensalter. Beim Mann 21 Jahre, beim Mädchen 16 Jahre. Allerdings ist bei einem Mädchen, das so früh heiraten will, die Genehmigung der Eltern notwendig. Wenn diese sich ohne ernstlichen Grund weigern, kann das Gericht an ihre Stelle treten. Auch die 16-Jahres-Grenze kann mit gerichtlicher Erlaubnis noch unterschritten werden.

Nicht heiraten können Geisteskranke, besonders, wenn sie deswegen entmündigt sind. Wer unter Vormundschaft steht und nicht geschäftsfähig ist, wer wegen Trunksucht oder Verschwendung entmündigt ist, braucht die Erlaubnis seines Vormunds.

Nicht heiraten sollten eigentlich auch Menschen, die an einer schweren, unheilbaren Krankheit leiden und mit baldiger Invalidität rechnen müssen. Auch schwere, ansteckende Krankheiten, die Gatten und Kinder gefährden, möchte man hier erwähnen. Mit der Tuberkulose ist es nicht mehr ganz so schlimm wie früher. Einerseits durch die Möglichkeit der BCG-Schutzimpfung, die bei den Kindern Tuberkulöser gleich nach der Geburt vorgenommen wird (nicht etwa, weil die Tbc erblich wäre, das ist sie nicht, sondern um eine frühe Ansteckung zu vermeiden), andererseits durch die modernen Heilmittel. Aber eine frühe Invalidität ist auch heute noch in vielen Fällen zu befürchten. Jeder Fall liegt anders, man sollte den Arzt fragen.

Hüten soll man sich vor Trinkern und anderen Süchtigen (Morphium). Der Frau wird es meistens nicht gelingen, dem Mann diese Schwäche abzugewöhnen, eher wird sie selbst noch davon angesteckt. Die Trunksucht liegt so tief im Charakter, daß man sogar für die Kinder fürchten muß. Auch besteht die Gefahr der Keimschädigung, falls ein Kind im Rausch gezeugt wird. Das Gesetz gegen die Erbkrankheiten ist weitgehend aufgehoben, aber vorsehen sollte man sich doch. Im Zweifelsfalle kann oft der Arzt raten.

Hüten sollte sich eine Frau auch vor einem Mann, der sich gleichgeschlechtlich betätigt. Das kann in der Ehe verschwinden; oft kommt es nach einiger Zeit wieder, und eine normal veranlagte Frau wird in solcher Lage alsbald davonlaufen.

Trotz und Launenhaftigkeit, Herrschsucht und Neigung zu Verstimmungen sind schlechte Voraussetzung für eine Ehe. In manchen Gegenden gibt es »Mukscher«, die nach einer ehelichen Auseinandersetzung mit ihrem Partner vier und mehr Wochen nicht mehr reden. Unter den Mukschern gibt es zwei Typen: die chronischen Mukscher und die Quartalsmukscher.

Die chronischen Mukscher sind insofern harmloser, als sie leichter zu erkennen sind. Sie sind immer etwas grämlich und verbittert, wenn es auch bei jungen Menschen häufig durch den Charme der Jugend und durch die Verliebtheit überdeckt wird. Leider wird es im zunehmenden Alter immer schlimmer, so daß das Ehe- und Familienleben mit der Zeit eine immer freudlosere Note bekommt. Für die Kinder ist es nur dadurch erträglich, als sie sich daran gewöhnen und ihre frohen Stunden bald außer dem Hause finden.

Fast noch schlimmer sind die Quartalsmukscher. Es braucht nicht immer ein Vierteljahr zu dauern, bis sie wieder einmal eine große Muksch-Periode bekommen. Sie mukschen keineswegs immer, und das ist gerade das gefährliche. In ihren guten Zeiten sind sie außerordentlich liebenswürdig, offenherzig und humorvoll. Man kann über alles mit ihnen sprechen und vertraut ihnen alles an. Da –, auf einmal, bei irgendeiner ganz belanglosen Bemerkung, kriegen sie etwas in die falsche Kehle, es gibt einen Knacks – sie »schnappen ein« –, aus. Ihr heiteres Gesicht wird schlagartig düster, sie schieben den Teller weg, schimpfen, weinen, ergehen sich in ironischen oder bitterbösen Vorwürfen, wobei auch längst Vergangenes aufgewärmt wird. Es folgen unter Umständen Tage oder Wochen, wo der Mukscher nicht spricht oder nur in Form von Vorwürfen. Alles im Hause duckt sich, alle Arbeiten bleiben liegen oder werden schlecht erledigt, womöglich legt sich der Mukscher auch noch ins Bett. Für die Kinder ist das eine sehr üble Atmosphäre. Sie lernen frühzeitig, sich dem wechselnden Wetter anzupassen, und hängen das Mäntelchen nach dem Winde. Die guten Stunden nutzen sie aus, um allerhand abzubetteln. Wenn ein Gewitter aufzieht, entgleiten sie der elterlichen Aufsicht. Auch der nichtmukschende Elternteil ist in dieser Lage natürlich keine Autorität mehr, da er sich ebenfalls ducken muß. Die Kinder machen in diesen Zeiten mancherlei Heimlichkeiten, die nur im Anfang noch in den guten Stunden gebeichtet werden. Nachher werden die Kinder so klug, die guten Stunden nicht durch Geständnisse zu verderben, und gehen ihr eigenen Wege. Sie werden Duckmäuser oder selbst wieder Mukscher, kriegen Angst vor der Ehe und sind selbst am unglücklichsten dabei. Der Mukscher weiß übrigens nicht, daß er ein Mukscher ist. Er denkt, die anderen haben ihn eben geärgert und er habe das Recht, daraufhin verstimmt zu sein. Sobald die schlechte Stimmung endet, ist er wieder der reizendste Mensch und nimmt es den anderen sehr übel, wenn sie nicht sofort bereit sind, in sein lautes Gelächter einzustimmen. Es kann dabei sein, daß die andern gerade jetzt mit ihren Seelenkräften fertig sind und anfangen zu heulen...

Warum wir diesen Menschentyp so eingehend beschreiben? Sie meinen, das wäre ja etwas Krankhaftes und gehöre eigentlich gar nicht in den Rahmen dieses Buches? Krankhaft oder nicht – das Mukschertum ist eine *sehr* häufige Erscheinung, wenn es auch nicht bei allen so schlimm ist, daß die Ehe kaputtgeht. Da gerade die Quartalsmukscher in guten Zeiten die nettesten Menschen von der Welt sind, mit denen man Pferde stehlen kann, werden sie bevorzugt geheiratet und pflanzen sich munter fort. Natürlich kann und will auch niemand sie daran hindern, zu heiraten und sich fortzupflanzen, zumal sie viele gute Eigenschaften haben. Wir möchten ihnen hiermit nur ein Schild um den Hals hängen, auf dem steht »Nur für Leute mit starken Nerven«.

Wieviel netter ist es, vor allem bei einer Frau, wenn sie nach wenigen Augenblicken wieder gut ist! Es mag diesen oder jenen jungen Mann reizen, die Widerspenstige zu zähmen. Er wird sehr viel Liebe dazu brauchen, und er kann trotzdem noch sehr dabei hereinfallen.

Körperliche, geistige und seelische Gesundheit garantieren zwar noch keine glückliche Ehe, sind aber wertvolle Voraussetzungen. Belastungen kommen später immer noch genug. Allerdings gibt es körperbehinderte Mädchen, die trotz oder gerade wegen ihres Leidens so sanft und liebenswert sind, daß ein Mann besser dran ist als mit mancher gesunden Frau. Das beobachtet man z. B. immer einmal wieder bei Frauen mit angeborener Hüftgelenksluxation. Auch bei andern Frauen und Männern, die irgendeinen kleinen Mangel haben. Ein Mädchen dagegen, das jung, gesund, hübsch und womöglich noch nicht unvermögend ist, kann manchmal recht unangenehm und anspruchsvoll sein.

Übrigens heißt es, daß die wirklich schönen Frauen meistens nicht die sind, die am meisten geliebt werden. Nicht die Vollkommenheit scheint es zu sein, die Liebe weckt. Goethe sagt: »Die Schöne bleibt sich selber selig; die *Anmut* macht unwiderstehlich.«

Am meisten Unheil richtet eine hübsche Larve mit viel Sexappeal an, hinter der sonst weiter nichts ist. Merkwürdigerweise scharen sich um diesen Typ die Männer wie die Motten ums Licht. Mit solcher Frau fällt jeder Mann gründlich herein. Sie ist zu verwöhnt, als daß er hoffen könnte, ihre Ansprüche jemals zu befriedigen, und ihr süßes Schmollmündchen langweilt ihn nach einiger Zeit erheblich. Wenn er Glück hat, kommt irgendeine Notzeit, wo er gar keine Möglichkeit hat, sie zu verwöhnen. In der Kriegs- und Nachkriegszeit hat man erlebt, wie solche Frauen plötzlich nachreiften und doch noch ihren Mann standen. Es schien, als wären sie selbst geradezu froh darüber.

Als letztes die wirtschaftliche Seite. Früher war die erste Frage der zukünftigen Schwiegereltern: »Junger Mann, können Sie überhaupt eine Familie ernähren?« Andererseits wurde dem Bewerber mitgeteilt, welche Mitgift die Tochter zu erwarten hatte.

Die jungen Leute von heute, die sich auf dem Betriebsausflug oder im Schwimmbad kennengelernt haben, denken noch genauso realistisch wie ihre Großeltern. Aber sie haben in ihren jungen Jahren schon zuviel von Krieg und Währungsreform gehört, als daß sie ihr Eheglück ganz von der wirtschaftlichen Seite abhängig machen würden. Ihre Eltern haben es ihnen ja oft genug erzählt, wie es in solchen Zeiten (wie sie bei uns schon seit dem Ersten Weltkrieg herrschen) gehen kann. Die Großeltern hatten alles in Wertpapieren angelegt. Die Enkelkinder durften später damit spielen und hörten, daß diese, einstmals das ganze Vermögen der Großeltern, jetzt nichts mehr wert seien. Die Eltern waren natürlich schlauer, sie legten alles in Haus und Boden an. Häuser wurden durch Bomben zerstört, und selbst das Sicherste, was es gab, der Grund und Boden, wurde durch politische Beschlüsse über Nacht »Ausland« und mußte verlassen werden. Das Geld wurde durch einen Federstrich entwertet. Der Mann, der geglaubt hatte, durch die Ehe mit einer reichen Frau fürs ganze Leben gesichert zu sein, stand eines Tages mit dieser Frau auf der Landstraße, das Kind auf dem Arm, sonst ohne jedes Hab und Gut...

Kann man da nicht verstehen, daß die jungen Leute von heute es anders machen wollen? Sie haben gesehen, daß aus allen Wirren der letzten Jahrzehnte nur *eines* gerettet wurde: was man im Kopf hatte. Darum lernen sie, sind strebsam in ihrem Beruf und erwerben sich dadurch für eine Ehe eine sichere Grundlage mit. Heute wollen die Mädchen nicht mehr auf eine Aussteuer von daheim angewiesen sein. Lieber lassen sie sich Geld für eine Berufsausbildung geben und stellen sich dann auf eigene Füße. Das Mädchen spart selbst für die Aussteuer, und wenn es heiratet, ehe alles beieinander ist, so geht es auch dann noch eine Weile ins Büro. Wenn wirklich das Schicksal anders kommt, als man es sich wünscht, wenn die junge Frau ihren Mann früh verliert oder irgendeine Notzeit kommt, so kann sie sofort wieder einspringen.

Gewiß, ein wenig Barvermögen ist immer erwünscht, aber eine Frau, die gelernt hat, selbst zu verdienen, ist eine wertvolle Ergänzung, die nicht zu verachten ist. Man sagt ja immer, eine reiche Frau koste den Mann seine Freiheit und mache ihn zu ihrem Laufburschen. Das muß natürlich nicht so sein.

Etwas anderes ist der gemeinsame Bauernhof, die Arztpraxis, die Bäckerei, wo Mann und Frau gemeinsam tätig sind. Solche Ehen sollen besonders glücklich und stabil sein. Man kann sich ja wirklich nicht gut scheiden lassen, wenn man sich vorstellt, daß schon morgen niemand mehr da ist, der die Kühe melkt... Das gemeinsame Werk bindet manchmal mehr aneinander als die große Liebe, die so schnell verfliegen kann.

Sehr häufig war früher die *Vernunftehe*. Nicht nur Fürstenkinder wurden, oft schon im zartesten Alter, im Staats- oder Familieninteresse verheiratet; auch zerstückelte Bauernhöfe wurden auf diese Weise gerettet; oder die Tochter eines Schreiners mußte unbedingt wieder einen Schreiner heiraten, damit das Geschäft in der Familie blieb, sosehr ihr Herz eventuell an einem Schuster hing. In diesen Ehen gab es zuerst viele Tränen. Nachher waren sie meistens so glücklich wie andere Ehen auch.

Heutzutage kommen noch Vernunftehen vor. In den Heiratsanzeigen kann man lesen, daß eine charmante Geschäftstochter einem Manne mit etwas Barkapital die Einheirat bietet oder daß ein Handwerker ein Mädchen mit Vermögen zwecks Gründung eines eigenen Geschäftes ersehnt.

In jedem Falle heiratet die Frau auch den Beruf des Mannes mit. Wenn er Seemann ist, muß sie sich darüber klar sein, daß sie viel allein sein wird. Ist er Musiker bei einer Tanzkapelle, darf sie nicht böse sein, wenn er abends spät kommt und stark nach Rauch riecht. Ist der Mann Arzt, so muß sie sich damit abfinden, daß er nur wenig und unregelmäßig am Familienleben teilnehmen kann und daß er bei der Geburtstagsfeier oder mitten in der Nacht abgerufen wird.

Zusammenfassend wäre zum *Thema Gattenwahl* zu sagen: Die Brautleute sollten schon manches gemeinsam haben. Gleich und gleich gesellt sich gern! Schon wenn der eine Lebensreformer ist und der andere Liebhaber einer kräftigen Kalbshaxe, oder wenn der eine täglich dreißig Zigaretten raucht, was der andere wegen seines Asthmas nicht vertragen kann... An den *kleinen*

Dingen zerbrechen die meisten Ehen! Andererseits sagt man, daß Menschen, die ein wenig verschieden sind, besser zueinander passen: Gegensätze ziehen sich an! Und auch an diesem Sprichwort scheint etwas Wahres zu sein.

Heiraten – warum eigentlich?

Es gibt ein Wort, das von Männern geprägt sein dürfte: »Warum eine Kuh kaufen, wenn man ein Glas Milch trinken will?« Da ist natürlich etwas dran – wenn man nämlich die Ehe nur als Gelegenheit zum körperlichen Zusammensein ansieht. Und diese, solange es genug Mädchen gibt, die dazu auch ohne Ehering bereit sind.

Ich glaube, wir brauchen über das Thema bestimmt nicht lange zu sprechen. Bei allen großen Mängeln, die die Ehe als solche aufweist, scheint sie doch die natürliche und unentbehrliche Form der Gemeinschaft zwischen Mann und Frau zu sein. Und so wird sie auf der ganzen Welt, bei Menschen aller Hautfarben und aller Gesellschaftsschichten, bei religiösen und nichtreligiösen Menschen, letzten Endes anerkannt. Man hat offenbar bisher nichts Besseres erfunden.

Zwingen oder drängen sollte man allerdings niemanden dazu, sogar den unehelichen Vater nicht. Die Belastungen einer Ehe sind auf die Dauer doch zu groß, als daß ein Gefühl des Zwanges (»in die Falle gegangen«, sagen die Männer) dazu noch erträglich wäre, obwohl auch viele »Liebesehen« scheitern und viele »Vernunftehen« und »Mußehen« sehr glücklich werden!

Frühehe oder Spätehe?

Die Spätehe, so um die Dreißig herum, gilt allgemein als ungünstig. Jeder der beiden ist dann schon recht selbständig, das Leben hat sie geprägt, und die Anpassung kann erschwert sein. Außerdem liegen in diesem Falle vor der Ehe schon eine ganze Reihe von Jahren, in denen man ein starkes Bedürfnis nach Umgang mit dem andern Geschlecht hat, ohne es auf legale Weise befriedigen zu können. Es kann dadurch zu einer sexuellen Not kommen, aus der schwer ein Ausweg zu finden ist. Die Folgen sind Selbstbefriedigung, vorehelicher Verkehr, vielleicht mit verschiedenen Partnern, auch mit Prostituierten. Geschlechtskrankheiten und unerwünschte Schwangerschaft können die weiteren Folgen sein, auch mancherlei Ängste, Verklemmungen und Schuldgefühle. Alles Dinge, die in der Ehe dann nur mit Mühe oder gar nicht in Ordnung gebracht werden können. Auch kommen bei später Heirat manchmal keine Kinder mehr, wobei man jedoch oft nicht weiß, wo die Ursache und wo die Wirkung ist.

Die Spätehe hat auch manchen Vorteil: Man ist reifer und verändert sich nicht mehr so stark. So besteht größere Aussicht, daß die gewählten Partner auch noch in 20 Jahren zueinander passen. Eine Frau, die in späterem Alter heiratet, wird oft dankbar sein, nun noch aus ihrem Beruf herauszukommen und für Mann und Kinder sorgen zu dürfen. Das junge Mädchen dagegen, das zum Neid seiner Freundinnen mit 18 geheiratet hat, kommt sich nach einiger Zeit leicht wie ein gefangener Vogel vor. Mit 20 hat sie schon zwei Kinder. Die übergangene Jugend läßt sich nicht nachholen, nicht nur, was Tanzen und Unbekümmertsein, sondern auch, was Reifung und Berufsausbildung betrifft. Manchmal geht es dann so: Wenn die Kinder eben in die Schule kommen, sind beide Partner erst Mitte 20 und haben auf einmal das Gefühl der Leere, als wenn sie das Leben vom falschen Ende begonnen hätten. Plötzlich empfinden sie die Endgültigkeit ihrer Bindung als qualvoll. *Jetzt* wäre man reif zu wählen, jetzt sollte man noch mal neu anfangen dürfen. Auf einmal läuft einem auch der »Mann fürs Leben«, die »Frau fürs Leben« über den Weg...

Für den Mann kommt dazu, daß er erst, wenn es auf die 30 zugeht, den vollen beruflichen Ehrgeiz entwickelt. Gerade dann aber kann es sein, daß er es bitter bereut, im Stadium der »großen Liebe« (oder war es nur das schnell auflodernde Strohfeuer einer Verliebtheit?) seine Ausbildung abgekürzt, seinen Sinn auf baldiges Verdienen gerichtet zu haben – nur um früh heiraten zu können. Er bedauert vielleicht jetzt, die große Chance, die ihm damals durch eine Auslandstätigkeit angeboten wurde, ausgeschlagen zu haben – nur um heiraten zu können...

Die sehr frühen Ehen bedürfen der gerichtlichen Genehmigung (Ehemündigkeitserklärung). Das Gericht versucht sich ein Urteil darüber zu bilden, ob eine Ehe in diesem Fall Aussicht auf Bestand bietet und beiden Partnern zum Guten gereicht. Ob ein Kind unterwegs ist, spielt dabei keine maßgebende Rolle!

Zusammenfassend ist zu sagen: Die Frühehe ist nicht von vornherein die Garantie für eine vollkommene Ehe. Das schließt nicht aus, daß sie es von Fall zu Fall sein *kann*. Wie so oft, haben *beide* Sprichwörter recht: »Jung gefreit hat nie gereut« und »Drum prüfe, wer sich ewig bindet...«

Verlobung

Es taucht nun die Frage auf, ob man eine Probezeit vorschalten soll, etwa in Form der Verlobungszeit. Gewiß, es sagt sich leicht: Wenn man weiß, was man will, sollte der Weg zum Standesamt führen, da braucht es keine Probezeit. Schrecklich ist die lang hingezogene Verlobungszeit. Die siebenjährige Verlobung hat einen besonders schlechten Beiklang. Ja, es ist so, daß Menschen, die sich in sieben Jahren nicht entschließen konnten, entweder nicht zueinander passen oder zu einer Ehe überhaupt nicht sonderlich begabt sind. Äußere Verhältnisse können allerdings einer baldigen Ehe im Wege stehen. Was soll man z. B. dem jungen Bauern raten, der immer noch nicht den Hof übernehmen kann? Soll er die materielle Fessel sprengen? Fast möchte es so scheinen – das Lebensglück winkt vielleicht nur einmal, und wenn man es verspielt...

Das vertraute Zusammensein in der Verlobungszeit weckt und vertärkt die Triebe, was man in früheren Zeiten im Interesse des jungen Mädchens begrüßen durfte. Heutzutage ist vielleicht auf diesem Gebiet keine weitere Anregung notwendig.

Wertvoll ist es aber, daß die Brautleute in dieser Zeit einander besser kennen- und verstehen lernen. Jeder soll sich ein Bild über die Fehler und Schwächen des andern machen. Jeder versucht dem andern zu helfen und vor allem eigene Fehler zu bekämpfen. Man wird sich über seine Empfindungen klar, man zankt und versöhnt sich und lernt die Eifersucht am eigenen Leibe und am anderen kennen. Man merkt, ob einen der Ring am Finger belästigt oder ob man keinen anderen Wunsch hat, als ihn recht bald auf die andere Hand zu setzen.

Sehr viele Verlobte dehnen das Kennenlernen auf die körperlichen Beziehungen aus. Das geht in manchen Fällen gut, in manchen schlecht. Der Mann will die »Katze nicht im Sack kaufen«. Er kauft sie aber trotzdem in fast jedem Falle im Sack. Auch wenn vieles vorher ausprobiert wird: Man *kann* nicht alles vorher ausprobieren. Man kann sich einfach kein Bild machen, wie das Mädchen nachher in der Ehe sein wird. Gerade ein ordentliches Mädchen, das alle Anlagen zu einer guten und treuen Ehefrau hat, wird sich durch einen vorehelichen, improvisierten, angstvollen Verkehr meist so stark gehemmt und belastet fühlen, daß sie gar nicht aus sich herausgehen kann.

So wird es sein, daß ein ganz normal veranlagtes Mädchen bei dieser Form des Zusammenseins kalt bleibt. Das wiederum stört die Harmonie zwischen den Brautleuten und hat schon oft dazu geführt, daß eine Verlobung wieder gelöst wurde, weil man dachte, man passe nicht zueinander. Dabei wäre vielleicht in einer Ehe, in der Geborgenheit, die eine Frau natürlicherweise zur vollkommenen Hingabe braucht, alles gutgegangen.

Besonders problematisch wird es, wenn sich herausstellt, daß das Mädchen ein Kind erwartet. Natürlich kann man vorher vereinbaren: Dann heiraten wir eben sofort. Bei aller Liebe hat das eben doch oft den Charakter einer *Mußehe* und nimmt der Hochzeit allen Reiz. Und warum *dann* nicht lieber *gleich* heiraten? Selbst wenn beide noch in der Ausbildung sind, wenn noch keine Wohnung da ist und noch kein Kind kommen sollte – vielleicht ist es trotz allem schöner, eine einfache, stille Hochzeit zu halten, um fortan zusammenzugehören? Vielleicht ist es viel besser als eine lang hingezogene Verlobungszeit, als heimlich kurze Nächte, in denen man jeden Augenblick das Klopfen der Wirtin befürchtet.

Natürlich hat sich auch der Gesetzgeber mit der Verlobung beschäftigt. Er sieht darin einen Vertrag, in dem zwei Personen verschiedenen Geschlechts einander die Ehe versprechen. Eine bestimmte Form verlangt er dafür nicht. Insbesondere ist immer wieder festgestellt worden, daß es weder der Verlobungsringe noch irgendeiner Feier dazu bedarf. Aus der Verlobung kann jedoch nicht, wie bei anderen Verträgen, auf Erfüllung geklagt werden, also nicht auf eine Eheschließung. Diese wird eben als das höhere Gut gewertet. Die Verlobung kann einseitig gelöst werden. Aber der Verlobte, der ohne wichtigen Grund vom Verlöbnis zurücktritt oder dem andern (etwa durch Untreue) einen Grund zum Rücktritt gibt, muß unter Umständen dem andern Schadenersatz leisten. Erstens müssen die Verlobungsgeschenke, also etwa die Ringe, zurückgegeben werden. Außerdem müssen dem an der Auflösung unschuldigen Verlobten die Aufwendungen ersetzt werden, die er in Erwartung der Ehe gemacht hat. Also die Kosten für Aussteuer und Hochzeitsvorbereitungen, dazu auch der Verdienstausfall, wenn die Braut bereits ihre Stellung aufgegeben hätte.

Aus all diesen Verpflichtungen hönnen die häßlichsten Streitereien entstehen. Man ist erschüttert, wie zwei Menschen, die eben noch zusammen zum Traualtar gehen wollten, plötzlich zu gerissenen Geschäftsleuten werden. Es kommt vor, daß am Tage des Zerwürfnisses der eine Verlobte ausgerechnet noch teure

Möbel anschafft, nur um den andern dann damit zu schikanieren oder ein Geschäft zu machen. Jedenfalls immer, um die bevorstehende Entlobung damit zu belasten. Der zahlende Teil tut gut daran, die Möbel abzukaufen, dann hat sich niemand bereichert. Um diese Dinge sind schon endlose Prozesse geführt worden, und die Sache spitzt sich immer weiter zu. Selbstverständlich werden nur solche Aufwendungen entschädigt, die als angemessen zu bezeichnen sind. Gerade diese Vorschrift kann bei entsprechender Veranlagung der Fordernden der Ausgangspunkt für beschämende Schikanen und kostspielige Streitereien vor verschiedenen Gerichtsinstanzen werden. Anständige Menschen werden sich auf vornehme Weise trennen und dabei auf alle schäbigen Forderungen gerade in solchem Falle verzichten. Man kann nur den Rat geben, seine Augen *vorher* aufzumachen und sich anzusehen, mit wem man sich abgibt.

Ist es unter den Brautleuten bereits zu körperlichen Beziehungen gekommen und war die Braut bis dahin »unbescholten«, was nicht gleichbedeutend mit unberührt ist, so kann sie beim Rücktritt des Partners eine angemessene Entschädigung in Geld verlangen (Kranzgeld). Ob im Einzelfalle Unbescholtenheit vorlag, wird das Gericht entscheiden, ebenso, was in diesem Falle als angemessen zu bezeichnen ist. Ein Geschäft ist mit dem Kranzgeld nicht zu machen, und die meisten Mädchen werden sich scheuen, mit so intimen Dingen vor Gericht zu erscheinen. Kinder aus einer Verlobung werden wie alle anderen unehelichen behandelt. Damit kann man nicht zufrieden sein. Seit Jahren schon wird darüber diskutiert, aber man hat noch keinen Ausweg gefunden.

Vorbereitungen

Vom Kochkursus und von der Wohnungssuche, von Überstunden für die Aussteuerbeschaffung, vom Kuchenbacken und Weinkauf, Blumen, Brautkleid und Essen wollen wir hier nicht sprechen, so wichtig das alles – besonders der Kochkurs – ist.

Der *Termin* der Hochzeit soll möglichst so gelegt werden, daß bei der jungen Frau dann eben die Menstruation vorbei ist. Liegt der Termin nämlich kurz *vor* der nächsten Periode, so muß in dem gerade begonnenen Eheleben schon nach wenigen Tagen eine Pause eintreten. Vor allem aber kann durch die ungewohnten Ereignisse die Periode einige Tage früher kommen, so daß sie dann gerade auf den Tag der Hochzeit fallen würde.

Falls im Anfang keine Empfängnis erwünscht ist, so richte man sich mit dem Hochzeitstermin nach dem Ehekalender.

Kurz vor der Hochzeit sollen die Braut und ihre Mutter noch etwas Zeit finden zu einem stillen Gespräch. Falls nicht gerade das junge Mädchen selbst erfahrener ist als die Mutter, soll die Mutter ganz offen die notwendigen letzten Ratschläge geben. Sie sollte sich nicht scheuen, die Dinge zu erwähnen, an denen sie selbst vielleicht Schwierigkeiten hatte; dadurch kann sie der Tochter unter Umständen manche Panne ersparen. Das gleiche gilt für ein vertrauensvolles Gespräch zwischen Vater und Sohn.

Wenn möglich, macht man natürlich eine Hochzeitsreise. Sie soll sorgfältig geplant werden, nicht ganz »ins Blaue«, und wenn es geht, zwei bis drei Wochen dauern. Will man nicht die ganze Zeit an einem Ort verbringen, so vermeide man zu große Tagesreisen und alle ungewohnten Strapazen. Der Bräutigam wird für die ersten Nächte rechtzeitig Quartier bestellen. Im Winter an Heizung denken! Im Sommer eignet sich ein Hotel am Wasser besonders gut, weil dann beide ohne Mühe immer frisch und sauber sind.

Die Braut bereitet sich natürlich auf diese Reise ganz besonders gut vor. Das ist wichtiger, als sich bei der Wohnungseinrichtung zu erschöpfen – dazu ist später noch Zeit. Viele Kleider und

Nachthemden, ganz verschiedene, weil man ja zum ersten (und vielleicht letzten) Male im Leben ein paar Wochen lang von früh bis abends und von abends bis früh allein zusammen ist. Vom Bikini bis zum Hemdblusenkleid, vom langen weißen Spitzennachthemd bis zum bunten Shorty, vom roten Bademantel bis zum schwarzen Kostüm... Und einen ganzen Koffer voll Wäsche, so daß sie sich zunächst mal jeden Tag früh, mittags und abends frisch anziehen kann. Der zarte Duft ihres Körpers, den ihr Mann an ihr lieben wird, bleibt auch bei größter Sauberkeit erhalten, und parfümieren kann sie sich ja dann jederzeit noch, soviel sie will. Ein Paar bequeme Schuhe sollten im Koffer sein. Man weiß ja nie, was für Pläne ein Mann plötzlich hat. Und für den ersten Abend ein Köfferchen mit Toilettensachen, Morgenrock, Nachthemd und frischer Wäsche, damit der junge Gatte nicht unter wild wühlendem Kofferauspacken ungeduldig wird.

Es schadet nichts, wenn die Braut schon jetzt daran denkt, womit sie ihren Gatten bei Bedarf unterhalten könnte. Man kann einander nicht drei Wochen lang 24 Stunden am Tage »lieben«, so gern man es möchte. Sie schäme sich also nicht, heimlich ein Schachspiel, ein Fotoalbum, Federballschläger, ein Buch zum Vorlesen einzupacken. Wie reizvoll, den Mann damit ein wenig abzulenken, und wie nett, wenn über solcher ernsthaften Beschäftigung beide wieder von Zärtlichkeit überwältigt werden und das Buch zu Boden gleitet...

Hochzeit

Rauschende Feste werden zu der Hochzeit gefeiert. In Strömen fließt der Wein. Schwungvolle Tischreden fordern immer wieder zum Anstoßen heraus. Wenn das Brautpaar Glück hat, leitet irgend jemand die Ströme der Alkoholika an ihm vorbei. Sonst ist es gut, den beiden auch einmal einen Fruchtsaft einzuschenken und den Wein auch sonstwie verschwinden zu lassen. Nüchtern bleiben ist die wesentliche Grundbedingung. Zwar sagen alte Sprichwörter, daß Venus ohne Bacchus friert, daß also der Alkohol den Geschlechtstrieb der Frau steigern kann. Ja, aber bitte nur bei älteren Menschen. Das Geschlechtliche ist im Augenblick der Hochzeit untergeordnet. Zwar würde die Braut einen Rausch des Mannes liebevoll verzeihen, im allgemeinen wenigstens. Doch würde der Anfang sehr unglücklich sein, und man sollte sich immer wieder die Spottlieder vor Augen halten, die sich mit dem »besoff'nen Schwiegersohn« beschäftigen. Auch an die Möglichkeit, daß bereits in der Hochzeitsnacht das erste Kind entstehen kann, sollte man denken und sich schon deshalb keinen Rausch antrinken.

Je nach den weiteren Plänen verschwindet das junge Paar früher oder später, jedenfalls immer heimlich und ohne jedes Aufsehen. Die Eingeladenen feiern weiter, in manchen Gegenden sogar mehrere Tage lang. Trotz aller Heimlichkeit merken sie sowieso schnell, wenn die Plätze des Brautpaares leer sind. *Endlich allein*, denken die neidischen Freunde und stellen sich, je nach Phantasie und eigener Erfahrung, vor, daß für die Brautleute jetzt das große Glück stattfindet.

In Wirklichkeit kommt jetzt eine Klippe, eine kritische Situation nach der andern. In dieser Nacht kann alles gewonnen, aber auch sehr vieles verdorben werden.

Hochzeitsnacht

Nun kommen wir zum wichtigsten Kapitel unseres Buches. In der Bahn, im Auto beginnt die »Fahrt ins Glück«. Beide sind erschöpft, sehr glücklich und im geheimen etwas beklommen. Auch der Mann!

Am Übernachtungsort wird zum erstenmal ein Doppelzimmer bezogen. Wirklich? Oder sollte man mit dieser Tradition brechen? Unser Rat: für die erste Nacht ein Doppelzimmer mit Bad, koste es, was es wolle. Auf dieser schönsten und gefährlichsten Reise des ganzen Lebens sollte man möglichst nicht sparen (im gegebenen Rahmen natürlich!). Alles soll eine zauberhafte Erinnerung bleiben. Der junge Gatte kann noch darauf verzichten, seine Frau zur Sparsamkeit zu erziehen – der Alltag kommt nur zu bald. Vielleicht ist nächstes Jahr um diese Zeit schon ein Kindchen da, und mancherlei Sorgen und Lasten erwarten die junge Frau, die jetzt noch so leicht neben ihm herschreitet. Vielleicht kann man auf Jahre hinaus nicht wieder so sorglos miteinander reisen. Sind die Mittel beschränkt, lieber die Hochzeitsfeier etwas einfacher; wenn die Sitte es nicht verbietet, eventuell nur »im stillen«.

Also, wenn es geht, ein Doppelzimmer mit Bad. Die junge Frau wird berauscht sein und in ganz romantischer Stimmung. Damit aber ist schon viel gewonnen. Während sie im Bad verschwindet, sorgt der Mann für ein gutes Abendbrot mit Kerzenschein, Wein oder vielleicht Sekt, und läßt alles, zusammen mit dem Brautstrauß, auf einem Tischchen neben dem Bett herrichten. Die junge Frau beeilt sich ein bißchen mit ihrer Toilette, damit der Gatte nicht müde oder gar zu nachdenklich wird. Dann kommt sie heraus, frisch von Kopf bis Fuß, sehr gut Zähne geputzt, duftend, das Haar so weit gelöst, daß keine Nadeln und Klammern mehr darin sind, nur je nach Frisur vielleicht eine große Spange, die der Mann nachher lösen kann. Sie trägt ihr Brautnachthemd, darüber einen leichten Morgenrock, darunter BH und Höschen, vielleicht Strümpfe, alles natürlich taufrisch. Der Mann geht ihr entgegen, führt sie zum Sessel, vielleicht treten beide zuerst zum Fenster und schauen gemeinsam in die Nacht hinaus. Der Mann darf Liebe, Freude und Erwartung zeigen, aber keine Eile oder gar Gier.

Nach dem Mahl, bei dem die Anspannung des langen Tages abklingen soll, zieht sich der Mann ins Bad zurück, badet schnell und gründlich, während die junge Frau schon ins Bett schlüpfen darf, ein paar selige, ungeduldige, beklommene Minuten auf ihn wartend.

Wenn er kommt, hat er den Bademantel über dem Schlafanzug und tut zunächst nichts weiter, als daß er sich auf die Bettkante zu seiner jungen Frau setzt. Man darf ihm verraten, daß das für eine Frau besonders schön ist und ihr Verlangen nach dem Manne weckt. In beiderseitiger Zärtlichkeit, dem also, was sie als Verlobte längst kennengelernt haben, werden sie, ohne daß die Braut Angst bekommt, einander immer näherkommen. Der Mann wird spüren, wenn der Augenblick da ist, wo er seine Füße vom Boden lösen darf, und wenn dann beiden warm geworden ist, wird die junge Frau ihrem Manne erlauben, sie weiter zu entkleiden. Vielleicht wird sie sogar finden, daß auch der Mann zuviel anhat. Erzwingen soll man das alles nicht. Noch viele Nächte – ein ganzes Leben liegt vor den beiden, und sie dürfen ruhig das eine oder andere fürs nächstemal aufheben.

Wenn die junge Frau noch unberührt ist, wird sie diese zärtliche und zarte Einladung der Hochzeitsnacht als Huldigung an ihre Jugend und als großes glückliches Vorzeichen für die ganze Ehe empfinden. Vielleicht hatte sie vorher mancherlei Ängste gehabt, die unter der verständnisvollen Zartheit ihres Gatten jetzt dahinschmelzen.

Ist sie dagegen mit ihrem Verlobten bereits vorher körperlich zusammengewesen, so wird sie ihm für solche traditionell feierliche Hochzeitsnacht erst recht zeitlebens dankbar sein. Zumal sie sicher schon gehört hat, daß manche Männer in solcher Lage nüchtern und etwas verstimmt sind und es die junge Frau auch spüren lassen.

Hat sie aber schon mit einem oder mehreren *anderen* Männern Erfahrungen gesammelt – wie soll *dann* die Hochzeitsnacht eingeleitet werden? Genau ebenso! Gerade dann wird nämlich die Frau für diesen schönen Anfang besonders empfänglich sein, denn was voranging, war wahrscheinlich enttäuschend, mindestens mit Ängsten verbunden. Sie möchte nun ein ganz neues, schöneres Leben anfangen, und der Mann hilft ihr dazu durch den feierlichen Hochzeitsabend.

Aber bleiben wir bei dem (wenn auch selten gewordenen) Normalfall der unberührten jungen Gattin. Hier also besonders keine Überstürzung; schon beim Entkleiden Vorsicht. Der Berliner sagt: »Wenn ick mir Justav ohne Kragen denke, erlischt die janze Illusion...«

Wenn der junge Gatte sich seiner noch mädchenhaften Frau so weit genähert hat, ohne daß sie ängstlich zurückgewichen ist, wird er seine Zärtlichkeit allmählich auf ihren ganzen Körper ausdehnen. Immer bereit, sofort zurückzuweichen, wenn er auf Widerstand stößt. Die Frau ist durch die Eheschließung nicht zu einem willenlosen Besitztum des Mannes geworden. Wollte er sie als solches behandeln, so stünde sein Verhalten mit einer Vergewaltigung auf einer Stufe. Er muß lernen, sich sofort zu beherrschen und auf die Wünsche seiner Frau, seien diese zunächst ablehnend, liebevoll einzugehen. Ovid sagt dazu sehr klug: »Wenn die Geliebte versagt, die Zaubergabe zu spenden, füge dich willig: du siegst, indem du ihr nachgibst.« Der Mann merkt bald, welche Zärtlichkeiten seiner Frau angenehm sind. Besonders ihre Brust darf er streicheln und küssen, das erregt eine Frau sehr stark. Zwischendurch wird er immer wieder mit ihr sprechen und ihr sagen, wie sehr er sie liebt. Bei der unerfahrenen Frau steht das Seelische noch ganz im Vordergrund. Sie ist glücklich, daß ihre Wünsche in Erfüllung gegangen sind, und wenn es nach ihr ginge, brauchte in dieser Nacht nicht viel Weiteres zu geschehen. So ist es nicht falsch, wenn der Gatte sich bescheidet und es zunächst bei Küssen und Zärtlichkeiten bewenden läßt, so daß beide das ungewohnte Nebeneinanderliegen voll genießen können. Er ist ja niemandem Rechenschaft schuldig über das, was in dieser Nacht zwischen ihm und seiner Frau geschieht. Dazu kommt, daß nach allen Aufregungen die plötzliche Erfüllung seiner Sehnsüchte auch ihn unter Umständen so mitnimmt, daß er gerade in dieser Nacht impotent ist. Das ist keineswegs tragisch, sondern ganz natürlich; ein Grund mehr, sich für die Hochzeitsnacht nicht zuviel vorzunehmen, keinesfalls aber etwas zu erzwingen.

Es kann ebensogut sein, daß unter den liebevollen Händen des Mannes auch der Körper der Frau schon soweit erregt wird, daß sie sich nach Weiterem sehnt. Dann darf der Mann, vorsichtig weitertastend, allmählich zur unteren Körperhälfte der Frau vordringen und dabei zunächst die Schenkel, später auch die Schamlippen und die Klitoris der Frau berühren. Wenn er es fertigbringt, ihre natürliche Schamhaftigkeit dabei zu schonen, wird sie diese Berühung, sei es mit den Händen oder den Lippen, als höchsten Reiz empfinden und nun nicht mehr zurückweichen. Der Mann wird dadurch ebenfalls stark erregt, und nun kommt es darauf an, daß er seine Erregung beherrscht und sich so lange zurückhält, bis seine Frau sich an das neue Erlebnis gewöhnt hat. Nicht nur aus seelischen Gründen ist das nötig, sondern auch deshalb, weil sich bei wachsender körperlicher Erregung der Frau der Scheideneingang mit einer schleimigen Flüssigkeit befeuchtet. Das sollte der Mann, wenn irgend möglich, abwarten und durch weitere Liebkosungen, zwischen denen keine größeren Pausen liegen dürfen, fördern. Im allgemeinen geht die starke Schleimabsonderung mit einem starken Ansteigen des Lustgefühls bei der Frau einher. Wenn der richtige Augenblick gekommen ist, wird sie daher von selbst, ohne es zu wollen, ihren Körper auf den Mann zu öffnen. Die Beine sind dabei gespreizt und die Knie angewinkelt, am besten bis zu den Schultern hochgezogen. Das alles ergibt sich bei einer liebenden, hingabebereiten und vor allem gut vorbereiteten Frau ganz zwanglos. Man kann ein kleines Kissen unter das Gesäß schieben, dadurch wird die Scheide der Frau in dieselbe Richtung gebracht wie das Glied des Mannes, was den ersten Verkehr erleichtert. Der Mann wird ihr jetzt, um sie ein wenig abzulenken, den Mund mit einem Kuß verschließen, der ruhig ein bißchen weh tun darf. Dabei liegt er bereits so über ihr, daß er sein Gewicht mit Knien und Ellenbogen abstützt, um sie nicht unnötig zu belasten. Zugleich führt er sein aufs höchste aufgerichtete Glied unter Führung seiner Hand ein.

Wenn der Scheideneingang reichlich mit Schleim befeuchtet ist, geht das im allgemeinen ohne wesentliche Anstrengung des Mannes und auch ohne wesentlichen Schmerz für die Frau vor sich. Für den Notfall sollte man etwas Vaseline bereithalten. Und wenn es überhaupt nicht klappen will, so wisse man, daß das nicht schlimm ist. Man versuche es am nächsten Tag nochmals, und schließlich steht immer noch der Arzt zur Verfügung, der mit einem kleinen schmerzlosen Eingriff Hilfe bringt. Oft ist das gut durchblutete Jungfernhäutchen sogar so elastisch, daß gar kein Einriß und keine Blutung entsteht, zumal bei Mädchen, die seit Jahren während der Menstruation Tampons benutzt und den Jungfernring schon ziemlich gedehnt haben. Wenn das Eindringen mit Zartheit allein nicht möglich ist, so wird der Mann mit einem kleinen Ruck, den er der Frau am besten irgendwie vorher ankündigt, zustoßen. Unter weiteren Zärtlichkeiten soll das Glied jetzt einige Augenblicke ruhig in der Scheide verweilen, damit sich die Frau daran gewöhnt. Dann wird es vorsichtig bis ganz in die Tiefe gedrängt, bis zum Muttermund, und so lange auf und ab bewegt, bis beim Manne die Ejakulation erfolgt. Wenn er das Gefühl hat, daß bei seiner Frau schon jetzt das Lustgefühl den Schmerz überwiegt, kann er anfangen, die Ejakulation und damit den Orgasmus, also den Höhepunkt seines Lustempfindens, hinauszuschieben, indem er zwischen den einzelnen Bewegungen das Glied immer wieder ganz ruhig in der Scheide liegen läßt. Dabei klingt bei ihm die Erregung immer wieder ein wenig ab, so daß er es länger aushalten kann.

Bei der Frau würde die Erregung ebenfalls abklingen, wenn der Mann sie nicht inzwischen durch Küsse und Streicheln, besonders der Brüste, und Berührung der Klitoris, weiter steigern würde. Das ist sehr wichtig, weil jede Frau, besonders die unberührte und noch unerfahrene junge Frau, wesentlich längere Zeit braucht, um zum Orgasmus zu kommen.

Wenn der Mann geschickt und liebevoll ist, kann es sein, daß schon in dieser ersten Nacht auch die junge Frau den Höhepunkt des Glücks erlebt, vielleicht sogar einigermaßen im selben Augenblick wie der Mann. Die Regel wird das *nicht* sein. Man muß sehr zufrieden sein, wenn der erste Verkehr soweit gelungen ist, daß die Frau sich auf die nächste Nacht freut. Keinesfalls darf die erste (und auch keine spätere) Nacht enden, daß die junge Frau mit anderen als Glücksempfindungen daran zurückdenkt. Nur so kann ihr Gefühl geweckt und erobert werden. Nur wenn sie sich schon aufs nächste Mal freut, hat der Mann sich richtig benommen. Es ist bekannt, daß manche Frauen sich nach dem ersten Geschlechtsverkehr ein halbes Jahr lang oder noch länger ekelten. Man kann mit Bestimmtheit sagen, daß große Fehler gemacht wurden; Fehler, durch die unter Umständen eine junge Ehe für immer zerstört wurde. In dieser ersten Nacht werden die Weichen gestellt, und was in dieser Nacht durch Lieblosigkeit, Egoismus und Dummheit des Mannes verdorben wurde, läßt sich oft nicht wiedergutmachen. Vielleicht findet sich erst nach der Ehescheidung wieder ein Weichensteller, der mit viel Geschick und Liebe die Frau aus ihrer Verkrampfung herausholt und glücklich macht. Aber zwischen diesen beiden Zeitpunkten liegt eine zerbrochene Ehe, eine verdorbene Jugend... Man kann das Leben nicht zurückdrehen: Wenn der Anfang schlecht ist, ist zunächst einmal alles verdorben. In den Briefkästen der Zeitschriften kann man manchmal von solchen Fehlleistungen lesen. Vielleicht sollte man sie den jungen Männern als Lektüre empfehlen. Aber nein, *ihm* kann ja das alles nicht passieren. Er liebt doch sein Mädchen!

Ja, ganz gewiß, aber die Liebe allein tut es nicht, wenn sie auch weitaus das wichtigste ist. Ein bißchen *Wissen* gehört dazu. Z. B. darf der junge Mann nicht so dumm sein, seine junge Frau mit jenen Mädchen zu vergleichen, die ihm vielleicht früher einmal irgendwo begegnet sind und die um Geld oder ein Geschenk gleich sehr zugänglich waren. Diese Mädchen waren freilich in diesen Dingen ungleich geschickter! Sie waren mit allen Wassern gewaschen, sie verstanden jeden Mann zu nehmen, und in kurzer Zeit war alles vorbei, ohne alle Schwierigkeiten, wobei sie ihm unter Umständen sogar noch einen Orgasmus vortäuschten. Seine Frau dagegen muß ja alles erst lernen. Und das ist gut; er hat ja mit Absicht nicht eines von den erfahrenen Mädchen gewählt, sondern ein unerfahrenes, dem er alles erst selbst beibringen kann. Später einmal, wenn sie eine Weile verheiratet sind, wird sie ganz auf ihn eingespielt sein. Dann wird er manchmal an den reizvollen, geheimnisvollen Anfang denken, mit allen seinen Schwierigkeiten, mit aller Fremdheit und Ungeschicklichkeit. Und dann wird er wissen, daß dieser Anfang das Schönste war. Habe er also in dieser ersten Nacht Geduld, schelte er sie nicht zimperlich in seinem Herzen und denke nicht zu viel an sich, sondern lieber daran, wie er *ihr* seine Liebe zeigen, wie er *sie* glücklich machen kann!

Dazu gehört, außer dem eigentlichen Akt und dem schon beschriebenen, sehr ausgedehnten Vorspiel, noch etwas sehr Wichtiges, nämlich das *Nachspiel*. Selbst wenn die Frau schon bei diesem ersten Mal ihren Höhepunkt erreicht hat, wenn eine selige, wohlige Müdigkeit sie umfängt, will sie nicht sofort einschlafen, sondern sie wünscht sich jetzt noch ein bißchen Zärtlichkeit. Eine andere Zärtlichkeit als vorher, nichts Drängendes mehr, sondern ein stilles, vertrautes Streicheln und Küssen, wobei die untere Hälfte des Körpers kaum mehr berührt zu werden braucht. Zu dieser Art von Zärtlichkeit ist der müdeste Mensch noch durchaus imstande, und am besten wird er sich gleich in dieser ersten Nacht dazu aufraffen, für das Nachspiel noch etwas Zeit zu haben, statt sofort wie ein Bär einzuschlafen und eine Minute später laut zu schnarchen.

Während das Vorspiel die ganze Ehe hindurch möglichst ausgedehnt und abwechslungsreich sein soll, werden die Anforderungen, die die Frau an das Nachspiel stellt, mit der Zeit oft geringer. Wenn sie es gelernt hat, zum vollen Orgasmus zu kommen, ist sie nachher ebenso müde und zufrieden wie der Mann (vielleicht besonders, wenn sie sich an dem Akt auch aktiv beteiligt hat) und ist dann restlos glücklich. Allerdings wird im Anfang, wahrscheinlich schon in der ersten Nacht, das Nachspiel gern in das Vorspiel zu einem neuen Akt übergehen. Ehe man sich's versieht, werden die Liebkosungen wieder drängender, das Glied des Mannes bewegt sich wieder verlangend auf die Frau zu, seine Hände tun ein übriges.

Diesmal weiß die Frau schon, was ihr bevorsteht. Ist es vorhin schon zum richtigen Orgasmus gekommen, möchte sie dasselbe vielleicht nochmals erleben. Kam es nicht so weit, so ist ihre Erregung von vorhin wahrscheinlich noch nicht ganz abgeklungen, und ihr Körper drängt einer neuen Vereinigung entgegen. Nun heißt es zwar immer, in der ersten Nacht sollte man die junge Frau nicht zu sehr strapazieren und mit *einemmal* zufrieden sein. Andererseits bietet diese Nacht aber die Möglichkeit, ihr die Schönheiten dieses reizvollsten aller Spiele zu zeigen, ohne daß sie wesentliche Schmerzen hat. Die kleine Deflorationswunde hat bei ihrer Entstehung etwas Schmerzen gemacht, und es hat auch ein bißchen geblutet. Ist das einmal überstanden, tut es nicht mehr besonders weh. Das kommt erst nach 24 bis 48 Stunden, wie jeder schon beobachtet hat, der sich eine kleine Verletzung am Finger zugezogen hat. Übrigens wird eine Frau, die vorher schon über diesen Vorgang aufgeklärt worden war, nicht gar zu zimperlich sein, während eine ahnungslose Frau einen solchen Schock (mehr Schreck als Schmerz) bekommen kann, daß sie aufspringt und wegläuft!

Damit haben wir wohl die wichtigsten Ereignisse und Klippen der Hochzeitsnacht besprochen. Zu erwähnen wäre noch, daß bei der Frau schon während des Vorspiels, etwa durch Küssen und Streicheln der Brüste und der Klitoris, der Orgasmus eintreten kann. Bei einer bis dahin unberührten Frau geschieht es sogar wesentlich leichter auf diesem Wege als auf dem Weg über die Scheide, ohne daß das ein Hinweis auf früher geübte Selbstbefriedigung zu sein brauchte. Den Mann soll das nicht verdrießen; in diesem Falle war *er* es ja, der die Frau zu diesem Glücksgefühl geführt hat. Es ist insofern nicht unerwünscht, weil die Frau auf diese Weise erfährt, was für Empfindungen ihr bevorstehen, und sie sich dem Manne dann um so leichter ganz vertrauen wird. Allerdings muß dann eine kleine Pause eingelegt werden, ehe der Mann zum eigentlichen Akt schreiten kann. Körperlich wäre es sofort möglich, weil auch durch den so hervorgerufenen (Klitoris-) Orgasmus der Scheideneingang der Frau mit Schleim befeuchtet ist. Aber sie würde keine besondere Lustempfindung dabei haben, weil ihr Körper (genau wie beim Manne) nach dem Orgasmus für einige Zeit nicht erregbar ist. Übrigens soll der Mann dafür sorgen, daß der *Klitoris-Orgasmus*, also durch äußerliche Berührung der Geschlechtsteile hervorgerufen, nicht etwa zur Gewohnheit wird. Das ist für die Frau nicht der richtige Orgasmus! Es ist nur ein mehr äußerlich empfundenes, sehr schnell wieder abklingendes Lustgefühl, wie es durch Selbstbefriedigung an der Klitoris hervorgerufen werden kann. Es bringt keine wirkliche Befriedigung und verleitet damit zur Unersättlichkeit bzw. Selbstbefriedigung, so ähnlich wie ein süßes Vanille-Eis immer mehr Durst macht. Die Frau muß also unbedingt bald den richtigen, den Scheiden-Orgasmus kennenlernen, das gehört zu ihrer Reifung als Frau und bringt ihr eine ganz andere, viel tiefer im Körper empfundene Befriedigung. Hat sie das erst einmal gelernt, so wünscht sie die Reizung der Klitoris nur noch als Vorbereitung. Manchmal braucht eine junge Frau (deren Scheide ja ihr ganzes bisheriges Leben lang streng verschlossen war) eine ganze Zeit, um das zu lernen. Der Mann muß ihr dabei helfen.

Der nächste Morgen

Wie auch die Nacht verlaufen sein mag – den ersten Morgen der Ehe gleich mit etwas Distanz anfangen! Vereint schlafen, aber möglichst getrennt Zähne putzen. Die junge Frau kann inzwischen ruhig zum Friseur gehen. Begegnungen am Kaffeetisch trotz aller gegenseitigen Liebe und Vertrautheit und Dankbarkeit mit Handkuß, keinesfalls mit einer unzarten Bemerkung oder gar mit Gähnen. Diese Kleinigkeiten sind viel wichtiger als das, was der geneigte Leser so gern lesen möchte, nämlich ob man nachts lieber auf dem Bauch oder auf dem Rücken liegen soll und wer nach oben kommt... An Vertrautheit und bald an Vertraulichkeit wird es in einer Ehe selten fehlen, an Distanz jedoch sehr leicht. Die Distanz ist zur Erhaltung des Reizes sehr wichtig.

Nach dem reichlichen Frühstück kann man natürlich sofort wieder ins Bett gehen oder das Eheleben im Auto oder im Wald fortführen. Alles dies empfiehlt sich nicht, wenn die junge Frau, wie wir annehmen wollen, in der vergangenen Nacht zum erstenmal so nahe mit einem Manne zusammen war. Sie muß dann das Erlebte seelisch erst einmal verarbeiten. Außerdem wird ihr für die erste Zeit ein richtiges Bett sicher lieber sein als irgendwelche Experimente, als ein improvisiertes Zusammensein bei Tageslicht, immer mit der Angst, es könnte jemand kommen. Selbst wenn die erste Nacht für sie sehr schön gewesen wäre, würde sie auf einer Wiese oder im Auto wahrscheinlich keine rechte Freude haben. Im übrigen beginnt die kleine Deflorationswunde allmählich zu schmerzen und muß erst einmal verheilen. Deshalb soll man an diesem ersten Tage auf eine Wanderung, auf Schwimmen, Skifahren und ermüdende Besichtigungsgänge verzichten. Am Strand liegen, das ist das richtige. Oder ein kleiner Einkaufsbummel, vielleicht der Besuch eines Cafés. Sicher gibt sich die Gelegenheit, ein kleines Geschenk als Erinnerung zu kaufen. Allen Reibungspunkten gehe man möglichst aus dem Wege, dafür ist heute nicht der richtige Tag. Beide sind erschöpft nach der Anspannung der letzten Zeit. Vielleicht sind sogar beide ein wenig enttäuscht, weil die Nacht noch nicht ganz nach Wunsch verlaufen ist.

Am besten verbringt man den Tag unter Zärtlichkeiten und kleinen Ablenkungen. Nachher geht man wieder nett essen, vielleicht ein bißchen tanzen. Man kann überhaupt kaum etwas Besseres tun als tanzen: ein leichter und erfreulicher Sport (wenn auch leider in schlechter Luft), zugleich die beste und kultivierteste Form des ersten Vorspiels.

Den jungen Gatten soll man heute nicht mit vielen Fragen bedrängen, ob er seine Frau noch liebt usw. Er wird das lieber von selbst sagen. Am besten paßt sich die Frau seiner Stimmung ein wenig an, dann lernt sie das beizeiten, und er ist an diesem Tage dankbar, wenn es keine Komplikationen gibt. Was die junge Frau heute braucht? Nur das eine: die Versicherung, daß ihr Mann sie heute noch viel mehr liebt als *vorher*!

Beide Ratschläge gelten in besonderem Maße für den Fall, daß die Hochzeitsnacht (etwa auf einer sogenannten »Verlobungsreise«) vorweggenommen wird. Das ist ja, mindestens für das Mädchen, im allgemeinen mit Schuldgefühlen und Ängsten aller Art belastet – vor allem am nächsten Morgen. Diese Momente sind nur zu überbrücken, wenn beide einander auf taktvolle Weise ihre Liebe und Dankbarkeit zeigen.

Ob man schon am Abend des ersten Tages das Eheleben fortsetzt, wird von der jungen Frau abhängen. In jedem Fall wird der Mann sehr zart und behutsam sein und nichts erzwingen.

Flitterwochen

Hier können wir uns kurz fassen: Alles, was wir für den ersten Morgen empfohlen haben, gilt auch für die ersten Wochen der jungen Ehe. Nun wird man einander allmählich immer mehr vertrauen; man wird einander besser kennenlernen, auf die Eigenheiten des andern Rücksicht nehmen und – noch wichtiger – seine eigenen beherrschen. Noch immer ist es der Mann, dem bei allem die größte Aufgabe zufällt. Wenn seine Frau so jung und unerfahren ist, wie wir angenommen hatten, dann ist es so, als habe er ein zartes Pflänzchen aus dem Walde heimgebracht, das unter seiner liebevollen Pflege bei ihm Wurzeln schlagen soll. Das sind alles Dinge, die sich schon in der Verlobungszeit angebahnt haben, aber erst dann vollendet werden können, wenn Mann und Frau wirklich *ein Fleisch* geworden sind. Nicht umsonst heißt es in der Bibel: Adam *erkannte* sein Weib. Zunehmend stellt sich eine tiefe Vertrautheit ein; man empfindet in jedem Augenblick beglückt, daß man zusammengehört. Wenn man klug ist, wird man aber auch Gelegenheit finden, sich hin und wieder kurz zu trennen. Das Wiedersehen ist nachher um so schöner. Wenn nicht anders, so tut es ein gemeinsamer Konzertbesuch, der Besuch einer Kirche, um in diesen turbulenten Tagen einige Augenblicke zur Besinnung zu kommen, oder die Besichtigung von irgend etwas. Einfach eine Stunde, in der man nicht miteinander sprechen und schmusen kann, in der man sich gemeinsam einem ganz anderen Inhalt hingibt. Das ist wichtig, denn natürlich beginnen jetzt die kleinen Reibungen: Man ist 24 Stunden am Tag zusammen, das ist ungewohnt und sehr anstrengend. Und die füllende Masse der anderen, etwa der beiderseitigen Familie, die einem oft schon auf die Nerven gefallen war, fällt plötzlich weg. Endlich allein, gewiß, aber das ist gar nicht so einfach, wie man gedacht hatte. Zumal wenn bei Nacht noch nicht alles klappt, so wirkt sich das leicht in einer Erschöpfung oder Gereiztheit aus, die am Morgen noch keineswegs überwunden ist. Gut essen ist hierbei wichtig. Manche Leute sagen, die Flitterwochen seien die schwierigste Zeit der ganzen Ehe. Daran mögen sich die jungen Leute trösten, wenn ihnen der Honigmond einmal nicht so süß vorkommt, wie sie sich ihn vorgestellt hatten. Andererseits: Nicht nur trösten lassen, sondern sich selbst ein bißchen bemühen, damit nicht etwa der andere enttäuscht ist. Dieses Bemühen soll nicht etwa in ein krampfhaftes Bestreben ausarten, ja alles richtig zu machen oder ja einen guten Eindruck zu machen. Ein wirklich Liebender beobachtet nicht immerzu sich selbst und den andern, sondern gibt sich gelöst und in einem ruhigen Vertrauen dem andern hin.

Pflichten der Frau

Wir haben immerzu von den Pflichten des Mannes gesprochen, wie zart und lieb er sein muß, wie rücksichtsvoll und taktvoll, wie er für alles sorgen und der jungen Frau noch dankbar sein muß.

Die beiden sind von der Hochzeitsreise heimgekommen, und nun beginnen die Pflichten der jungen Frau. Sie muß dem Mann ein gemütliches Heim bereiten: gepflegter Haushalt, gutes Essen, geschickt eingeteiltes Haushaltsgeld. Seine Sachen sollen diskret und ohne Machtanspruch in Ordnung gehalten werden. Die Frau soll seine Freunde gastlich empfangen (ohne mit ihnen zu flirten). Je nach den Umständen soll sie strahlen oder bescheiden für ihn repräsentieren. In der Öffentlichkeit soll sie ihn achten und nicht als Zeichen ihrer Besitzermacht »Schatzi« zu ihm sagen oder gar vor allen Leuten ein Fädchen von seinem Anzug zupfen.

Sie weiß, daß man in der Ehe nicht tun und lassen kann, was

man will. Das bezieht sich auch auf den Verzehr von Sahneschnitten und Nougatpralinen, wenn man zum Fettansatz neigt. Der Mann, der einen zarten Teenager geheiratet hat, soll nicht nach drei Jahren einer schnaufenden Frau mit Kleidergröße 48 gegenübersitzen.

Daheim wird die junge Hausfrau ganz besonders schön und liebenswürdig sein, für ihren geschätzten Gast, für *den* Mann, den sie sich aus allen Männern der Welt ausgesucht hat. Wenn er heimkommt, ist sie immer frisch geduscht und frisiert, und sie sorgt immer für frische Wäsche, auch Bettwäsche.

Der Mann braucht jetzt ein wenig Rücksicht: eine ganz unmerkliche, aber doch vorhandene Rücksicht. Er ist jetzt wieder im Beruf. Wenn er abends müde heimkommt, soll es ihm möglichst wenig zum Bewußtsein kommen, daß er seine Freiheit verloren hat. Die Frau hat ja ihre Freiheit eher gewonnen: Sie braucht nicht mehr in den Beruf zu gehen und kann ganz dem Menschen, den sie liebt, und der Tätigkeit, die ihr angemessen ist, leben.

Muß sie allerdings weiter berufstätig sein, dann ist sie die Benachteiligte; dann müssen wir den Mann bitten, auf sie manche Rücksicht zu nehmen. Sie wird unter der Doppelbelastung oft gereizt sein und leicht in Gefahr kommen, entweder ihren Beruf zu vernachlässigen oder ihren Gatten, oder aber – am häufigsten – ihre Gesundheit. Zur Gesundheit gehören nicht nur Essen und Trinken, sondern vor allem Schlaf, Entspannung, frische Luft, Gymnastik. Besonders macht sich die Überbelastung natürlich bemerkbar, wenn schon bald die erste Schwangerschaft eintritt.

Übrigens wird die Frau, die in der Ehe noch selbst verdient, oft nicht ganz so nachgiebig sein und auch *ihre* verlorene Freiheit stärker empfinden. Anderseits wird man im Anfang das Geld brauchen können. Die Berufstätigkeit der Frau hat den Vorteil, daß sie nicht gar zu sehr auf die Heimkehr des Mannes wartet, am Abend nicht allzu gesprächig, unternehmungslustig und anspruchsvoll ist, und am Tage keine Zeit hat, darüber nachzudenken, ob sie eigentlich *glücklich* ist.

Manche Frauen trennen sich übrigens schwer von ihrem Beruf und haben auch ein bißchen Angst vor dem Kochen, Fensterputzen und vor der Einsamkeit der stillen Wohnung. Sie seien an das Wort von Ortega y Gasset erinnert: »Der Beruf des Weibes, wenn es nichts als Weib ist, besteht darin, das konkrete Ideal, der Zauber, die Illusion des Mannes zu sein. Nichts mehr, nichts weniger... Das Weib ist also Weib im gleichen Maße, als es bezaubert.«

Wie es nun auch sei: Die *Frau* ist es, die sich jetzt stärker anpassen muß. Sie muß spüren, was der Mann braucht, noch ehe es ihm selbst recht zum Bewußtsein kommt. Je nachdem muß sie z. B. für Abwechslung sorgen oder für Ruhe. Wenn sie im richtigen Augenblick einen lästigen Besucher abwimmelt, kann das dem Mann unter Umständen lieber sein als der zärtlichste Kuß – das alles ist »Liebeskunst und Eheglück«!

Vielleicht hat ihr Mann einen anderen Tagesrhythmus als sie. Ist er vielleicht eine Nachteule und sie eine Frühaufsteherin?

Oft stellt sich so etwas erst in der Ehe heraus, da es in der Verlobungszeit schamhaft verborgen wurde. Morgenstunde hat keineswegs für alle Menschen Gold im Munde. Für gewisse Menschen ist der Schlaf vor Mitternacht nicht einmal besonders gesund, sondern sie haben am späten Abend ihre wachen, schöpferischen Stunden. Morgens schlafen sie nach Möglichkeit etwas länger und sind leicht etwas in sich gekehrt oder gar verstimmt, jedenfalls nicht zu langen und lauten Reden geneigt (Kaffeeschweiger). Sie sind sehr dankbar für etwas Liebe und Rücksichtnahme gerade am Morgen, so eine ganz unaufdringliche Rücksichtnahme. Alles ist ganz normal. Die Frau darf es weder als Marotte noch als Alterserscheinung bei ihrem Gatten auffassen, sondern sollte sich gerade hier anpassen. Wenn sie nicht berufstätig ist, wird ihr ein kleiner Mittagsschlaf dabei helfen. Der ist überhaupt sehr zu empfehlen, weil er der Schönheit und der guten Stimmung der Frau dient und weil die Frau meistens jünger als der Mann ist und deshalb mehr Schlaf braucht. Wenn an einem Sonntagmorgen der Mann etwas grämlich seinen einsamen Kaffee trinkt und bei einsamer Zigarette seine Morgenmüdigkeit zu überwinden sucht, soll die Frau nicht gar zu provozierend taufrisch und laut vom Reiten oder Schwimmen heimkommen. Und abends soll sie nicht zu deutlich das Gähnen unterdrücken, wenn er ihr kurz vor Mitternacht noch eine neue Theorie entwickeln will.

Das eben so ausführlich Entwickelte gilt sinngemäß für alle andern Eigenheiten, in denen Mann und Frau sich unterscheiden können. Der Mann möchte nicht kritisch und mißbilligend betrachtet werden; er möchte geliebt werden, wie er ist. Er braucht Mitgefühl, Anerkennung, Bewunderung, auch der erfolgreichste Mann braucht das! Und bitte keine Umgewöhnungsversuche!! Gehört der Mann vielleicht einer Sekte an, ist er leidenschaftlicher Fußball-Spieler oder -Zuschauer, ist er Kurzwellenamateur oder gar: ist er alt – vor der Ehe kann die Frau im Hinblick auf diese oder jene Eigenart des Mannes seine Werbung ohne weiteres ablehnen. Ist sie aber jetzt seine Frau, so darf nicht mehr gemeckert werden, auch im tiefsten Herzen nicht. Das heißt natürlich nicht, daß man sich nicht sachlich über irgendwelche Dinge unterhalten dürfte, daß man alles runterschlucken müßte, was dringend zu erörtern wäre. Sie verstehen schon: Wir meinen nur, daß die Person des andern in ihrer ganzen Art geachtet und geliebt werden und nicht dauernd kleinlich bemeckert werden sollte.

Zum Thema Freiheit gehört noch das Alleinausgehen des Mannes. Es scheint so, daß Männer hin und wieder einmal unter Männern sein müssen (auch Frauen sind ja gern einmal unter sich, was ihnen ebenfalls herzlich gegönnt sei). Warum soll der Mann nicht einmal in der Woche zum Singen oder zum Stammtisch gehen? Warum soll er unbedingt seinen Kegelabend aufgeben? Sie wissen ja, wenn man einen Hund immer an der Kette hält, wird er böse. Der Mann muß sowieso einen großen Teil seiner Junggesellengewohnheiten aufgeben! Ist die Frau klug, wird sie ihm das nicht unnötig schwermachen und niemals in dieser Hinsicht einen Druck auf ihn ausüben.

Sollte die Frau erzieherischen Ehrgeiz haben, so darf sie diesen nicht an ihrem jungen Gatten ausprobieren. Am besten fängt sie mit der Erziehung bei sich selbst an oder wartet, bis Kinder da sind. Den Mann könnte es gar zu leicht gereuen, seine Freiheit aufgegeben zu haben. Das wäre schade, nachdem es jetzt noch gar nicht nötig ist. Wenn einmal das erste Kind erwartet wird, muß er noch genug Rücksicht nehmen.

Gewiß, die Frau meint es *nur gut*, wenn sie den Mann drängt, seinen liebgewonnenen, speckigen alten Hut mit einem neuen zu vertauschen und seine Zigaretten jetzt immer in das silberne Etui zu tun, das sie ihm geschenkt hat. Sie sagt, man soll es ihm doch ein bißchen ansehen, daß er jetzt verheiratet ist. Ja, ansehen soll man es ihm wirklich; seine Kollegen sollen sagen: »Na, *der* ist aber jetzt immer vergnügt. Scheint wirklich Glück zu haben mit seiner kleinen Frau!«

Wenn sie gar zuviel Zeit und Ehrgeiz hat, so kann sie für sein Aussehen etwas tun, was ihm bestimmt nicht auf die Nerven fällt: jeden Tag ein blütenweißes Hemd!

Ist das eigentlich erlaubt?

Diese Frage stellen die Partner manchmal einander. Oftmals wird ein Theologe, ein älterer Vertrauter oder der Arzt gefragt. Dazu ist zu sagen: Wenn die Anfangsschwierigkeiten überwunden sind, wird wohl jedes Paar darauf kommen, den Verkehr (Kohabitation, Coitus) zu variieren. Das ist völlig normal und natürlich. Auch hier muß man sich von der Vorstellung freimachen, die z. B. von manchen Gesundheitsfanatikern propagiert wird, nämlich, daß das Natürliche das sei, was die *Tiere* tun. Der Mensch gehört zur Natur, und was *er* tut, kann absolut natürlich sein, selbst wenn kein einziges Tier es tut. So ist es für eine Giraffe natürlich, die Blätter von den Bäumen zu fressen, für einen Menschen wäre es ausgesprochen unnatürlich. Für ein Tier mag es natürlich sein, den Coitus immer in derselben Stellung auszuführen. Für einen Menschen wäre das auf die Dauer primitiv und phantasielos und würde somit seiner Natur als Mensch nicht entsprechen.

Alle kleinen Zärtlichkeiten und Spielereien, die der Vorbereitung auf den eigentlichen Akt dienen, können von den Partnern im gegenseitigen Einvernehmen frei gewählt werden. Was dabei noch als schicklich, was etwa schon als obszön oder pervers empfunden wird, werden die Partner nach ihrem Geschmack innerhalb der weiten Grenzen entscheiden dürfen, die ihnen ihre Kultur, ihre Tradition, Erziehung, ihre ganze Herkunft gibt. Ein bäuerliches Paar wird vielleicht ein wenig derber kosen und plaudern als der Herr Pastor mit seiner Gattin, das entspricht der ganzen Lebensart.

Fast jeder Mensch hat eine kleine *Perversion*. Wie ein Mädchen mit kurzem Haar und langen Hosen noch keine Transvestitin ist, so wie man einen jungen Mann, der seiner Braut vor lauter Wiedersehensfreude eine Rippe bricht, noch keinen Sadisten nennen kann, eine Frau, die ihrem jähzornigen Gatten immer wieder ein gutes Wort gibt, noch keine Masochistin ist, so sind auch die anderen kleinen Eigenheiten nicht gleich tragisch zu nehmen. In der Ehe kann sich das abschleifen, zumindest wird der Partner dafür sorgen, daß es einigermaßen im Rahmen bleibt. Wenn z. B. ein Mann gern sieht, daß seine Frau Strümpfe anhat – warum eigentlich nicht? Eine natürlich empfindende, liebevolle Frau wird nicht so leicht fürchten müssen, sie könnte wie eine Dirne wirken; außerdem kann man auch von diesen berufsmäßigen Liebesdienerinnen manches lernen. In jeder wirklichen Frau ist ein wenig Dirne, ein wenig Heilige – auch das ist natürlich. Gerade die katholische Kirche, von der man ja in punkto Psychologie wirklich viel lernen kann, steht diesen Dingen mit der klugen Toleranz einer Mutter gegenüber. Gewiß, in der Ehe muß es eine gewisse Askese geben, das betont gerade die Kirche immer wieder; auch in der Ehe darf man nicht tun und lassen, was man will. Das ergibt sich schon aus den Bedürfnissen des Partners und der Kinder. Aber in einem gewissen Rahmen ist »erlaubt, was zum Kinde führt«. Wenn etwa ein Mann vor der völligen Vereinigung unbedingt seine Frau ganz nackt sehen möchte, wenn die Frau ihren Gatten nicht nur auf den Mund, sondern noch an anderen Stellen küssen will, so ist dagegen wirklich nichts einzuwenden. Übrigens wird die Frau ihren Gatten vielleicht nach einiger Zeit gern nackt sehen wollen, das bedeutet unter Umständen auch für eine Frau einen besonderen Reiz, zumal, wenn der Mann geschlechtlich erregt ist.

Wenn sich allerdings Praktiken entwickeln, die jedesmal wieder *nicht* im eigentlichen Geschlechtsverkehr münden, obwohl kein äußerer Grund (etwa eine Schwangerschaft) ihn verbietet, dann stimmt etwas nicht. Ebenso, wenn einer der Partner stur an einer Methode festhält, die dem andern zuwider ist, und einfach nicht davon loskommen kann. Die Hauptsache ist, daß diese kleinen Spielereien nur der Vorbereitung dienen und letzten Endes ihren Höhepunkt im normalen Geschlechtsverkehr haben. Der Puritanismus, der alle solche kleinen Freuden in Acht und Bann getan hat, hat übrigens sehr viel dazu beigetragen, daß Generationen von Frauen frigide wurden und ihre Kinder freudlos empfingen, mit einem Schuldgefühl statt mit der heiligen Freude, die solchem natürlichen und gottgewollten Vorgang zukommt.

Es kann dabei soweit kommen, daß eine langweilige und immer moralisierende Frau, die ihrem Gatten alle Freude raubt, ihn einer anderen Frau in die Arme treibt. Gewiß, wenn er stark genug wäre, so würde er dieser Versuchung natürlich widerstehen. Er ist nun einmal nicht stark, und seine Gattin weiß es. Indem sie ihn aber durch ihr Verhalten in Versuchung führt, macht sie sich vielleicht mitschuldig an einem Ehebruch.

Jeder wird diese Frage in seinem eigenen Falle nach seinem eigenen Gewissen beantworten müssen. Jedenfalls sollte daran einmal gedacht werden, wenn zwei Menschen einander das »Sakrament« der Ehe spenden, d. h. wenn sie sich verpflichten, einander »Mittel zum Heil« zu sein.

Wir wollten uns in diesem Buche eigentlich bewußt aller moral-theologischen und weltanschaulichen Wertungen enthalten. In diesem Falle war es nicht zu umgehen. Es zeigt sich nämlich, daß auch Menschen, die gar nicht kirchlich sind oder noch nie in der Kirche waren, von diesem puritanischen, weltverneinenden Geiste irgendwie geprägt sind; meist durch die Erziehung im Elternhaus, über Generationen hinweg. Wir betonen deshalb hier nochmals, daß die Ablehnung des Körpers, die Verneinung der natürlichen Notwendigkeiten und die absichtliche Freudlosigkeit heute von allen Konfessionen als Irrlehren angesehen werden und von allen Ärzten als die Ursachen vieler körperlicher und seelischer Störungen!

Hygiene des Geschlechtslebens

Nehmen wir an, daß es unserm Paar inzwischen gelungen ist, die glücklichste Form des Zusammenseins zu finden, so erhebt sich nun die Frage, wie oft man zusammen sein darf.

Es gibt keine allgemeingültige Regel außer der einen, daß es nicht zur Erschöpfung kommen soll. Wenn die Frau gelernt hat, zum Orgasmus zu kommen, so richten sich ihre Organe auf diesen Höhepunkt aus. Wenn nun der Mann den Verkehr in die Länge zieht, so kann es geschehen, daß der Orgasmus bei der Frau mehrere Male hintereinander kommt. Wenn der Gatte geschickt ist, sogar viele Male. Das ist durchaus erwünscht und normal, nur anscheinend wenig bekannt, da die Frauen nicht darüber sprechen. Anschließend kommt auch die Frau zu einem tiefen, seligen Schlaf. Bei ihr ist die Gefahr der Erschöpfung gering.

Der Mann hat vielleicht erzählen hören, daß bei ihm der *Säfteverlust* schaden könnte. Tatsache ist, daß ein im Übermaß betriebener Verkehr, womöglich unter der aufputschenden Wirkung von Alkohol und anderen Mitteln, auch mit wechselnden Partnerinnen, den Mann erschöpft. Das hängt kaum mit dem Säfteverlust zusammen, eher mit der körperlich-seelischen Erregung, dem Mangel an Schlaf, der Alkoholeinwirkung usw. Beim normalen Verkehr eines gesunden Mannes mit seiner im Alter entsprechenden Gattin braucht man eine Erschöpfung beim Manne kaum zu befürchten, besonders dann nicht, wenn auch die Frau befriedigt wird und sie deshalb keine Veranlassung hat, den Mann künstlich anzustacheln.

Es gibt Zeiten, wo der tägliche Verkehr Bedürfnis ist; zu anderen Zeiten brauchen beide nicht viel. Wenn die Frau zu müde oder sonstwie indisponiert ist, soll der Mann sie natürlich schonen; andererseits soll die Frau sich auch möglichst anpassen. Letzten Endes *kann* sie sich ja anpassen, weil sie eine andere Natur hat, während der Mann doch die Erektion aufbringen muß. Wenn er dazu zu müde ist, etwa nach einer Grippe oder nach einem langen Tag in der Ernte, dann hilft aller guter Wille nichts.

Wenn der Mann am nächsten Tag etwas vorhat, wofür er frisch sein muß, kann er versuchen, einmal auf den Orgasmus zu verzichten. Nur das Glied einführen und dann beseligt einschlafen, das wird von manchen Frauen als höchster Genuß empfunden. Der Mann wird bald wissen, wie es bei ihm ist. Manchen Männern schadet selbst ein täglich mehrmaliger Verkehr nichts, andere leiden unter allgemeiner Abspannung und Verstimmung, die dann der Ausgangspunkt für berufliches Versagen sein kann. Der lateinische Spruch »Omne animal triste...«, der besagt, daß jedes Tier nach dem Verkehr traurig sei, wird oft zitiert, gilt aber für wirklich glückliche Paare kaum. Natürlich ist beim Menschen ein Unterschied zwischen »vorher« und »nachher«. Man ist eben hinterher müde, und die drängende Zärtlichkeit ist für eine Weile verschwunden. Eigentlich ist dabei das Glücksgefühl nicht kleiner, nur anders.

Die Frage nach dem »wie oft« ist hiermit wohl beantwortet. Wir meinen also: nach Bedarf – und nicht ängstlich sein mit einem Zuviel oder Zuwenig.

Manche Eheleute haben nun bestimmte Tage der Woche dazu ausersehen. Das mag einem jungen Paar spießerisch erscheinen. Es hat aber manche Vorteile: Die Frau kann sich in mancher Weise darauf vorbereiten, wenn sie es vorher weiß. Frische Wäsche, ein besonders gutes Abendbrot, evtl. die notwendigen Verhütungsmaßnahmen. Sie wird an diesem Abend nicht gerade den großen Nähkorb auspacken oder eine Freundin einladen. Vielleicht gönnt sie sich mittags einen kleinen Schlaf. Manchmal sind es äußere Dinge, die einen bestimmten Tag in der Woche bevorzugen lassen. Das Gastwirtspaar wählt vielleicht den wöchentlichen Betriebsruhetag, andere Leute den Freitag- oder Samstagabend, weil man dann morgens ausschlafen kann. Bei den meisten Ehepaaren geht es schon um die *geplante Elternschaft*, da kommt der Rhythmus »mittwochs und samstags« sowieso nicht in Frage, weil man sich nach den Gegebenheiten der Frau richten muß. Es wird oft so sein, daß man unmittelbar nach der Periode einige Tage lang täglich zusammenkommt; dann folgt eine große Pause, die man allenfalls durch Verhütungsmittel überbrücken kann. Sobald die *gefährlichen* Tage um den Follikelsprung vorbei sind, hat man wieder eine ganze Reihe von Tagen, die man so gut wie möglich ausnützen wird; dann kommt schon wieder die Periode. Das stellt natürlich an die Beherrschung beider Gatten gewisse Anforderungen. Andererseits steht in den alten Büchern der Liebeskunst, daß gewisse Pausen, in denen man Enthaltsamkeit übt, die Liebe noch verstärken sollen.

Das Wort, das Martin Luther zugeschrieben wird: »In der Woche zwier, das schadet weder ihr noch mir und macht im Jahre hundertvier« sei der Vollständigkeit halber noch angeführt. Es gibt einen gewissen Maßstab für die Häufigkeit und Regelmäßigkeit. Das waren aber sehr kinderreiche Zeiten!

Zur *Hygiene des Geschlechtslebens* gehört als ganz wichtiger Faktor die Sauberkeit. Eigentlich braucht man gar nicht zu erwähnen, wie unerläßlich es ist, die Geschlechtsteile und die ganze Gegend sehr sauberzuhalten. Man stelle sich nur vor, daß doch an diesen Stellen, die beim Liebesspiel auch mit den Lippen berührt werden, zugleich die Austrittsstellen für Stuhlgang und Urin sind. Außerdem sind die Absonderungen aus den Geschlechtsteilen selbst bei Mann und Frau nur in ganz frischem Zustand von erträglichem oder sogar angenehmem Geruch. Überdies schwitzt man in dieser Gegend. Es gibt eigentlich nur einen Rat: unmittelbar vorher baden! Erst dann erhebt sich die Frage, ob man sich am Unterkörper oder sonstwo noch einparfümieren soll. Ein Ersatz fürs Waschen ist das nicht.

Man denke daran, wie Tiere ihre Partner mit Hilfe des Geruchssinns suchen, finden und auswählen: Schmetterlingsmännchen werden durch den Geruch des Weibchens über Kilometer hin angelockt. Der richtige Mann liebt mit der Nase: Der Duft ihres Haares, ihres Körpers, ihres Parfüms kann ihn berauschen. Noch im Alter kommt ihm auf einmal ein Duft in die Nase, der ihn an seine erste Liebe erinnert. Vielleicht der Duft von Tinte und hölzernen Schulbänken, vermischt mit nassem Schwamm und Kreidestaub. Vielleicht ist es der Duft von frischem Heu, der ihn mit einer zauberhaften Erinnerung erfüllt.

Wir wollen daran erinnern, daß der Mann hier viele Reize durch die Nase aufnimmt: Ein zarter Duft kann ihn erfreuen und bezaubern, ein zu starker oder gar widriger abstoßen, und zwar endgültig. Auch wenn er den Körpergeruch der Frau zunächst liebt – bitte keine Überdosis! Wer kein Bad hat, sorge für eine abgeteilte Ecke (Plastikvorhang), in der jedes Familienmitglied sich ungestört waschen kann. Besonders in den Tagen der Periode muß die Frau auf peinlichste Sauberkeit achten. Ob die alten Binden oder die neuen Tampons – das ist Geschmackssache. Geruchsbindende oder desinfizierende Zusätze sind entbehrlich, werden oft nicht vertragen. Auch allerhand Lösungen, die der »intimen Hygiene« der Frau dienen sollen, haben für diesen Zweck keine große Bedeutung. Viel besser: Nach jedem Stuhlgang und bei jedem Bindenwechsel schnell unter dem Wasserhahn abspülen, dann braucht man nichts weiter. Der Geschlechtsverkehr ist in diesen Tagen nicht so zu empfehlen, scheint aber der Gesundheit im allgemeinen nicht erheblich zu schaden.

Auch an Tagen, wo Mann und Frau nicht ganz intim zusammenkommen, müssen sie ihren Körper einmal täglich von Kopf bis Fuß waschen, am besten unter Mithilfe einer Handbrause, in der Wanne stehend. Dazu ist keineswegs warmes Wasser nötig. Nicht jedesmal den ganzen Körper einseifen (da nutzt sich die Haut zu sehr ab, d. h. es wird ihr zuviel Fett und Säure entzogen), es sei denn, man wäre von einer Arbeit oder vom Sport wirklich schmutzig oder verschwitzt. Hinterher möglichst ein kurzes Luftbad, ein wenig Creme und etwas Gymnastik. Ob Mann oder

Frau: Jeder muß sich sagen, daß sein Körper ihm nicht mehr allein gehört und daß es ein Gebot der Liebe zum anderen ist, alles zu tun, damit der Körper frisch und gesund bleibt.

Die Liebe ist eine Kunst

Die Ehe ist kein Hafen. Die Gatten sollen sich zu Künstlern der Liebe entwickeln, besonders die Frau.

Seit Jahrtausenden hat die Frau die Kunst der Liebe vom Mann gelernt, der Mann von der Frau. Immer hat es Naturtalente gegeben, die in ihrer Liebe erfinderisch waren und jeden Tag auf neue Zärtlichkeiten verfielen. Besonders im Orient wird die Kunst der Liebe mit großer Klugheit und viel Phantasie gepflegt. Bei uns sind diese Dinge in den letzten Jahrhunderten etwas vernachlässigt worden, wobei die Geistesströmung des Puritanismus eine große Rolle spielt. Deshalb sei hier ein Überblick gegeben über die verschiedenen Variationen des normalen Coitus, wie er an vielen Orten der Welt geübt wird.

Die anfängliche Stellung und bei uns auch die häufigste ist die Stellung Gesicht zu Gesicht, der Mann oben. Diese Stellung gilt als dem Menschen besonders gemäß, weil sie seinen seelischen Ansprüchen besonders entgegenkommt. Beim Menschen hat der Verkehr nicht allein die Aufgabe, den Geschlechtstrieb zu befriedigen und für Nachkommenschaft zu sorgen, wie etwa bei den Tieren. Durch die Partnerwahl, durch die tiefe innere Verbindung, die wir Liebe nennen, und durch zahlreiche andere seelische und geistige Beziehungen ist der Liebesverkehr beim Menschen zum Gipfelpunkt höchsten Glücks geworden. Dabei einander ansehen können, stammelnd seine Liebe bekennen, sprechen und streicheln, aufeinander warten und zugleich höchste Lust und Befriedigung zu empfinden, scheint von allen Lebewesen nur dem Menschen vergönnt zu sein. Deshalb gehen wir auf fast jeder Seite dieses Buches auf die seelischen Dinge besonders ein, ohne dabei das Körperliche zu vernachlässigen.

Die umgekehrte Lage: Auch hier ist man mit dem Gesicht zueinander gewendet. Der Mann liegt unten, die Frau setzt sich rittlings über ihn. Hier hat *sie* die Möglichkeit, ihre Stellung so einzurichten, daß sie höchste Lust empfindet. Zumal wenn sie sich weit zurückbeugt, werden bei ihr besondere Reizpunkte in der Scheide berührt. Wie tief dabei das Glied eingeführt wird, wie stark die Scheidenwand gedehnt wird, alles hat sie in ihrer Macht. Überdies bestimmt sie das Tempo, indem sie mit dem Becken wippt und so den Erguß des Mannes hervorlockt. Im Altertum war diese Art besonders beliebt. Apulejus schildert sie im »Goldenen Esel« sehr eingehend. Auch Ovid spricht davon, rät aber für große Frauen davon ab, weil es nicht gut aussehe. Tatsächlich wird diese Stellung von Paaren, bei denen der Mann sehr schwer, die Frau klein und zart ist, bevorzugt. Leicht kommt es zu dieser Variante, wenn die Frau an diesem Tage besonders zärtlich, der Mann gerade ein wenig müde ist. Für den Mann kann diese Stellung ebenfalls hin und wieder sehr reizvoll sein, und seiner Männlichkeit geht dadurch nichts ab.

Im Sitzen läßt sich ein gleicher Modus ausüben, vorausgesetzt, daß beide nicht zu dick sind, was den Akt behindern würde. Während der Mann etwas zurückgelehnt auf einem breiten Stuhl sitzt, kniet die Frau sich über ihn. Da beide die Hände frei haben, so bietet diese Stellung viele Möglichkeiten zum Streicheln und Anfassen, woran den meisten Paaren sehr viel liegt.

Ferner besteht die Möglichkeit, nicht nur Gesicht zu Gesicht, sondern auch abgewandt zu verkehren. Der Mann liegt quer auf der Bettkante, und die Frau setzt sich über ihn, so daß sie ihm ihren Rücken zuwendet. Wenn der Verkehr längere Zeit dauert, so ist die breitbeinige Stellung für sie unbequem. Natürlich kann der Mann längs auf dem Bett liegen, so daß die Frau sozusagen quer auf ihm sitzt. Ähnliches ist im Stehen möglich, indem die Frau sich bückt oder auf der Bettkante kniet, während der Mann sein Glied von hinten einführt. Diese Art ist bei fremden Völkern sehr verbreitet.

Schließlich fehlt noch die bequemste Art, nämlich im Liegen

von hinten zu verkehren. Man hat dabei die Möglichkeit, nach dem Orgasmus beseligt einzudämmern. Das jedoch setzt eine erfahrene Partnerin voraus. Ein unerfahrenes junges Mädchen könnte es als Kränkung empfinden. Die Einführung des Gliedes von hinten ist für den Mann oft ganz besonders erregend. Für die Frau sind alle diese Variationen so reizvoll wie für den Mann. Allerdings kommen auch ganz normal veranlagte Frauen nicht in jeder Stellung zum Orgasmus. Da wird man sich bald einigen: Entweder man bedient sich solcher Stellung dann nur hin und wieder, wie z. B. wenn man in dieser Nacht schon einen Verkehr hinter sich hat, bei dem auch die Frau voll befriedigt wurde. Oder man fängt in einer dieser Stellungen an, geht im vorletzten Augenblick noch zu einer anderen über.

Weitere Reize ergeben sich durch veschiedene Arten der Beleuchtung: das berühmte rote Licht, das man improvisieren kann, indem man ein rosa Unterkleid über die Nachttischlampe wirft. Im Anfang wird man das Licht gern ganz löschen. Natürlich spielt die Beleuchtung eine besondere Rolle, wenn man die erste Jugend schon hinter sich hat. Man täusche sich aber nicht: Vielleicht drängt der eine Partner sehr, er möchte den anderen richtig sehen. Vielleicht verweist er sogar darauf, daß er nicht mehr der Jüngste ist. Wird aber dem Drängen nachgegeben, so ist der andere doch enttäuscht von einem männlichen Schmerbauch, umgekehrt von einem weiblichen Hängebusen. Hier heißt es wieder, klug zu sein.

Sehr wichtig sind auch Parfüms. Einem Manne steht immer wieder am besten der Duft nach Sauberkeit und Frische, wie ihn ein gründliches Bad, anschließend etwas Rasierwasser, Lavendel oder Eau de Cologne, verleiht. Bei der Frau gibt es tausend Möglichkeiten. Sie sollte *ein* Parfüm haben, das wirklich zu ihr gehört. Vielleicht noch ein anderes für bestimmte Situationen. Noch ein anderes, wenn sie meint, daß Abwechslung am Platze sei. Da geht Probieren über Studieren. Grundlage jeder Parfümierung ist der saubere Körper. Man verlasse sich nicht darauf, daß dem Mann z. B. der Menstruationsgeruch der Frau angenehm ist. Und wenn, so dürfte die Spur genügen, die bei großer

Sauberkeit ohnehin zurückbleibt. Entsprechendes gilt vom Geruch des männlichen Spermas und der männlichen Füße.

Übrigens muß man mit der *Liebe* nicht unbedingt bis zum Abend warten. Sei es im Urlaub, sei es an einem Sonntag – keiner der beiden Gatten braucht sich zu genieren, wenn das Verlangen ihn einmal mitten am hellen Tage überfällt. In vielen alten Ehen, wo die beiden aufeinander eingespielt sind, bedarf es keiner großen Erörterungen: Man zieht sich einfach ins Schlafzimmer zurück und schließt die Tür zu. Wenn es der Mann ist, der den Anstoß dazu gibt, so soll die Frau sich nicht gar zu sehr zieren. Den Kindern gibt man schnell eine Beschäftigung; das Geschirrspülen wird inzwischen nicht fortlaufen. Eine Frau, die auf so etwas Improvisiertes einzugehen vermag, ist auf jeden Fall noch jung, und ihr Mann wird begeistert sein.

Auch sie darf den Anstoß dazu geben. All das bringt neue Varianten ins Eheleben. Wenn aber der eine Partner anfängt und der andere aus irgendeinem Grunde dazu nicht aufgelegt ist, so darf das keineswegs zum Schmollen oder zu irgendeiner Verstimmung führen, etwa so, daß der, der angefangen hat, bei sich denkt oder gar sagt: Nie wieder mache ich so einen Vorschlag. Das wäre völlig fehl am Platze, etwa, wie wenn man Bekannte zu einem unangemeldeten Besuch überfiele und dann gekränkt wäre, wenn sie nicht daheim sind.

Eine andere sehr schöne Abwechslung: wenn einer den anderen mitten in der Nacht aus dem Schlaf weckt und gleich das Liebesspiel beginnt. Besonders schön für Paare, die noch ein wenig Hemmungen haben.

Wir sagten schon, daß man bei der klassischen Stellung, bei der die Frau auf dem Rücken liegt, ihr ein Kissen unters Gesäß schieben kann. Dadurch wird der Kontakt enger. Dabei gibt es wieder kleine Variationen. Die Frau wird bald wissen, ob das kleine Kissen genau unterm Gesäß oder mehr ein wenig kreuzwärts oder fußwärts seine beste Wirkung tut. Bei jeder Frau sind ja die Reizpunkte ein bißchen verschieden. Wir betonen nochmals: Die Frau soll sich ihrer Empfindungen nicht schämen. Hat sie das Bedürfnis, den Mann mit ihren Beinen zu umklammern, so darf sie das tun. Auch dabei werden übrigens bei ihr wieder besondere Reizpunkte berührt. Sie kann natürlich die Beine zuerst, wenn das Glied eben eingeführt wurde, ausstrecken und schließen und erst später wieder anwinkeln und spreizen.

Inzwischen ist der Leser mit unserem Thema schon so vertraut geworden, daß es an der Zeit ist, noch einmal eine zusammenfassende Beschreibung des normalen Verkehrs zu geben. Bisher mußten wir allenthalben Einfügungen machen, die sich auf die anfänglichen Schwierigkeiten bezogen. Wenn all diese ersten Klippen überwunden sind, gilt es, den Akt jedesmal wieder neu zu einem neuen Kunstwerk zu machen.

Dabei kommt es darauf an, daß es dem Mann gelingt, den Verkehr zu verlängern. Er muß sich immer vor Augen halten, daß gewöhnlich *er* viel zu schnell fertig wird. Umfragen von Wissenschaftlern haben ergeben, daß der eigentliche Geschlechtsverkehr hierzulande im allgemeinen nur eine bis drei Minuten dauert. Bei den Orientalen, die uns in der Kunst der Liebe weit voraus zu sein scheinen, dauert er um vieles länger. Dazu gehört zunächst einmal eine ganze Menge Selbstbeherrschung, und im Anfang wird es noch oft schiefgehen. Man muß ja bedenken, daß der Orgasmus ein Reflex ist, sich also automatisch einstellt. Trotzdem kann der Mann ihn hinauszögern, indem er sich seelisch zunächst um seine Frau bemüht und körperlich seinen Körper nicht gleich einer zu starken Reizung aussetzt. Sobald er sein Glied in die Scheide eingeführt hat, steigt bei ihm das Begehren (Libido) aufs höchste. Die angenehm warme Schlüpfrigkeit kann durch nichts anderes ersetzt werden. Er hat das fast unwiderstehliche Bedürfnis, das Glied rhythmisch in der Scheide auf und ab zu bewegen. Jetzt gilt es, unter mancherlei Zärtlichkeit zu warten, bis die Erregung bei der Frau noch weiter angestiegen ist. (Zur Ermutigung sei gesagt, daß es viele Paare gibt, die in dieser Haltung eine halbe Stunde und länger verweilen und dabei höchste Lust empfinden. Das kann man also lernen.) Erst wenn die Frau und der Mann dem Höhepunkt ganz nahe sind, wird der Mann seinem Drange, das Glied zu bewegen, nachgeben. Seine Reizpunkte werden dabei aufs höchste in Anspruch genommen. Seine Erregung steigt schnell weiter an. Die inneren Muskeln in seinem Geschlechtsorgan befördern den Samen so weit, daß er im nächsten Augenblick ausgestoßen werden kann. Aber nicht weiter! Erst wieder einen Augenblick Pause! Dieser Augenblick ist für Mann und Frau von allerhöchster, fast unerträglicher Spannung erfüllt. Die Gesichter der Liebenden sind in diesem Augenblick keineswegs heiter, sondern von einem wilden, fast schmerzlichen Ausdruck. Wenn man ein wenig die Augen öffnet, wird man einander fast nicht wiedererkennen, so schön und fremd sieht der andere aus. Wenn beide die Spannung nicht mehr ertragen können, so werden beide zugleich den Anstoß zum Sturm auf den letzten Gipfel geben. Die Frau wird mit ihrer Scheide das Glied des Mannes rhythmisch umfassen, der Mann wird es noch einige Male tief in die Scheide stoßen. Plötzlich ist der Höhepunkt erreicht, der Samen wird in mächtigen Stößen ausgestoßen, in den Körper der Frau. In diesem Augenblick schwillt das Glied stärkstens an und versteift sich noch weiter. Das wird von beiden als höchster Reiz empfunden. Bei der Frau sind die Unterleibsorgane in höchster Erregung. Die Gebärmutter krampft sich zusammen und preßt den Schleimpfropf aus dem Muttermund heraus, um den Samen des Mannes aufzufangen, die Drüsen der Scheide sondern reichlich Schleim ab. Bei beiden Partnern sind die Pupillen weit, der Atem geht schnell und tief.

Nach solchem Sturm ist es klar, daß bei beiden Gatten eine große Stille folgt. Alle Muskeln entspannen sich zu einer angenehmen, müden Gelöstheit. Beim Mann bricht die Erregung so schlagartig zusammen, daß er unter Umständen fast augenblicklich in Schlaf versinkt. Das jedoch gilt als sehr unfein und lieblos, und wir wollen hier nochmals darauf hinweisen, daß er das nicht darf, sondern daß er noch eine Weile zärtlich sein muß, weil nämlich bei seiner Frau die Erregung viel langsamer abklingt als bei ihm und sie deshalb jetzt noch liebebedürftig ist. Wenn es allerdings dem Manne gelungen ist, die Frau wirklich zu befriedigen, so ist sie genauso müde wie er und braucht nicht mehr viel. Ein lieber Gutenachtkuß, und sie schläft zufrieden ein. Diese

Zufriedenheit hält in einer glücklichen Ehe so lange an, daß die Frau am nächsten Tage noch kaum geneigt ist, sich über irgendein Ereignis zu ärgern, sondern allen Kleinkram mit einer stillen Gelassenheit an sich herankommen läßt. Oder eigentlich nicht bis an sich heran, denn ihr Herz ist noch ganz erfüllt von dem Gedanken an den geliebten Mann.

Wenn wir diese intimen Vorgänge hier so ausführlich geschildert haben, dann aus einem sehr wichtigen Grunde. Einmal wollen wir der Frau eine Vorstellung davon vermitteln, was sie im ehelichen Verkehr empfinden kann, so daß sie selbst beurteilen kann, ob alles in Ordnung ist. Wenn eine Frau allerdings ganz glücklich ist mit ihrem Mann, dann weiß sie es und braucht nichts darüber zu lesen. Es gibt sogenannte Übergangsfälle, wo sich die Frau nicht im klaren ist. Gerade bei einer jungen und unerfahrenen Frau kann es vorkommen, daß sie sich aus Unkenntnis mit einem kleinen Anfang zufriedengibt und meint, das wären eben die ehelichen Freuden. Am Morgen ist sie jedoch nervös und gereizt, ohne zu wissen, warum; der Mann wird ihr vielleicht sogar noch Vorwürfe machen. Und das ist der andere Zweck dieser Schilderung: Der Mann muß über die Vorgänge bei seiner Frau Bescheid wissen.

Zur Liebeskunst gehört übrigens weiter, daß die Frau ihre Scheide straff und elastisch hält. Weitgehende Schonung während Menstruation und Wochenbett, sorgfältige Naht von Dammrissen, und wenn nötig im späteren Alter eine kleine operative Korrektur der zu weit gewordenen Scheide. Die tägliche Gymnastik ist gleichfalls wichtig, wobei die Beckenmuskulatur besonders bedacht werden soll. Von orientalischen Frauen heißt es, daß sie eine oder zwei kleine Messingkugeln in der Scheide tragen und beim Gehen damit spielen. Das soll die spezielle Scheidenmuskulatur trainieren.

Wenn ein älterer Mann zu einer jungen Frau geht, so liegt das meistens gar nicht daran, daß er seine Gattin nicht mehr so liebte, sondern er wünscht sich einfach einmal wieder die feste Umklammerung, die ihm der Verkehr mit einer jugendlich straffen Partnerin bietet. Gewiß, die Gattin kann gekränkt sagen, die

Schlaffheit bei ihr komme vom Alter und von den Geburten, sie sei also unschuldig daran. Aber – ist es nicht klüger, klug zu sein?

Frauen wissen oft nicht, ob sie ein wenig aktiv sein dürfen, oder ob der Mann das als unweiblich empfindet. Grundsätzlich gilt, daß auch ein Mann empfänglich ist für Zärtlichkeiten aller Art. Die Frau darf getrost davon ausgehen, daß beim Mann an denselben Stellen wie bei ihr durch Zärtlichkeiten Lustgefühle ausgelöst werden können; z. B. an der Brust, obwohl er doch gar keinen Busen hat. Allerdings ist so etwas nicht bei jedem Manne in gleicher Weise erwünscht. Männer, die es an sich gern haben, können dadurch in Verlegenheit kommen. Besonders dann nämlich, wenn sie im Interesse der Frau ihre Erregung zunächst mit aller Mühe gezügelt haben. Wenn die Frau gar zu zärtlich wird, zumal an den intimeren Stellen, kann der ganze Schlachtplan des Mannes über den Haufen geworfen werden – zum Schaden der Gattin. Ist das Paar aber erst einmal aufeinander eingespielt, wird jeder fühlen, was der andere sich in diesem Augenblick wünscht, oder man darf es einander sagen.

Möchte der Mann einmal passiv sein, so sei die Frau diesmal ein bißchen aktiver als sonst. Möchte er heute etwas Neues ausprobieren, so vertraue sie sich seiner Führung an. Ein richtiger Mann gibt im Anfang gewisse Regieanweisungen, so daß sie bald weiß, woran sie ist.

Bedenken Sie immer, wenn Sie einem Streichquartett zuhören und zusehen, wie alles in vollster Harmonie und Sicherheit, ohne jeden Zweifel, ohne Kommando klappt, so sind da viele *Proben* vorangegangen. Nur wenige Genies gibt es, die ohne Übung, ohne Unterweisung etwas Großes zustande bringen. In den allermeisten Fällen ist mit wirklicher Kunst eine Menge Bemühungen und mancherlei Askese verbunden. Und Sie wissen ja: Liebe ist eine Kunst!

IV. Teil
DIE FAMILIE

*Ein süßes Geheimnis · Verhalten in der Schwangerschaft ·
Störungen in der Schwangerschaft · Wie errechnet man den
Termin der Geburt? · Geburt und Wochenbett · Die junge
Mutter · Der junge Vater · Wie ist das eigentlich mit der
Vererbung? · Wie viele Kinder können wir uns leisten? ·
Geplante Elternschaft · Der Ehekalender · Nun sind wir
eine Familie · Erziehungsproblem*

Ein süßes Geheimnis

Gibt es »ein süßes Geheimnis« immer noch im Zeitalter der Gleichberechtigung der Frau? Ja – noch immer! In dieser Hinsicht wird die Frau niemals *gleichberechtigt* sein. Hier hat sie dem Mann etwas ganz Großes voraus: die Fähigkeit, ein Kind zur Welt zu bringen. Jede Frau wieder, der das geschieht, steht ungläubig vor diesem Wunder, sogar heute noch, wo jeder fleißige Kinobesucher das Wunder des Lebens schon am sich teilenden See-Igel-Ei beobachtet hat. Die Frau nimmt allerdings mit der Schwangerschaft und Geburt große Lasten auf sich und ist deshalb in dieser Zeit dankbar für – nein, nicht für Gleichberechtigung, sondern für die Geborgenheit in einer Ehe, für die liebevolle Fürsorge und kräftige Unterstützung des Mannes. Genau wie wahrscheinlich vor 1000 Jahren und auch schon vor 5000 Jahren.

Die volle Gewißheit, daß ein Kind unterwegs ist, hat man erst, wenn man Kindesteile fühlt oder Kindesbewegungen sieht oder fühlt, oder wenn der Arzt die Herztöne hört.

Aber schon viel früher treten Zeichen auf, die eine Schwangerschaft wahrscheinlich machen, besonders, wenn mehrere solcher Zeichen zugleich vorhanden sind.

Das erste, was der Frau auffällt, ist das Ausbleiben der Periode. Allerdings kann dies jeden anderen Grund haben. Andererseits kann in manchen Fällen trotz bestehender Schwangerschaft noch eine Blutung oder auch mehrere eintreten, meistens ziemlich schwach. Wenn die Frau regelmäßig die Morgentemperatur mißt, merkt sie, daß die Temperatur nicht wie sonst nach 14 Tagen heruntergeht, sondern *oben* bleibt. Ein wichtiges Zeichen, das die Vermutung sehr bestärkt.

Sehr bald tritt eine Veränderung an den Brüsten auf: Sie werden größer und straffer, wärmer und schwerer. Man fühlt knollige Schwellungen im Innern der Brust. Die Brustwarzen richten sich auf und werden empfindlich gegen Kälte und Berührung. Die ganze Brust erscheint der Frau gespannt, manchmal richtig schmerzhaft. Zuerst meint man, das hänge mit der *im Anzug* befindlichen Periode zusammen. Aber dann kommt die Periode von Tag zu Tag nicht durch, obwohl man im Leib das bekannte Gefühl hat, wie sonst in den Tagen zuvor. Dieses Gefühl vergeht nach einigen Tagen wieder, kommt vielleicht noch einige Male, immer wenn es wieder Zeit zur Periode wäre. Die Veränderung der Brust aber bleibt. Meistens läßt sich etwas Flüssigkeit ausdrücken.

Bekannt ist die Veränderung des Appetits in der ersten Zeit der Schwangerschaft. Bei vielen Frauen wechselt normaler Appetit mit Heißhunger und Appetitlosigkeit. Absonderliche Gelüste treten auf: z. B. nach sauren Gurken, Hering und Sauerkraut, wenn sie sonst Schokoladentorte bevorzugte, oder nach Marzipan, das sie noch nie gemocht hatte. Besonders morgendliche Übelkeit und Erbrechen, Speichelfluß und Sodbrennen werden, wenn noch andere Verdachtsmomente dazukommen, an eine Schwangerschaft denken lassen. Überempfindlichkeit gegen einen bestimmten Geruch oder Geschmack ist häufig, ebenso seelischer Stimmungswechsel.

Junge Frauen denken oft, jeder müßte ihnen die Schwangerschaft gleich ansehen. Das ist überhaupt nicht der Fall: Das Kindchen ist zuerst winzig klein, und ehe es so groß ist, daß die Frau dicker wird, bilden sich beim Kind ganz fein die inneren Organe aus.

In der neunten Woche der Schwangerschaft (von der letzten

Periode her gerechnet) ist das Kind erst etwa drei Zentimeter lang, hat aber bereits Augen und Ohren, Mund und Nase, Finger und Zehen!

Am Ende der 12. Schwangerschaftswoche ist es 7–10 cm lang und sieht schon ganz menschlich aus. Man kann sogar schon erkennen, ob es ein Junge oder ein Mädchen ist. In diesem Stadium werden leider viele Abtreibungen vorgenommen.

Erst am Ende der 16. Schwangerschaftswoche ist die Gebärmutter etwa zwei Finger breit über das Schambein hinaufgestiegen und beginnt, den Leib der Frau etwas vorzuwölben. Nun werden ihr die Leute bald ansehen, daß sie schwanger ist. (Bei geschickter Kleidung, etwa im Winter, wird es bestimmt erst viel später sein.) Das Kindchen ist jetzt 16 cm lang und bekommt die ersten Härchen!

Bis zum Ende der 20. Schwangerschaftswoche wächst es wieder ein großes Stück und erreicht eine Länge von 25 cm. Jetzt kann der Arzt die Herztöne hören, und die Frau fühlt die ersten Kindesbewegungen. Frauen, die schon einmal schwanger waren, spüren es meist schon 1–2 Wochen eher. Ein großes Erlebnis für die werdende Mutter. Sie soll sich diesen Tag im Kalender anstreichen, auch aus praktischen Gründen.

In dieser Zeit geht es der Frau am besten: Die anfängliche Übelkeit ist verschwunden, und ihr Körper ist noch nicht schwerfällig. Unter dem Einfluß der Hormone wächst nicht nur das Kind in ihrem Leibe, sondern sie selbst blüht auf, so daß der Erfahrene schon an ihren rosigen Wangen und glänzenden Augen sieht, was los ist.

Bald wird der Leib stärker. Am Ende der 24. Woche steht die Gebärmutter bis zum Nabel, am Ende der 32. Woche in der Mitte zwischen Nabel und Brustbein; am Ende der 36. Woche reicht sie bis zum Rippenbogen hinauf. In den letzten 4 Wochen der Schwangerschaft senkt sie sich wieder ein wenig, so daß die Frau dann etwas freier atmen kann.

Wenn man aus besonderen Gründen möglichst früh Sicherheit haben will, ob eine Schwangerschaft vorliegt, kann eine biologische Reaktion Klärung bringen: Blut oder Harn einer Frau wird an ein Institut geschickt und dort einer männlichen Kröte eingespritzt. Ist die Frau schwanger, so sind in ihrem Blut und Harn größere Mengen von Hormonen, unter deren Einfluß das Tier in die Brunst kommt. Das erkennt man an einem Wechsel der Hautfarbe: Der Frosch legt sein Hochzeitskleid an, wie man sagt. Dieser Froschtest ist oft schon positiv, wenn die Periode erst 2–3 Wochen überfällig ist.

Verhalten in der Schwangerschaft

Manche Frauen fühlen sich in der Schwangerschaftszeit ausgesprochen wohl. Kleine Beschwerden werden überdeckt von der Freude auf das Kindchen. Sie sind wirklich »guter Hoffnung«.

Andere Frauen haben manches zu leiden. Übelkeit und Erbrechen in den ersten Monaten sind meistens erträglich. Später verschwinden sie fast immer von selbst. Wenn es möglich ist, soll die Frau morgens im Bett frühstücken und nichts dazu trinken. Dann wird das Brötchen meistens im Magen bleiben, und die Frau ist für den kommenden Tag schon etwas gekräftigt. Später trinkt sie ein wenig, am besten etwas Kaltes. Auch das bleibt meistens drin, wenn nichts dazu gegessen wird. Wenn sich eine Oma findet, die für einige Zeit das Kochen übernimmt, so ist das eine Erleichterung für die Frau, die in dieser Zeit oft schon vom Geruch der Speisen satt wird. Wenn nötig, kann man den Arzt um Zäpfchen oder Tabletten bitten, sie schaden weder der Frau noch dem Kind.

Die Frau soll in dieser ersten Zeit essen, worauf sie Appetit hat, ob das nun Schokoladeneis ist oder eine Bratwurst mit Sauerkraut. Mit dieser Einstellung kommt sie am weitesten. Keinesfalls sollte man wegen des Erbrechens etwa Magenschonkost geben. Vor allem das Salz nicht einschränken, da durch Salzmangel die Brechneigung verstärkt wird und weil beim Erbrechen auch laufend Salz verlorengeht.

Wenn die Zeit der Übelkeit vorbei ist, kommt meistens ein

Monat, in dem die Frau nichts auszustehen hat, wo sie sich vielleicht sogar wohler fühlt als sonst: Wie ja überhaupt die Schwangerschaft der Mutter nicht schadet, sondern guttut. Vielleicht hat sie jetzt Appetit für zwei. Aber wenn sie nicht gerade durch Erbrechen sehr abgemagert ist, soll sie nicht für zwei essen, auch nicht zuviel Nährbier und andere nahrhafte Flüssigkeiten zu sich nehmen. Ihr Leib wird bald ohnehin schwer werden, und wenn sie außerdem noch fett wird, kann sie gar nicht mehr schnaufen. Für die bevorstehende Geburt und das Wochenbett ist ein Übergewicht nicht günstig. Und nicht zuletzt sollte man an die Schönheit denken!

Von der Schwangerschaft selbst wird man im allgemeinen nicht dick – nur vom zu vielen Essen –, falls man überhaupt zum Dickwerden veranlagt ist.

Wenn ein ausgesprochener Heißhunger und vermehrter Durst auftritt, so ist das kein Zeichen dafür, daß man nun hemmungslos drauflos essen und trinken sollte, ebenso wie eine Appetitlosigkeit in dieser Zeit nicht bedeutet, daß man gar nicht zu essen brauchte. Die Kost der Schwangeren soll nach den neuesten Erkenntnissen lieber sehr knapp als zu reichlich sein, das beugt vielen Komplikationen vor. Nicht gar zuviel Zucker, weil der im Körper in Fett verwandelt wird! Man lasse sich nicht von irgend jemandem einreden: Zucker macht nicht dick, der geht direkt ins Blut... oder: Butter macht nicht dick, das ist Gehirnnahrung... sondern befrage die Waage! Vom dritten Monat an soll die Frau nicht mehr als ein Kilo im Monat zunehmen, was darüber ist, ist von Übel!

Was soll die Schwangere in der zweiten Hälfte der Schwangerschaft essen? Zunächst immer wieder: was ihr schmeckt, was ihr bekommt und was sie gewöhnt ist. Wichtig ist, daß die Kost genügend Eiweiß und Vitamine enthält, da das wachsende Kind davon eine ganze Menge braucht. Am besten reichlich Obst und Gemüse, nach Bedarf Vollkornbrot, Kartoffeln, Reis, Fleisch, und vor allem, als wertvolle Eiweißträger, Milchprodukte, also Milch, Quark, Käse, Joghurt. Auch Eier. Diese Ernährung bietet Mutter und Kind alles, was zum Aufbau und zur Gesundheit notwendig ist, wirkt auch fördernd auf die Darmtätigkeit, was in der Schwangerschaft besonders erwünscht ist. Die Eiweißmenge soll pro Tag 70–80 Gramm betragen, das würde etwa 500 g Fleisch oder 450 g Quark oder 2 Liter Milch oder 300 g Schweizerkäse entsprechen. Das Fett soll zur Hälfte aus kaltgeschlagenen Pflanzenfetten (Reformhaus), zur anderen Hälfte aus Butter bestehen, insgesamt 60 Gramm.

Eine extrem vegetarische Ernährung – ohne Eier und Milchprodukte – ist für den Menschen nicht ausreichend und kann, ganz besonders in der Schwangerschaft, zu schwersten Mangelerscheinungen führen. Trinken soll man in der Schwangerschaft nicht übermäßig viel, da in dieser Zeit ohnehin eine gewisse Neigung zur Wasseransammlung besteht. Aus demselben Grunde nicht allzuviel Salz benutzen.

Genußgifte aller Art, besonders das Nikotin, schaden dem Kind und sind in der ganzen Zeit zu vermeiden. Sollte sich die Notwendigkeit ergeben, ein Medikament einzunehmen, frage man den Arzt. Wenn ein fremder Arzt ihr etwas verschreibt oder eine Operation bei ihr vornehmen will, soll sie ihm sagen, daß sie ein Kind erwartet, auch wenn es nur ein kleiner Eingriff, etwa an den Augen oder Ohren ist.

Sollen Frauen eigentlich viel Sport treiben? Die Meinungen der Frauenärzte sind geteilt, da man bei Leistungssportlerinnen sowohl leichte wie auch schwere Geburten beobachtet hat. Dagegen kann eine gute Gymnastik, Reiten, Skilaufen, Schlittschuhlaufen, Wandern und ganz besonders Schwimmen, den Frauen sehr empfohlen werden. Für die Zeit der Schwangerschaft kommen allerdings nur Gymnastik und Spaziergänge in Frage, im Anfang auch noch Schwimmen, abgesehen von der gewohnten Garten- und Hausarbeit, die bis zum Schluß weitergeführt werden kann und soll. Dabei ist aber schweres Heben unbedingt zu vermeiden, ganz besonders in der ersten Zeit, wo man der Frau noch gar nichts ansieht. Gerade in den ersten drei bis vier Monaten sitzt die Frucht noch nicht so fest. Sie kann sich beim Heben, beim Ausrecken, beim Aufziehen schwerer Schubladen, Möbelrücken usw. ablösen, was zur Fehlgeburt führen würde. Ebenso könnte es gehen, wenn eine Schwangere reiten oder Motorrad fahren würde, wenn sie einen Ball gegen den Leib bekäme oder beim Skilauf unglücklich stürzte. Aus ähnlichen Gründen sind natürlich Maschinennähen, Radfahren und alle schweren Arbeiten möglichst einzuschränken. Keine forcierte Gymnastik, etwa in dem Kursus, an dem sie sonst teilgenommen hat. Aber vom Beginn der Schwangerschaft an bis ins Wochenbett hinein Atem- und Lockerungsübungen, die nicht nur der Gesunderhaltung der Frau, sondern auch einer leichteren Geburt dienen. Es gibt gedruckte Anleitungen dafür. Moderne Krankenhäuser haben eine besondere Heilgymnastikerin. Leider sind die Entbindungsstationen den Krankenhäusern angeschlossen. Es kann nicht genug betont werden, daß Schwangerschaft und Entbindung keine Krankheiten sind!

Wegen der in der Schwangerschaft vorhandenen Neigung zu Krampfadern und Knöchelschwellungen soll die Frau in dieser Zeit möglichst wenig stehen (gilt übrigens für jede andere Zeit und für den Mann genauso). Sie soll jede Gelegenheit benutzen, um herumzugehen, sich bei allen Arbeiten – wo das möglich ist – hinzusetzen und von Zeit zu Zeit ein paar Minuten die Füße hochzulegen. Dabei werden die Zehen fleißig bewegt, die Fußknöchel gerollt und die Wadenmuskulatur abwechselnd gespannt und gelockert. Nachts und beim Mittagsschläfchen sollen die Beine etwas erhöht liegen.

An Atemübungen zunächst die sogenannte *große Atmung*: tief ausatmen und dann wieder ein, so viel Luft, wie die Lungen überhaupt fassen wollen. Nur dreimal, nicht öfter, sonst wird einem schwindlig (was wirklich ungefährlich ist). Zweitens kann man den Bauch abwechselnd vorwölben und einziehen (Zwerchfellatmung) oder mit dem Brustkorb allein üben. Die dritte Form der Atmung ist eine schnelle, oberflächliche Mundatmung, regelmäßig hechelnd wie ein Hund. Diese Atmung kann man später bei der Entbindung brauchen. Es ist praktisch, sich schon vorher damit vertraut zu machen.

Atemübungen spielen sogar bei der Vorbereitung auf die *schmerzlose Geburt* nach Doktor Read eine Rolle. Das wichtigste aber ist, daß die Frau schon während der Schwangerschaft *aufgeklärt* wird über die Vorgänge bei der Geburt. Dadurch verliert sie ihre Angst, und wenn die Geburt auch nicht ganz schmerzlos ist, so bewirkt doch die heitere Zuversicht der werdenden Mutter, daß sie sich nicht verkrampft. Auf diese Weise geht alles viel schneller und besser und tatsächlich dann mit weniger Schmerzen.

Große Reisen und alles Ungewohnte soll die Frau während der Schwangerschaft vermeiden. Vieles davon kann zur Fehlgeburt führen, besonders an den Tagen, an denen die Periode eigentlich hätte kommen sollen.

Die Pflege der Zähne sollte während der Schwangerschaft ganz besonders ernst genommen werden. Das Sprichwort »Jedes Kind kostet die Mutter einen Zahn« stammt aus einer Zeit, wo man es nicht besser wußte. Inzwischen ist die Zahnheilkunde so weit fortgeschritten, daß sie die Zähne erhalten kann, wenn man nur rechtzeitig genug kommt. Bei Neigung zum Zahnzerfall nötigenfalls alle zwei Monate zum Zahnarzt gehen, keinesfalls bis nachher warten! Inzwischen vergeht, mit Wochenbett und der ersten Stillzeit, leicht ein Jahr oder länger. Und dann kommt es so, daß die Mutter ein Kind an der Brust hat und schon eine Prothese braucht, wie man es auf dem Lande sehr oft sehen kann. Dies bei Frauen mit 25 Jahren! Dort herrschen oft noch abergläubische Vorstellungen: Man dürfe nicht zum Zahnarzt gehen, wenn ein Kind unterwegs sei, oder in dieser Zeit kein Gemüse essen usw. Im Gegenteil: Reichlich *Grünfutter* ist gut für die Zähne bei Mutter und Kind. Ein übriges kann man tun, wenn man ein Kalkpräparat, eventuell mit Fluorzusatz, nimmt.

Auf die Wichtigkeit guten Stuhlgangs haben wir schon hingewiesen. Wenn das nicht in Ordnung ist und auch durch Schwarzbrot, Buttermilch, Obst, Sauerkraut, eingeweichte Backpflaumen oder einen Löffel Leinsamen nicht zu beheben ist, frage man gleich den Arzt. Es kommt sonst leicht zur Nierenbeckenentzündung, wozu ja in der Schwangerschaft ohnehin eine Neigung besteht. Kräuterpillen und andere Abführmittel nur auf Anordnung des Arztes nehmen; er wird vielleicht ein mildes Gleitmittel verordnen. Das beugt den in der Schwangerschaft so lästigen Hämorrhoiden vor.

Als weitere Vorbeugung gegen Krampfadern und Hämorrhoiden gibt es übrigens gewisse pflanzliche Extrakte, die regelmäßig eingenommen bzw. in Salbenform aufgestrichen werden sollen. Wenn es schlimmer wird mit den Krampfadern, muß man die Beine tagsüber wickeln und immer wieder in kurzen Abständen hochlegen.

Eine Leibbinde empfiehlt sich hauptsächlich bei Frauen, die schon mehrmals geboren haben und nun unter schlaffer Bauchdecke leiden. Bei der ersten Schwangerschaft einer jungen Frau ist es besser, die Bauchmuskulatur als natürliche Leibbinde zu üben. Die Strumpfhalter werden auf andere Weise, z. B. am BH, befestigt.

Von Zeit zu Zeit soll sich die Frau bei ihrem Hausarzt oder in der Klinik, in der sie sich entbinden lassen will, vorstellen. Mindestens aber dreimal: am Anfang, in der Mitte und gegen Ende der Schwangerschaft. Sollten irgendwelche Störungen auftreten, natürlich jederzeit sofort.

Die Kleidung soll im Sommer leicht sein (die Schwangere schwitzt leicht), bei kühler Witterung warm, besonders von unten. Kleine Erkältungskrankheiten können zu hohem Fieber und damit zur Fehlgeburt führen. Außerdem: Ist man erst einmal erkältet, kommt gern noch eine andere Krankheit dazu, die dann evtl. eine Schädigung des Kindes hervorruft. Gerade in den ersten drei Monaten ist dies besonders gefährlich. Von den Röteln z. B. wissen wir, daß beim Kind Mißbildungen auftreten können, wenn die Mutter in den ersten drei Monaten erkrankt. Das gilt für verschiedene andere Krankheiten, die von Haustieren auf den Menschen übertragen werden und noch für mehrere andere Viruserkrankungen, die z. T. bei der werdenden Mutter ganz harmlos verlaufen, das Kind jedoch schwer schädigen.

Die gewohnte Körperpflege soll in der Schwangerschaft fortgeführt werden, also wie immer den Körper waschen, duschen, bürsten, kremen. Allerdings nicht zu heiß baden. Keine Sitzbäder, keine heißen Fußbäder und in den letzten Wochen vor der Geburt nicht mehr baden, nur sehr gründlich duschen.

Die Brust wird in dieser Zeit täglich gewaschen; am besten mit kaltem Wasser und, wenn sie nicht zu empfindlich ist, mit einem rauhen Lappen. Wenn die Brustwarzen eingezogen sind, so kann man sie mit etwas Geduld und sehr sauberen Händen hervorholen. Man fängt schon zu Beginn der Schwangerschaft damit an, oder am besten noch früher, dann ist die Störung meistens beseitigt, wenn das Kind da ist.

Wie ist es mit dem ehelichen Verkehr in der Schwangerschaft?

In den ersten Monaten sitzt die Frucht noch nicht so fest; es besteht eine erhöhte Abortgefahr. Man wird also etwas vorsichtig sein müssen, ganz besonders, wenn schon Fehlgeburten vorangegangen sind. Das ist die Zeit bis zur 16. Woche der Schwangerschaft. Ebenso ist Vorsicht geboten in den Tagen, in denen jeweils die Periode zu erwarten wäre. In den späteren Monaten wird es für die Frau etwas beschwerlich, und sie hätte mehr Lust zur *platonischen* Zärtlichkeit als zur vollen Vereinigung. Für den Mann ist diese Zeit nun sehr lang. Wenn er ganz bestimmt die Frau gern schonen möchte, so fällt es ihm doch schwer, und eine kluge, liebevolle Gattin wird ihren Mann nicht überfordern. In den letzten sechs Wochen vor der Geburt soll allerdings kein Verkehr stattfinden, weil durch das männliche Glied (auch wenn der Mann ganz gesund ist) Bakterien eingeschleppt werden können, die zwar in der Schwangerschaft ungefährlich sind, während der Geburt selbst zu Kindbettfieber führen können. Aus demselben Grunde hat die Frau auch *nach* der Geburt sechs Wochen Schonzeit, das ist insgesamt ein Vierteljahr. Schon mancher gute Ehemann, der während der Schwangerschaft von seiner Frau *noch* knapper gehalten wurde, hat alle guten Vorsätze vergessen, während seine Frau in der Klinik lag...

Störungen in der Schwangerschaft

Hier können wir nur immer wieder den Rat geben, bei Störungen aller Art den Arzt aufzusuchen.

Natürlich kann man alle Krankheiten, die es sonst gibt, auch in der Schwangerschaft bekommen. Während man sonst vielleicht gern erst mal abwartet, soll man in dieser Zeit von allen Selbstbehandlungsversuchen absehen und gleich den Arzt rufen. Man selbst übersieht nicht so, wohin irgendeine Störung führt, und es ist bekannt, daß in der Schwangerschaft schon eine harmlose Grippe zur Fehlgeburt, eine Stuhlverhaltung zur Nierenbeckenentzündung führen kann.

Einige Krankheitserscheinungen seien noch besonders erwähnt, bei denen man gar nicht zögern darf, den Arzt zu Rate zu ziehen: vor allem, wenn Schwellungen (Ödeme) auftreten, verbunden mit Kopfweh, Flimmern vor den Augen, Unruhe und starker Gewichtszunahme. Der Arzt wird sofort Urin und Blutdruck untersuchen und den Augenhintergrund spiegeln, um festzustellen, ob es sich um Anzeichen einer drohenden Eklampsie (Nierenkrämpfe, Schwangerschaftsniere) handelt. Allerdings wird eine Schwangere, die in regelmäßiger ärztlicher Überwachung steht, schon bei den geringsten Anzeichen (Blutdruckerhöhung, Eiweißausscheidung im Harn) fachgemäß behandelt werden, so daß es gar nicht erst soweit kommt.

Weiterhin ist es sehr wichtig, daß die Frau auf Blutungen aus der Scheide achtet. Jede noch so geringe Blutabsonderung in der Schwangerschaft bedeutet, daß die Frau sich ins Bett legen und den Arzt um einen Besuch bitten soll. In den ersten Monaten ist ein Abgang von Blut oft das Zeichen einer drohenden Fehlgeburt. Dagegen hat der Arzt heute sehr wirksame Injektionen; viele Kinder verdanken ihr Leben der Tatsache, daß es dem Arzt gelang, die drohende Fehlgeburt aufzuhalten. Die Frau braucht dabei nicht zu befürchten, daß sie ein krankes oder schwächliches Kind bekommen könnte, das beweisen tausendfältige Erfahrungen. Sie muß nur die Anordnungen des Arztes genau befolgen. Wenn nötig, längere Zeit Bettruhe einhalten, besonders während der Tage, in denen sonst die Periode gekommen wäre. Scheidenspülungen sind zu unterlassen. Alle Unbequemlichkeit und Mühe wird belohnt, wenn es nach solcher Kur doch noch zur rechtzeitigen Geburt eines vielleicht schon lange ersehnten Kindes kommt.

Blutungen in der zweiten Hälfte der Schwangerschaft können ein Zeichen dafür sein, daß der Mutterkuchen (Placenta) beginnt, sich vorzeitig abzulösen. Das kommt besonders dann vor, wenn er an falscher Stelle sitzt. Dadurch kommen Mutter und Kind in Gefahr. Hier kann der Arzt nur helfen, wenn er rechtzeitig benachrichtigt wird. Manchmal, wenn die Schwangerschaft schon genügend weit fortgeschritten ist, wird eine Schnittentbindung (Kaiserschnitt) ein lebendes Kind erreichen. Manchmal kann man unter Bettruhe bis zum normalen Geburtstermin warten. Wie bei allen Störungen in der Schwangerschaft gilt es, die Anordnungen des Arztes genau zu befolgen und sich nicht von unbestimmten Ängsten oder von Ratschlägen der Tante oder der Nachbarin leiten zu lassen, bei denen es angeblich genauso war...

Das gewöhnliche Schwangerschaftserbrechen kann in einzelnen Fällen so stark werden – bis zu 40mal am Tage! –, daß eine Krankenhauseinweisung notwendig wird. Besonders häufig kommt dieser Fall bei unerwünschter Schwangerschaft vor. Es scheint manchmal eine seelische Ursache mitbeteiligt zu sein. So erklärt es sich, daß schon ein Wechsel der Umgebung heilsam wirken kann. Zum Beispiel, wenn ein Mädchen daheim oder bei ihrem Arbeitgeber wegen ihres Zustandes viel auszustehen hat, kann es sein, daß die fürsorgliche Atmosphäre eines Krankenhauses ihr guttut. Dazu kommt natürlich eine spezielle Behandlung. Früher hat man in solchen Fällen manchmal die Schwangerschaft wegen unstillbaren Erbrechens unterbrochen, das tut man jetzt praktisch niemals mehr.

Auch Hautausschläge treten öfters im Zusammenhang mit der Schwangerschaft auf. Die Ursache kann ebenso wie beim Schwangerschaftserbrechen und der Eklampsie eine sogenannte Schwangerschaftstoxikose sein, d. h.: eine Überempfindlichkeit des Körpers gegen die für die Schwangerschaft eigentümliche Beschaffenheit der Körpersäfte. Leberstörungen treten manchmal als Ausdruck solcher Überempfindlichkeit auf. Die Leber muß ja während dieser Zeit sehr stark arbeiten und wird oft noch durch die so häufige Stuhlverstopfung weiter belastet. In all diesen Fällen weiß der Arzt einen Rat.

Wie errechnet man den Termin der Geburt?

Alle Zahlen bedeuten nur Anhaltspunkte, keine starren Gesetzmäßigkeiten, obwohl sie oft sehr genau stimmen. Die Tragedauer des Menschen wird mit 273 Tagen angegeben. Ist der Tag der Empfängnis bekannt, so braucht man zu diesem Tage nur neun Monate zuzuzählen und man hat den voraussichtlichen Geburtstermin. Meistens ist der Empfängnistag nicht bekannt, dann wird der Geburtstermin nach dem ersten Tag der letzten Menstruation berechnet: Zu diesem Tage zählt man neun Monate und sieben Tage zu, dann bekommt man den voraussichtlichen Geburtstag des Kindes.

Zum Beispiel: Die letzte Periode begann am 4. Januar. Neun Monate dazu den 4. Oktober. Sieben Tage dazu ergibt den 11. Oktober. Das ist also der voraussichtliche Geburtstermin. Oder: Die letzte Periode war am 20. Juni. Der Geburtstermin wäre der 27. März.

Wenn die letzte Periode nicht erinnerlich und nicht notiert ist, oder wenn sonst Unklarheiten bestehen, so hilft der Tag weiter, an dem die ersten Kindsbewegungen gespürt wurden. In jedem Fall soll dieser Tag notiert werden, der Arzt wird immer danach fragen.

Gegen Ende der Schwangerschaft gibt es noch einen Hinweis, wie lange es wahrscheinlich noch dauern wird: Am Ende der 36. Woche steht die Gebärmutter ganz oben am Rippenbogen. Wenn es soweit ist, weiß man ganz bestimmt: Jetzt sind es nur noch vier Wochen.

Um ein paar Tage wird es immer schwanken: Am besten hat man alles bereit und kann so in Ruhe die Geburt abwarten.

Geburt und Wochenbett

Auf die Geburt und das Wochenbett können wir hier nicht ausführlich eingehen – das würde wieder ein ganzes Buch füllen. Nur soviel: Die Geburt ist ebenso wie die Schwangerschaft ein ganz natürlicher Vorgang. Man hört zwar hin und wieder, daß etwas schiefgegangen sei, aber in den allermeisten Fällen geht es gut – nur, daß davon nicht viel gesprochen wird.

Wie verhält es sich eigentlich mit der schmerzlosen Geburt?
Tatsache ist, daß Frauen primitiver Völker oft wesentlich leichter und schneller gebären als wir, und daß sie oft sofort danach wieder aufstehen können. Man nimmt an, daß die übermäßige Zivilisation ungünstig wirkt; vor allem aber die Angst, die bei uns sehr viele Frauen haben. Dadurch krampft sich nämlich die Gebärmutter zusammen und läßt das Kind nur langsam heraus. Außerdem tun diese Verkrampfungen natürlich weh. Vor Schmerzen verkrampft sich nun die Gebärende noch mehr; dadurch geht es wiederum noch langsamer...
Der Ausweg: Die Frau muß schon vor der Geburt darüber aufgeklärt werden, was bei der Geburt vor sich geht, so daß sie statt der Angst eine gewisse Sicherheit und Zuversicht mitbringt. Außerdem sollte sie schon vorher ihre Atmung beherrschen lernen, die kann sie nachher brauchen. Und schließlich sollte sie während der ganzen Schwangerschaft in laufender ärztlicher Überwachung stehen, so daß etwaige Störungen schon im ersten Anfang erkannt und beseitigt werden können.

Wichtig ist ferner, daß sie alles rechtzeitig vorbereitet: nicht nur das Körbchen fürs Kind, Wäsche, Kissen, Decke, sondern auch ihr Köfferchen, in dem frische Wäsche und Geld, Ausweis und eine Packung Binden sind. Wenn sie daheim entbinden will, kann es immer sein, daß irgend etwas dazwischenkommt, so daß sie doch schnell in die Klinik muß – sei es unter der Geburt, sei es schon vorher. Die Telefonnummer des Arztes und evtl. der Klinik müssen bereitliegen, ferner ein Zettel mit Anweisungen, was zu geschehen hat, falls sie plötzlich weg müßte, vielleicht während niemand daheim ist. Zum Beispiel auch eine voradressierte Karte an die Oma, die sich für diesen Fall bereit erklärt hat, für den Haushalt zu sorgen.

Solche Überlegungen tragen sehr zur Beruhigung der werdenden Mutter bei und helfen damit indirekt zu einer guten Geburt. Sehr wichtig ist vor allem ein guter Kontakt zur Hebamme oder zu der Klinik, in der man sich entbinden lassen will.

Meistens merkt die Frau selbst, wenn es losgeht. Es treten Wehen auf, die zuerst in unregelmäßigen Abständen, dann immer regelmäßiger und in schnellerer Folge kommen. Das ist der Augenblick, wo man die Hebamme ruft oder sich auf den Weg in die Klinik macht. Das nächste Zeichen ist der Abgang von etwas blutigem Schleim. Als drittes springt die Fruchtblase, und das Fruchtwasser fließt ab. Diese Zeichen können aber auch in anderer Reihenfolge oder in größeren Abständen voneinander auftreten. Was das Fruchtwasser betrifft, so kann man sich täuschen; manchmal handelt es sich nur um Urin, und der Blasensprung kommt erst später.

Inzwischen ist die Hebamme da oder die Frau ist in der Klinik eingetroffen. Sie ist jetzt in guten Händen, und da sie alles, was in ihren Kräften stand, vorbereitet hat, darf sie sich jetzt ganz der verständigen Fürsorge überlassen und braucht nur noch zu tun, was man ihr sagt. Vor allem wird ihr immer wieder gesagt werden, wie sie zu atmen hat. Das wird ihr besonders leichtfallen, wenn sie zuvor einen Kurs für Schwangere besucht hat, so daß sie sich den Geburtsvorgang ein wenig vorstellen kann und außerdem die Atemtechnik schon geübt hat.

Wenn sie zu solchem Kurs keine Gelegenheit hatte, wird sie alles richtig machen, sofern sie sich nur nicht verkrampft, sondern vertrauensvoll zuhört.

Der Arzt gibt oft ein Mittel, das die Gebärmutter entspannt, etwaige Krämpfe beseitigt und damit auch die Schmerzen mildert. Ausgesprochene Schmerzmittel oder gar eine Narkose sind nur selten notwendig. Die Frau soll das alles dem Arzt überlassen, nur er kann es richtig entscheiden. Wenn ein operativer Eingriff, evtl. sogar eine Schnittentbindung notwendig werden sollte, so ist das kein Grund zur Angst: Heutzutage wird das alles schmerzlos gemacht, so daß die Frau gar nichts davon spürt. Die Schnittentbindung ist übrigens für das Kind die schonendste Art, auf die Welt zu kommen.

Nur in seltenen Fällen geht die Geburt so schnell, daß die Frau weder die Klinik aufsuchen noch rechtzeitig die Hebamme rufen lassen kann. Es kommt vor, daß sie allein zu Hause ist und sich selbst helfen muß. Meistens klappt auch in diesen Fällen alles gut, denn wenn es so schnell geht, sind keine Komplikationen zu erwarten. Wenn der Mann oder sonst jemand da ist, so sei ihm eingeschärft: Wenn das Kind den Kopf herausstreckt, darf man keinesfalls daran ziehen! Übrigens eilt es nicht mehr so, wenn erst mal die Nase herausguckt, denn es kann ja schon atmen. Man muß aber darauf achten, daß es nicht etwa unter der Bettdecke erstickt oder von der Mutter erdrückt wird. Sonst soll man nicht an dem Kinde herumhantieren, nur wenn es kalt ist, soll man es mit einem sehr sauberen, frisch gebügelten Tuch zudecken. Das Abnabeln hat Zeit, bis die Hebamme kommt. Aus dem Mutterkuchen wird dem Kind noch weiteres Blut zugeführt, und das ist sogar wertvoll.

Ist die Hebamme nach einer halben Stunde noch nicht da, wie es auf einer verschneiten Berghütte einmal sein mag, so lege man eine Schere in einen Topf mit Wasser und lasse sie zehn Minuten kochen. Dann bindet man die Nabelschnur ab, mit zwei Wäschebändchen, und zwar einmal etwa zehn Zentimeter vom Kind entfernt, und noch ein zweites Mal, einige Zentimeter weiter auf die Mutter zu. Man muß sehr fest binden. Nun wird zwischen den beiden Abbindungen die Nabelschnur durchgeschnitten, und jetzt darf es nicht bluten. Wenn nun immer noch keine Hebamme da ist, wickelt man das Kind in ein weiches, sehr sauberes Tuch und legt es ins Körbchen.

Manchmal beginnt das Kind nicht sofort nach der Geburt mit der Atmung und wird blau. Da kann man natürlich nicht auf die Hebamme warten, sondern muß sofort handeln, also noch *vor* dem Abnabeln!

Oft liegt es daran, daß etwas Blut oder Schleim in die Atemwege geraten ist. Man nimmt das Kind an den Beinen, mit *einer* Hand, wobei ein Finger zwischen die Füßchen kommt; es ist nämlich sehr glitschig und könnte sonst herausgleiten. Dann darf man es ein wenig herunterhängen lassen, unter ganz sanftem Bewegen und einem leichten Klaps. Aber nicht an der Nabelschnur ziehen! Gut ist es, die Nabelschnur nach dem Kinde zu auszustreichen, dann bekommt es noch einen Schub Blut und fängt oft gleich an zu atmen. Demselben Zweck dient es, wenn man das Kind eine halbe Minute lang neben das Bett hält, wieder mit dem Kopf nach unten, ein wenig tiefer als die Matratze. So kann noch einmal Blut einströmen. Die Mutter muß dazu an die Bettkante rutschen.

Wenn es schließlich atmet, ist es wahrscheinlich etwas kalt geworden. Man badet es warm und gießt ihm zur weiteren Anregung der Atmung eine Tasse kalten Wassers über den Nakken. Dann schnell ins warme Körbchen. Nach der Geburt bedeutet die Abkühlung auf Zimmertemperatur schon einen ziemlichen Schock. Selbst im Sommer oder wenn es geheizt ist, kommt es kaum auf mehr als 25 Grad; im Mutterleib dagegen hatte es seit neun Monaten immer eine gleichmäßige Temperatur von 37 Grad!

In den nächsten Stunden kann sich der Vater nicht einfach erschöpft zur Ruhe legen, sondern er muß warten, bis die Nachgeburt (der Mutterkuchen) erscheint. Niemals an der Nabelschnur ziehen. Nebenbei wird er dafür sorgen, daß es im Zimmer warm ist, er wird der jungen Mutter ein Getränk bringen und immer wieder schauen, ob das Kind noch atmet.

Solche Geburten ohne Hilfe werden nur selten vorkommen, aber wenn es einmal passiert, ist es gut, sich helfen zu können. Darum diese ausführliche Anweisung.

Das Wochenbett dauert etwa 10 Tage. So lange soll die Mutter wirklich Ruhe haben. Sie soll ihr Kind stillen, viel schlafen und auch ein wenig zum Nachdenken kommen. Wann soll sie zum erstenmal aufstehen? Möglichst bald, ganz besonders, wenn sie schon älter oder mollig ist, oder wenn sie schon einmal eine Thrombose gehabt hat. Das Neueste ist in einigen Kliniken, daß man die junge Mutter unmittelbar nach der Geburt bereits das Bett verlassen läßt. Noch im Kreißsaal legt man ihr das Kind in die Arme, und sie geht selbst in ihr Zimmer! Nach drei Stunden läuft sie schon 10 Minuten im Zimmer herum, nach einiger Zeit nochmals. Am Tage nach der Geburt darf sie schon am Tisch zu Mittag essen und ist – in gewissen Abständen – insgesamt 2–3 Stunden auf! Am vierten Tag darf sie schon einmal in den Garten, und am 5. Tag ist sie bis auf kleine Pausen den ganzen Tag auf!

Das klingt uns erstaunlich, aber es verhindert die so gefürchteten Thrombosen; so sollte sich die Frau jedenfalls nicht wehren, wenn Arzt und Hebamme sie bald nach der Geburt ein wenig aus dem Bett holen. Das bedeutet aber *keineswegs*, daß die Frau auch schneller als üblich wieder arbeiten soll – ganz im Gegenteil. Wenn irgend möglich, sollte sie nach der Geburt sechs Wochen lang nichts Schweres heben, gar keine schwere Arbeit tun und sich überhaupt körperlich schonen. Es lohnt sich! Erstens bilden sich die ausgedehnten Organe viel besser zurück; es werden Erscheinungen wie Gebärmuttersenkung und -vorfall, wie sie bei Müttern mehrerer Kinder in späteren Jahren gern auftreten, vermieden. Zweitens geht, sobald die Mutter wieder arbeitet, leicht die Milch zurück.

Also: Möglichst früh aufstehen und möglichst spät wieder arbeiten. Dabei das Spazierengehen und die Gymnastik nicht vergessen.

Die junge Mutter

Über Säuglingspflege wollen wir hier nicht sprechen, dafür gibt es eigene gute Bücher. Auch daß sie ihr Kind in jedem Falle stillen soll, weiß die moderne junge Frau selbst. Eine andere wichtige Pflicht ist hier zu erwähnen: Sie muß sich endlich wieder um den vernachlässigten Gatten kümmern. Das Neugeborene, besonders wenn es das erste ist, füllt gar zu leicht ihr ganzes Denken und Sorgen aus. Das ist nur natürlich. Wir sehen es auch bei den Tiermüttern, wie wohlig und eifrig sie sich ihren Jungen hingeben. Die Katze streckt sich genießerisch, damit alle ihre Jungen bequem saugen können. Sicher denkt sie mit keinem Gedanken an den Kater, dem sie diese netten Katzenkinder verdankt. Auch die Glucke, die ihr Völkchen ausführt, zeigt kein Interesse für den Hahn.

Beim Menschen soll und muß das anders sein. Die Bindung zwischen Mann und Frau geht weit über das Biologische hinaus. Frauen, die den Mann nur als Mittel betrachten, um Kinder zu bekommen und diese in wirtschaftlicher Geborgenheit aufziehen zu können, sind schlechte Gattinnen und haben es nicht besser verdient, als daß der Mann eines Tages eine Frau kennenlernt, die ihn als Menschen schätzt und liebt. Das Kind soll gewiß alle Pflege haben; der Mann darf deshalb niemals zu kurz kommen.

Dazu gehört in diesem Augenblick scheinbar sehr viel; in Wirklichkeit aber nur wirkliche Liebe, ein bißchen Klugheit und guter Wille. Wenn es geht, sollen den Mann, wenn er abends müde heimkommt, nicht gar zu viele Windeln empfangen. In manchen jungen Familien ist es so, daß der Mann kaum noch einen Platz findet, wo er seine Sachen hinlegen kann. Überall Windeln: eingeweichte in der Badewanne, nasse über dem Ofen, trockene auf dem Sofa, schmutzige auf dem Boden... Auf dem Eßtisch Seife und Puder, Gummiunterlage und Badetücher... Das soll man möglichst von Anfang an nicht einreißen lassen, sonst ist es in einem Jahr so, daß das Töpfchen auf dem Tisch steht, daß das Sofa voll feuchter Kekse klebt und er zum Nachtisch den Grießbrei essen muß, den Baby übriggelassen hat.

Abends, wenn der Mann kommt, muß alles, was an Kinderpflege schon vorher erledigt werden kann, fertig sein. Hat er sich erst einmal ausgeruht und gegessen, wird er um so lieber mit der Frau ans Körbchen des Kindes treten und gern zusehen, wenn sie es am späteren Abend nochmals wickelt und stillt. Der Vater muß unbedingt der Hausherr bleiben, so wie er es noch sein wird, wenn dieses kleine Kind längst groß ist und Mann und Frau wieder ganz aufeinander angewiesen sein werden.

Die Frau soll sich wieder hübsch machen, ihre Figur pflegen (Gymnastik! Viel wichtiger als alle kostspieligen Korseletts!), zum Friseur gehen, auf ihre Beine achten. Sobald der Wochenfluß aufgehört hat und die sechs Wochen des *erweiterten Wochenbettes* vorbei sind, kann der eheliche Verkehr wieder aufgenommen werden. Hierbei sollte sich die junge Frau nicht gehenlassen. Wenn sie noch ein bißchen erschöpft ist, sorge sie für einen ausgiebigen Mittagsschlaf. Dann ist sie abends frisch, hört ihrem Mann zu und ist ihm wieder die junge, heitere Gefährtin, die er so liebt.

Heutzutage werden die Frauen nicht mehr dick durch ihre Kinder. Ist es doch dazu gekommen, so hilft eine Einschränkung der Ernährung, so schwer es auch fällt! Während der Stillzeit soll man nicht ungehemmt essen und trinken, keine Riesenmengen Milch und Malzbier, sondern die normale Ernährung, dazu etwa einen halben Liter Milch extra. Und reichlich Obst und Gemüse!

Mit Medikamenten weiterhin vorsichtig sein, ebenso mit Genußgiften, weil das alles zum Teil in die Milch übergehen kann.

Eine schwierige Frage: Wie lange nach der Geburt ist die Frau unempfänglich? Man sagt, solange sie keine Periode hat; und die Periode bleibt, besonders wenn man stillt, meistens noch eine Weile weg. Sie wissen nun aber, daß die Empfängnis etwa 14 Tage *vor* der Periode eintritt. Es ist also eine unsichere Sache, und oft genug kommt es vor, daß eine Frau sich Sorgen macht, weil ihre Periode nach der Geburt des Kindes sechs

Monate lang noch nicht gekommen ist, und wenn sie zum Arzt kommt, erfährt sie, daß schon seit drei Monaten wieder ein Kind unterwegs ist.

In der ersten Zeit nach der Geburt entwickelt sich in zunehmendem Maße die Mutterliebe. Dadurch wird die dauernde Belastung, die so ein kleines Kind mit sich bringt, nicht als Störung, sondern als höchstes Glück empfunden.

Welches Glück auch für das Kind! Wem sonst könnte man es zumuten, Tag für Tag das Geschrei eines Säuglings anzuhören, der außerdem Tag und Nacht Pflege und Zuwendung verlangt? Doch einzig und allein einer Mutter.

Bald macht die junge Mutter eine merkwürdige Beobachtung: Ihre Eitelkeit bezieht das Kind mit ein. Die Anmut des Kindes erfüllt die Frau mit solcher Freude und solchem Stolz, als wäre sie selbst so anmutig, so hübsch und liebenswürdig. Eine glückliche Mutter braucht später keine Angst vor dem Altern zu haben: In ihren Töchtern wird sie wieder jung! Diese reizenden jungen Mädchen sind ihr keine Konkurrenz, sondern ihr zweites Ich. Alle Schönheit, alles Glück der Welt gönnt sie ihnen aus ganzem Herzen und ist dabei selbst zufrieden und glücklich.

Der junge Vater

Manchmal liest man von der *Eifersucht des Mannes* auf das neugeborene Kind. Ein bißchen hat er ja recht: Das Kindchen ist wirklich schuld daran, daß seine Frau in der letzten Zeit äußerlich etwas entstellt war und daß das Eheleben ein Vierteljahr lang ganz unterbrochen werden mußte. Das ist nun bald vorbei, und jetzt gilt es für den Mann, die richtige Beziehung zu dem Kind, zu *seinem Kind*, zu finden. Männer tun sich da manchmal schwer. Ein bißchen hängt das damit zusammen, daß der Mann, der doch der Urheber dieses Familienereignisses ist, nachher, wenn es soweit ist, als überflüssig angesehen wird. Die Frauen, die das als ihr Privileg betrachten, schieben ihn einfach zur Tür hinaus. Bei der Klinikentbindung darf er in den meisten Fällen nur auf dem Flur warten und wird selbst dort mit mitleidigem Lächeln betrachtet. Bei der Hausgeburt finden sich (wie man bereits auf mittelalterlichen Altarbildern sehen kann) regelmäßig an dem wichtigen Tage mehrere Frauen ein, die die Türen sorgfältig verschlossen halten und den Mann lediglich zum Vesperholen oder Wassertragen benutzen. Man kann sich daher nicht wundern, wenn er ins Gasthaus geht und seine Sorgen und Ängste ersäuft. Dabei ist es doch *sein* Kind, das da geboren wird.

Wenn das Kind da ist, wird es nicht etwa besser: Man zeigt es ihm, fertig gewickelt, kaum darf er es anfassen.

Ist es allerdings erst mal ein Jahr alt, entwickelt sich oft eine zärtliche Liebe zu dem kleinen Stammhalter, noch mehr, wenn es eine Stammhalterin ist.

Die Gattin könnte von Anfang an die richtige Weiche stellen, und in vielen Ehen geschieht das auch. Der Mann muß natürlich wissen, daß man kleine Kinder nur mit sehr sauberen Händen anfassen und möglichst nicht anatmen darf, besonders wenn man erkältet ist. Ansonsten aber darf er es genau wie die Mutter anfassen und bald mit ihm spielen.

Man muß bedenken, daß das Vatersein sehr plötzlich über ihn gekommen ist, während die Mutter das Kind schon seit vielen Monaten in ihrem Leibe fühlt. Übrigens wird die Mutter nicht durch die Schwangerschaft und Geburt allein zur richtigen Mutter, sondern viel mehr noch nachher durch die stündliche Sorge und Pflege. So vertieft es auch die Liebe des Vaters, wenn er das Kind hin und wieder baden und wickeln kann, und man darf gewiß sein, daß er es sorgfältiger machen wird als eine Mutter, wenn es auch vielleicht etwas länger dauert. Außerdem ist es aus praktischen Gründen gut, wenn er mit dem Kind Bescheid weiß, weil ja die Mutter einmal krank sein kann und vielleicht nicht gleich eine Hilfe da ist.

Wie ist das eigentlich mit der Vererbung?

Wenn ein Kind entsteht, so kommen die Vererbungsträger (Chromosomen) aus der Samenzelle und aus der Eizelle, also vom Vater und von der Mutter, zusammen, und zwar von jedem gleichviel, nämlich 23. *Ein* Chromosom ist dabei, das bestimmt, ob das Kind ein Bub oder ein Mädchen wird. Dieses Geschlechtschromosom stammt immer vom *Vater!* Der Mann sollte das wissen, damit er nicht etwa auf den Gedanken kommt, seiner Frau Vorwürfe zu machen, wenn sie lauter Mädchen zur Welt bringt. Jener englische König, der seine Frauen verstieß oder gar hinrichten ließ, weil sie ihm nur Mädchen gebaren, war in Wirklichkeit selbst schuld daran.

Wenn man sich bei der Partnerwahl ein bißchen Gedanken über die Vererbung macht, kann das nicht schaden. Man soll jedenfalls möglichst nicht einen Menschen mit einer ausgesprochenen Erbkrankheit heiraten und die ganze Familie daraufhin etwas ansehen. Manche Leute setzen sich über so etwas leicht hinweg und sagen: Ich heirate ja das Mädchen und nicht seinen kranken Vater. Trotzdem heiratet man die Familie mit; denn gewisse Krankheiten und, noch schlimmer, schlechte Charaktereigenschaften können bei dem jetzt noch jungen Mädchen in späteren Jahren zum Ausbruch kommen, vielleicht auch erst bei den Kindern des Mädchens. Ob eine bestimmte Krankheit im Einzelfall als erblich anzusehen ist, ist nicht ohne weiteres mit Sicherheit zu sagen, man frage den Arzt.

Andererseits soll man sich nicht gar zuviel Gedanken machen wegen der Vererbung. Zum Beispiel hört man sagen: Ich habe keine guten Zähne, also soll meine Frau solche haben, damit meine Kinder einmal nicht soviel mit dem Zahnarzt zu tun haben wie ich. Man könnte sagen: Welch ein großartiger Vater, der schon als Junggeselle seine künftigen Kinder vor Zahnweh bewahren will... Allerdings gibt er sich vielleicht doch nur Wunschträumen hin, denn wer sagt ihm, daß beide nur die guten Eigenschaften weitergeben?

Noch etwas sehr Wichtiges: Die Vererbung geht im allgemeinen so vor sich, daß der Mensch keinen unmittelbaren Einfluß darauf hat. Wenigstens war es jahrtausendelang so, solange es überhaupt Menschen gibt. Seit der Mensch gewaltsam in die Natur eingreift, indem er seine Mitmenschen gefährlichen Strahlungen aussetzt, ist das anders geworden. Wir sehen es mit Schrecken an den Kindern von Hiroshima.

Wie viele Kinder können wir uns leisten?

Diese Entscheidung muß jeder für sich treffen, und oft werden noch Mann und Frau im geheimen verschieden darüber denken. Wenn sie sich einmal in Ruhe und Offenheit darüber aussprechen, sollten sie folgendes erwägen: Kinder gehören zu jeder Ehe. Bleibt die Ehe kinderlos, so ist das eine schwere Belastung, die nur mit aller Liebe miteinander getragen und durch gemeinsame, kluge Maßnahmen gemildert werden kann.

Mit dem ersten Kind soll man nicht zu lange warten. Erstens spielt sich das ganze Eheleben viel besser ein, wenn man nicht von Anfang an immer *aufpassen* muß. Zweitens tut das erste Kind nicht nur der jungen Frau für ihre körperliche und seelische Reife gut: Auch die ganze Ehe bekommt erst den richtigen Sinn. Man weiß, wozu man geheiratet hat, und das erste Kind bindet Mann und Frau tiefer aneinander. (Vorsicht dagegen, wenn eine ältere, eben zerbröckelnde Ehe durch ein Kind gekittet werden soll!)

Wenn die äußeren Verhältnisse es erlauben, sollte auch das zweite Kind bald kommen: Einzelkinder ziehen sich schwerer auf, und wenn das Kind gar auf die Dauer allein bliebe, so könnte es einem wirklich leid tun. Es lernt nicht zu teilen, und es fehlt ihm die beste Erziehung: der gesunde, derbe Einfluß der Geschwister. Es fehlt ihm auch die Gelegenheit, seinerseits auf Geschwister einzuwirken, sei es erziehend oder gehorchend, nachgebend oder sich durchsetzend.

Vielleicht wird das Einzelkind vernachlässigt, weil die Mutter sich nicht entschließen kann, wegen nur eines Kindes ihren Beruf aufzugeben. Oder es wird verwöhnt, weil die Eltern alle Aufmerksamkeit und Sorge und alle Weihnachtsgeschenke auf dieses eine Kind häufen. Es ist zuviel mit Erwachsenen zusammen, es lernt zuviel und wird altklug. Andererseits ist es oft allein, es versäumt vieles, was man allein nicht erleben kann, z. B. werden gesellige Spiele eine Ausnahme bleiben, statt die Regel zu sein.

Wenn ein allein gebliebener Bub größer wird, steht er vielleicht den Mädchen mit besonderen Hemmungen gegenüber (oft noch verstärkt durch eine übermäßige Bindung an die Mutter). Ein Bub dagegen, der Schwestern hat, nimmt von Anfang an das Wesen eines Mädchens mit einer gesunden Nüchternheit zur Kenntnis. Er sieht den ersten BH der Schwester im Bad hängen und erlebt ihre erste Liebe ein bißchen mit. Ihre Freundinnen kommen ins Haus, und so wird ihm ganz nebenbei klar, daß Frauen weder einer verruchten noch einer überirdischen Welt angehören, sondern Menschen sind wie er.

Ebenso wird ein junges Mädchen, das Brüder hat, einem Mann später nicht so verkrampft und kritiklos begegnen. Auch die Pflege kleinerer Geschwister ist für ein Mädchen wünschenswert: Die Mütterlichkeit, die dabei geweckt wird, kommt ihr in der Ehe im Umgang mit Mann und Kindern zugute.

An all das sollte man eigentlich denken, wenn man das erste, zweite und vielleicht das dritte Kind *plant*.

Daneben sind natürlich – abgesehen von der Gesundheit der Frau – Geld und Wohnraum ausschlaggebend. Unter einer einfachen Lebensführung werden die Kinder selbst wenig leiden, sofern das enge Nest sie nur mit der nötigen Liebe (Nestwärme) umfängt. Für die Mutter wird es dann leicht zuviel: Schon zwei kleine Kinder können eine Frau voll beschäftigen, besonders wenn man an die viele Wäsche denkt. Dazu der Haushalt, der um so anstrengender wird, je weniger finanziellen Spielraum man hat. Wenn man auf Wäscheschleuder, Staubsauger, Putzfrau, Babysitter, Zellstoffwindeln, bequemen Kinderwagen verzichten muß, wenn die Sommerreise ausfällt oder im Zelt verbracht werden muß; wenn die Wohnung im vierten Stock liegt und der Hauswirt nicht erlaubt, daß der Kinderwagen unten im Flur steht.

... Dann ist es so, daß die Frau zu jedem kleinen Einkauf die kleinen Kinder und den Wagen die Treppen runter- und raufschleppen muß, während sie vielleicht schon wieder ein Baby erwartet.

Die kleine Wohnung ist voller Geschrei und Gewühl. Die Kinder sind dauernd in Gefahr, sich zu verbrühen oder sonstwie zu Schaden zu kommen, weil kein Kinderzimmer da ist. Wenn abends der Mann müde heimkommt, nachdem er noch Überstunden gemacht hat, empfängt sie ihn abgehetzt und sorgenvoll, sitzt bis in die Nacht über zerrissenen Kindersachen oder gar über einer Heimarbeit und schläft nachher todmüde und ein bißchen ungepflegt ein, ohne Interesse an eine Annäherung des Mannes, sei es aus Müdigkeit, sei es, weil schon wieder eine Schwangerschaft besteht oder befürchtet wird. Dann braucht nur noch der Mann im Gasthaus oder irgendwo anders Ablenkung zu suchen...

Dieses Bild mußte einmal gezeichnet werden, nachdem wir von sorgenlosen Flitterwochen im Hotel am See, von Sekt und Konfekt gesprochen haben. Die beschriebene Familie gibt es nämlich noch! Bei uns längst nicht mehr so häufig wie früher; in anderen Ländern tausendfach, und auch in Ihrer nächsten Umgebung gibt es sie: Noch immer ist es so, daß eine größere Kinderzahl den Lebensstandard ganz erheblich senkt, jedenfalls in der Stadt.

Trotz alledem sind Kinder nach wie vor ein *Segen*. Man soll so etwas Wichtiges zwar nicht überstürzen, aber nicht auf die lange Bank schieben, weil Mann und Frau in jungen Jahren mehr Kraft haben zu den Belastungen der Mutterschaft und Vaterschaft und an diesen schönen Aufgaben miteinander reifen. Und weil man nie weiß, ob später noch Kinder kommen.

Geplante Elternschaft

Geplante Elternschaft ist ein moderner Begriff, der zunächst nicht so sehr aus dem Wunsch des einzelnen entstanden ist, sondern aus den wirtschaftlichen Sorgen, die sich für die Staatsoberhäupter aus der wachsenden Übervölkerung der Erde ergeben. Es handelt sich um ein weltweites Problem. Zum Beispiel ist in Indien folgender Zustand eingetreten: Die indische Frau bringt nach wie vor etwa zehn Kinder zur Welt. Bis vor kurzem sind davon etwa sieben früh gestorben, jetzt sterben nur noch zwei oder eines. Der Staat fordert und fördert deshalb die geplante Elternschaft (d. h. die Empfängnisverhütung) mit allen Mitteln und geht sogar so weit, seinen Beamten die Sterilisierung zu empfehlen und dafür eine Belohnung auszusetzen.

Bei uns ist die Geburtenregelung ebenfalls ein sehr wichtiges Problem, aber vorläufig zahlt der Staat noch Kindergeld und kümmert sich nicht viel darum; höchstens insofern, als er die kinderreiche Familie wirtschaftlich schlechter stellt.

Zur Empfängnisverhütung müssen wir zwischen geeigneten und ungeeigneten Methoden unterscheiden. Ungeeignet sind alle Methoden, die mit einer Gefahr für die Gesundheit der Frau verbunden sind. Wir beschreiben auch diese eingehend, weil nirgends mehr hinter der Hand gemunkelt und Sinnloses kolportiert wird als auf diesem Gebiet. Wir wollen damit nicht unsere Leser die Methode lehren, sondern auf die Gefahren aufmerksam machen. Wir gehen bei jeder Methode auf das Für und Wider ein, so daß jeder einzelne selbst entscheiden kann, welche Wege für ihn etwa gangbar sind.

Das bequemste Mittel wäre die *Sterilisation*. Sie kann beim Mann ebenso wie bei der Frau vorgenommen werden. Beim Mann werden die Samenleiter unterbunden, bei der Frau die Eileiter. In diesem Fall werden die Hoden bzw. Eierstöcke nicht berührt. Das ist sehr wichtig, weil sonst hormonelle Ausfallerscheinungen (wie beim Kastraten) zu befürchten wären. Deshalb hat man ebenfalls die andere Möglichkeit der Sterilisation, nämlich die Ausschaltung der Keimdrüsen durch hohe Strahlendosen, verlassen. Außerdem kann es dabei vorkommen, daß Teile der Keimdrüsen doch in Funktion bleiben und daß die so entstandene Frucht Strahlenschäden aufweist. Die Sterilisation, sei es beim Mann oder bei der Frau, ist keine schwere Operation; aber der Entschluß dazu ist äußerst verantwortungsvoll. Selbst wenn die Frau schon mehrere Kinder hat (das ist immer die Voraussetzung), kann es sein, daß sie ihren Wunsch später schwer bereut. Bei den seltsamen Wegen des Lebens ist es durchaus möglich, daß sie ein Kind an einer Krankheit verliert, zwei durch Unfall, und nun den sehnlichen Wunsch nach einem weiteren Kinde hat. Weiter kann es sein, daß der Mann bald stirbt und eine zweite Ehe an der Tatsache der Sterilisation scheitert. Man muß sich darüber klar sein, daß mit der Tubenunterbindung die Möglichkeit einer Empfängnis für immer ausgeschlossen ist. Man hat zwar von einigen Frauen gehört, bei denen durch eine kleine Undichtigkeit doch noch eine Schwangerschaft zustande kam, ebenso von einigen Fällen, wo eine Unterbindung durch eine spätere Operation mit Erfolg rückgängig gemacht wurde; das jedoch sind seltene Ausnahmen, mit denen man nicht rechnen darf.

Die Sterilisation der Frau wird einigen wenigen Sonderfällen vorbehalten bleiben. Zum Beispiel gibt es Frauen, die wegen eines rachitisch verengten Beckens nur mit Kaiserschnitt entbunden werden können. Wenn eine solche Frau auf diese Weise drei lebende Kinder bekommen hat, kann sie unter Zustimmung des Ehemannes mit dem Arzt über eine Tubenunterbindung verhandeln. Dasselbe gilt für lebensgefährliche Krankheiten, die bei jeder Schwangerschaft schlimmer werden, sowie für manche Geburtskomplikationen, die sich erfahrungsgemäß wiederholen.

Über die Sterilisation des Mannes brauchen wir gar nicht zu sprechen, denn fast immer ist es so, daß der Mann die Sterilisation seiner Frau zumutet. Er wird fast niemals den Antrag stellen, man möge die Operation an ihm vornehmen. Da würde ihm das Ungeheuerliche seiner Zumutung sofort klarwerden. Außerdem würde er vielleicht die Erfahrung machen, daß die Frau einen sterilisierten Mann nicht mehr so gern haben würde... Es kommt vor, daß ein Mann die Sterilisation seiner Frau veranlaßt, zunächst noch sehr froh über die neugewonnene Freiheit ist, sich dann aber nach anderen Frauen umsieht.

Eine andere Methode zur Empfängnisverhütung ist der *Coitus interruptus*, der abgebrochene Verkehr. Obwohl er außerordentlich verbreitet ist, halten wir ihn für eine fast immer ungeeignete Methode. Sein einziger Vorteil: Die Verantwortung liegt beim Mann! Er ist es, der sich in dem Augenblick zurückzieht, wo er fühlt, daß der Samenerguß sich vorbereitet. Die Methode bietet keine absolute Sicherheit: Erstens kann unbemerkt schon *vor* der eigentlichen Ejakulation ein kleiner Tropfen Samenflüssigkeit abgehen, der natürlich viele Tausende von Samenzellen enthält. Zweitens kann die Ejakulation unbemerkt doch schneller kommen, als der Mann es erwartet hat, so daß ihm keine Zeit mehr bleibt, das Glied rechtzeitig zurückzuziehen. Voraussetzung für den Erfolg ist natürlich, daß der Mann sich ganz in der Gewalt hat. Es ist deshalb keine Methode für Männer, die mit ihrer Potenz bereits etwas zu kämpfen haben, abgesehen davon, daß durch den Coitus interruptus gewisse Potenzstörungen entstehen können.

Warum wir diese Methode so sehr ablehnen: Sie kann auf die Dauer bei Mann und Frau zu ganz erheblichen Schäden führen.

Für den Mann ist es sehr schwer: Er muß im schönsten Moment verzichten. Zwar tritt der Erguß meistens auch außerhalb der weiblichen Organe noch ein; der gesamte Vorgang ist für ihn jedoch empfindlich gestört.

Für die Frau ist es gleich schlimm. Selbst eine erfahrene Frau, die auf ihren Mann ganz eingespielt ist und durch die Geschicklichkeit des Mannes bei dieser Methode zum Orgasmus kommt, wird das plötzliche Zurückziehen im schönsten Augenblick sehr bedauern und es schon vorher fürchten. Die allermeisten Frauen kommen nicht so leicht zum Orgasmus und bei dieser Methode überhaupt nicht. Dazu kommt, daß diese Art des Verkehrs oft von dem ersten jungen Mann angewandt wird, den ein Mädchen näher kennenlernt. Es sind ja keinerlei Vorbereitungen oder Kosten damit verbunden, so daß es als die Methode des heimlichen, improvisierten Geschlechtsverkehrs (im dunklen Hausflur etc.) bekannt ist. Die Frau erlebt dabei keinerlei Genuß, sie wird nur erschreckt durch den schnellen und auf einmal abgebrochenen Vorgang und angewidert von dem Drum und Dran.

Auch in der Ehe, wenn man sich über diese Dinge längst geeinigt hat, wird in vielen Fällen der Coitus interruptus zur erheblichen Störung, ja zur Zerstörung der Ehe führen. Durch das Vorspiel und den beginnenden Akt ist die Frau körperlich und seelisch aufs höchste erregt. Ihre weiblichen Organe, ihr ganzer Körper und ihre Seele drängen auf die vollkommene Vereinigung hin. Der Orgasmus steht dicht bevor – da zieht sich der Mann unvermittelt zurück. Hält auch er seinen Orgasmus zurück, so kann das Spiel nach einiger Zeit wiederholt werden, mit dem gleichen Ende. Kam es bei ihm zum Erguß, so werden in seinen Geschlechtswegen große Mengen von Samenfäden herumwimmeln, und die Gefahr der Befruchtung ist groß, wenn eine zweite Annäherung versucht wird. Der Mann ist nach der Ejakulation einigermaßen befriedigt und wird die Quälerei damit am besten beenden.

Die Frau jedoch, wenn sie um ihren Höhepunkt betrogen worden ist, leidet – je nach Empfindlichkeit – stark darunter. Der immer wiederholte Blutandrang zu den weiblichen Organen, dem keine normale Lösung und Entspannung folgt, kann auf die Dauer zu Unterleibsentzündungen und Ausfluß führen, im weiteren zu allerhand nervösen Störungen im übrigen Körper. Weit schlimmer ist die seelische Enttäuschung: Während der Mann mehr oder weniger entspannt einschläft, liegt die Frau hellwach und voller Unruhe neben ihm. Sie ist überreizt und unzufrieden. Fast das beste, was jetzt geschehen kann, ist, daß sie zur Selbstbefriedigung greift (übrigens ein höchst unbefriedigendes Verfahren, das niemandem empfohlen werden kann) und dann einschläft. Sonst kann es gut möglich sein, daß sie einen Widerwillen gegen ihren schlafenden Gatten empfindet, daß sie seine Atemzüge nicht mehr hören mag und daß ihre Gedanken auf die Reise gehen – vielleicht zu einem andern Mann. Sie wird sich gewiß wieder zusammennehmen und sich sagen, daß ihr Mann nichts dafür kann, daß *sie* es ja auch ist, die noch keine Kinder oder nicht noch mehr Kinder will. Trotzdem ist ihre Lage ganz ähnlich wie die der frigiden Frau: Vielleicht wird sie es sich mit der Zeit angewöhnen, beim ehelichen Verkehr nicht mehr *mitzugehen*. Sie kann es sich nicht leisten, sich jedesmal aufs höchste zu erregen und dann unbefriedigt allein zu bleiben. Sie läßt jetzt den Akt, den verstümmelten Akt, passiv über sich ergehen und ist froh, wenn es schnell vorbei ist. Dann jedoch ist die Ehe zerstört oder in größter Gefahr. Um jeden Preis muß der Ehemann das eheliche Zusammensein auf eine andere Basis stellen.

Wir stellen noch einmal fest, daß dem Coitus interruptus allenfalls der Wert einer Verlegenheitsmethode zukommt, die bei einzelnen, seltenen Gelegenheiten einmal angewandt werden mag.

Ganz ähnlich ist eine andere Form: Hierbei wird das Glied überhaupt nicht in die Scheide eingeführt. Im Laufe verschiedener Bekanntschaften kommen manche Mädchen dahinter, wie man zwar seine Jungfernschaft behalten, trotzdem manche Freuden des geschlechtlichen Beisammenseins genießen kann, indem man nämlich die *außen* liegenden Reizpunkte benutzt. Der Mann führt das Glied nicht ein, sondern berührt nur mit den Händen, den Lippen oder mit seinem Glied die Klitoris und den Harnröhrenwulst des Mädchens, was natürlich mit allen andern Zärtlichkeiten kombiniert werden kann. Das Mädchen wird ebenfalls das Glied des Mannes berühren, es aber höchstens bis zwischen die Schamlippen, also bis in den Scheidenvorhof vordringen lassen. Diese Methode ist für beide Partner nicht völlig befriedigend und verlangt von beiden Disziplin. Es wird von vielen Paaren im Anfang geübt, z. B. unter Verlobten in Kreisen, wo noch strenge Traditionen herrschen (Brautexamen), so daß man sich scheut, das Letzte vorwegzunehmen. Diese Spielereien sind vielleicht befriedigender als die Selbstbefriedigung und dabei für eine Empfängnis verhältnismäßig ungefährlich. Es kann unter Umständen passieren, daß etwas vom Erguß des Mannes durch den unverletzten Jungfernring hindurch in die Scheide gelangt. Und wenn es einem einzigen dieser aggressiven Samentierchen gelingt, in dem durch die Erregung des Mädchens hervorgelockten Scheidenschleim nach oben zu paddeln und den Muttermund zu finden, so ist eine Schwangerschaft keineswegs ausgeschlossen. Es kann durchaus so kommen, daß erst das Kind die Mutter entjungfert (defloriert). Schon öfters sind solche Fälle bekanntgeworden. Verschiedene Vorgänge erinnern an die Übertragung von Krankheiten durch Bakterien, und damit ist die Befruchtung wirklich zu vergleichen. Ebenso, wie man sich vor ansteckenden Krankheiten nur durch *große Vorsicht* schützen kann, so muß man auch bei der Empfängnisverhütung sehr vorsichtig sein.

Ein Mittelding zwischen den beiden beschriebenen Methoden besteht darin, daß der Mann den Erguß nur in den vorderen Teil der Scheide fließen läßt. Die Hauptmasse des Samens gelangt dabei nach außen und fällt für die Befruchtung aus, zumal, wenn die Frau den Abfluß des Samens durch sofortiges Wasserlassen fördert. Übrigens wirkt der schwach säuerliche Harn abtötend auf die Samentierchen. Natürlich bietet dieses Vorgehen keine 100prozentige Sicherheit gegen eine Empfängnis.

Die Vorstellung, daß der Samen bei bestimmten Stellungen vollständig herausfließen würde, ist irrig. Gewiß gibt es Stellungen, die für eine Empfängnis mehr oder weniger ungünstig sind, aber von irgendeiner Sicherheit kann dabei nicht die Rede sein, das muß in aller Entschiedenheit betont werden. Übrigens, sobald es einigen der Samentierchen erst einmal gelungen ist, bis zu dem Schleimpfropf vorzudringen, der den Muttermund verschließt und beim Orgasmus etwas hervortritt, oder gar in diesen Schleimpfropf einzuwandern, dann sind alle Mühen vergeblich, sogar eine Spülung ist nur noch von zweifelhaftem Wert. Ein großer Unfug ist auch das Verhindern des Orgasmus bei der Frau: eine brutale Methode ohne jeglichen Erfolg. Gewiß kann der Orgasmus eine Empfängnis ein wenig begünstigen. Aber es gibt *sehr* viele Frauen, die zwar noch nie in ihrem Leben einen

Orgasmus erlebt, dafür aber eine ganze Reihe von Kindern geboren haben.

Das weitaus sicherste Mittel, der Samenflüssigkeit den Zugang zu den inneren weiblichen Organen zu verwehren, ist das *Kondom* (Präservativ). Ein hauchdünner Gummiüberzug (auch Ausführungen angeblich aus Fischblase sind im Handel), der kurz vor dem Verkehr über das männliche Glied gezogen wird, und, wenn alles richtig funktioniert, den Erguß des Mannes auffängt. Das Präservativ ist außerordentlich verbreitet, besonders bei jüngeren Männern, deren Bedürfnis zum Geschlechtsverkehr groß, deren Selbstbeherrschung aber klein ist. Es gibt verschiedene Sorten; solche, die durch gewisse Aufrauhungen einen verstärkten Reiz für die Frau bewirken; ferner Dauerkondome, die stabiler und auf die Dauer natürlich billiger sind. Durch die Notwendigkeit des Waschens viel peinlicher und überdies durch ihre Dicke für Reize, die dem Mann zugute kommen sollen, weniger zugänglich. Man sagt ja ohnehin, daß das Kondom ein Panzer gegen das Vergnügen, aber ein Spinnweb gegen die Gefahr sei. Beides stimmt in gewissem Maße. Die Gefahr besteht darin, daß das Kondom platzt, besonders, wenn man es so aufgezogen hat, daß für die Samenflüssigkeit kein genügend großer Hohlraum geblieben ist, oder vor allem, wenn der Gummi nicht ganz frisch war. Darum nur Markenfabrikate verwenden, die wie alle Gummiwaren sehr frisch sein müssen. Am besten, wenn man sie jeweils einem der Automaten entnehmen kann, die vor Drogerien und auf großen Bahnhöfen aufgestellt sind. Für ländliche Gegenden und Kleinstädte empfiehlt sich die Bestellung durch ein Versandhaus, wobei man sich auf diskrete Verpackung verlassen kann. Auf die richtige Größe achten und vorsichtig aufziehen, am besten alles etwas befeuchten.

Die Empfindlichkeit des Gliedes für feinere Reize wird allerdings abgeschwächt. Kleinere Kondome, die nur die Eichel bedecken, haben keinen großen Vorteil, da gerade in der Eichel die größte Reizempfindlichkeit liegt. Sie sind ein schlechter Schutz, da sie leicht abrutschen können. Ein großer Nachteil des Kondoms: Es kann nur kurz vor dem Verkehr, wenn das Glied schon versteift ist, angelegt werden. Das kann nicht nur für den Mann, sondern auch für die Frau peinlich sein. Es gibt viele Frauen, die den Präservativverkehr aus ästhetischen und gefühlsmäßigen Gründen rundweg ablehnen.

Nun kommen wir zu den *chemischen Empfängnisverhütungsmitteln*. Dabei darf der Samen in die Scheide gebracht werden, der Verkehr kann insoweit ganz normal verlaufen. In der Scheide trifft der Samen auf Stoffe, die dazu bestimmt sind, ihn abzutöten.

Die einfachste Methode besteht in einer *Spülung der Scheide* direkt nach dem Verkehr. Schon der römische Dichter Ovid empfahl das als beste Methode. Die Wirkung beruht weniger auf dem mechanischen Ausspülen, als darauf, daß die Samenzellen nur in der schwach salzigen Lösung, in die sie eingebettet sind, beweglich bleiben, in Leitungswasser aber gelähmt werden. Diese lähmende Wirkung kann man verstärken, indem man der Spülflüssigkeit ein wenig Essig oder ein Desinfektionsmittel (etwa Sagrotan) zusetzt.

Zur Spülung benutzt man einen Irrigator, das altbekannte Klistiergerät, mit langem Schlauch und einem geraden Spülrohr ohne Kugelansatz. Handlicher ist ein Gummiballon: eine große Spülbirne mit einem Scheidenrohr aus Hartgummi. Man muß das alles vor dem Verkehr handlich vorbereiten, nachher ist höchste Eile geboten! Wer sich, nachdem der Erguß des Mannes eingetreten ist, erst noch behaglich im Bett aalt, der kann sich die Spülung dann ersparen. Übrigens ist die Empfänglichkeit von Frau zu Frau sehr verschieden: Bei manchen Frauen kommt jede Maßnahme bereits zu spät. Kaltes Wasser soll größere Sicherheit geben. Vielleicht krampft sich dadurch die Gebärmutter zusammen und preßt den Schleimpropf mitsamt den etwa schon eingedrungenen Samenzellen hervor, so daß sie von der abtötenden Lösung erreicht werden.

Die Spülung kann im Hocken über einer Schüssel ausgeführt werden oder auf dem Bettrand, wobei man das Wasser über eine Gummischürze in den am Boden stehenden Eimer leiten kann. Man braucht eine ganze Menge Spülflüssigkeit: ein großes Klistiergefäß voll oder mehrmals hintereinander einen Ballon voll. Die Spülung muß mit großer Sorgfalt durchgeführt werden, sonst sind die Versager sicher da.

Außer der Spülung gibt es die Möglichkeit, daß Stoffe *vor* dem Verkehr in die Scheide eingebracht werden. Im einfachsten Fall sind das schwache Säuren oder speziell desinfizierende Zusätze: Thymol, kleine Mengen bestimmter Quecksilbersalze, ameisensaures Aluminium usw. Sie werden in verschiedenen Formen geliefert: als Tabletten, als fettige Zäpfchen, als Vaginakugeln oder Gelatinekapseln. Besonders beliebt sind salbenartige Massen, die aus einer Tube mit langem Ansatzrohr bis vor die Gebärmutter gebracht werden. Alle diese Vorkehrungen müssen äußerst sorgfältig ausgeführt werden: Die Natur ist stark und listig, und wenn es sich um ihr großes Anliegen, die Fortpflanzung handelt, findet sie immer wieder einen Weg, die Vorkehrungen des Menschen zu vereiteln.

Die keimtötenden Stoffe (handle es sich nun um die vorherige Einbringung von Salben oder um die nachherige Spülung) müssen den Muttermund ganz abriegeln und alle Spermien, die sich ihm nähern, sofort abtöten.

Man beachte genau die Gebrauchsanweisung: Manche dieser Präparate brauchen etwas Zeit, um zu schmelzen, sich aufzulösen und sich dadurch ganz exakt auf alle Falten und Gewölbe der Scheide zu verteilen. Ein günstiges Moment: Die Frau kann sich schon einige Zeit *vor* dem Verkehr unauffällig darauf vorbereiten.

Es gibt gewisse Verlagerungen der Gebärmutter, mit denen auch eine Verlagerung der gefährlichsten Stelle einhergeht. Die Frau sollte ihren Arzt danach fragen. Es ist gut, wenn sie weiß, ob das vordere oder hintere Scheidengewölbe bei der Einführung von keimtötenden Mitteln besonders berücksichtigt werden muß. Übrigens lassen sich diese Mittel alle am besten im Liegen applizieren.

Kann es trotz der Keimschädigung zu einer Empfängnis, dann evtl. mit geschädigtem Kind, kommen? Im Ausland gilt diese Frage als eine nur in Deutschland verbreitete Gegenpropaganda.

Es heißt dort, der Keim sei entweder gesund und führe zu einer gesunden Frucht, oder aber er sei geschädigt und zu keiner Befruchtung mehr fähig.

Gegen alle genannten Mittel gibt es gewisse Überempfindlichkeiten (Allergien). Wie manche Menschen keine Erdbeeren essen können, keine Primeln berühren, kein Bohnerwachs oder kein Heftpflaster auf ihrer Haut vertragen, so sind einzelne Menschen auch überempfindlich gegen einzelne empfängnisverhütende Mittel und gegen Kondomgummi. Das zeigt sich meistens schon bald durch Juckreiz an und wird zu einem Wechsel des Mittels Anlaß geben.

Für die Frau gibt es außer den genannten chemischen Mitteln gewisse mechanische Maßnahmen, die der Samenflüssigkeit den Zutritt ins Innere verwehren sollen:

Das einfachste ist ein *Schwämmchen*, das an einem Faden befestigt und tief in die Scheide eingeführt wird. Es versperrt den Zugang zum Muttermund, vorausgesetzt, daß sich dieser tatsächlich an normaler Stelle befindet. Das Schwämmchen wird vor dem Einführen mit Leitungswasser oder dünnem Essigwasser getränkt. Merkwürdigerweise ist diese handliche und einfache Methode bei uns wenig bekannt. Frauen fremder Völker sollen solche Schwämmchen aus Blättern bestimmter Kräuter herstellen, denen eine besondere keimtötende Wirkung zugeschrieben wird. In Japan bestehen die Schwämmchen aus Seidenpapier. Günstiger ist dabei besonders, daß nach dem Verkehr das Schwämmchen wieder herausgezogen wird, wobei die Scheide in ihrer ganzen Länge mit der sauren Lösung ausgewischt wird. Bei sorgfältiger Anwendung ist das Verfahren sehr sicher und für die gefühlsmäßige Vorstellung sehr überzeugend. Ein weiterer Vorteil besteht darin, daß es auf einfachste Weise improvisiert werden kann.

Theoretisch bedenklich sind alle Geräte, die den Muttermund mechanisch gegen den Samen abschließen sollen *(Pessare)*. Sie werden in verschiedener Ausführung geliefert. Manche sind aus Metall, andere aus Gummi. Praktisch tun sie ihren Dienst, obwohl man sich nicht vorstellen kann, wie solche Kappen den winzigen Samenfäden den Zutritt überhaupt verwehren können.

Die sogenannte Muttermundkappe ist ein Schälchen, das vom Arzt genau über dem Muttermund angepaßt wird. Es soll sich festsaugen und darf deshalb weder zu groß noch zu klein sein. Man kann es nur bei einem normal geformten Muttermund verwenden, der nicht wesentlich an- und abschwillt. Trotzdem kann man sich nicht denken, daß der Abschluß so dicht sein soll, wie es erforderlich ist. Bei den meisten Frauen ist die Wirkung dieser Methode recht sicher. Vielleicht wirkt das Pessar unter anderem dadurch, daß sich in ihm Sekrete ansammeln und zersetzen; also letzten Endes mehr chemisch als mechanisch.

Die Kappe wird bei Eintritt der Periode durch die Frau selbst entfernt. Wenn die Periode vorbei ist, wird sie eingesetzt, am besten durch den Arzt und wieder bis zur nächsten Periode belassen.

Außer den Muttermundkappen gibt es noch die *Scheidenpessare*, kleine Schalen aus weichem Gummi, die vor dem Verkehr von der Frau selbst eingelegt werden. Mittels einer Feder spannt sich das Schälchen in der Scheide aus und blockiert den Muttermund. Es ist nur bei straffem Gewebe anwendbar. Besteht z. B. eine Gebärmuttersenkung, so kann der Muttermund verrutschen und neben das Pessar geraten und nun erst recht für die Samenfäden zugänglich sein. Am besten auch hier zuerst den Arzt fragen.

Zweckmäßigerweise wird man mit dem Scheidenpessar ein chemisches Mittel kombinieren. Man bringt auf die obere Fläche, die dem Muttermund zugewandt ist, ein keimtötendes Mittel, etwa eine entsprechende Salbe. Da das Scheidenpessar sowieso nach jedem Verkehr entfernt werden sollte, ergibt sich die Gelegenheit, es jedesmal zu reinigen und bis zum nächstenmal in ein Desinfektionsmittel zu legen.

Damit sind wir zur *kombinierten* Anwendung mehrerer Methoden gekommen. Die meisten Frauen kombinieren, und das erhöht zweifellos die Sicherheit. Man wird zum Beispiel, wenn eine Muttermundkappe eingelegt ist, trotzdem gern hinterher spülen, ganz besonders aber beim Scheidenpessar. Und zwar spült man zuerst bei inliegendem Pessar, dann entfernt man es und spült nochmals gründlich. Hier ist keine Überstürzung nötig. Ebenso kann man Kondom und Salbe, Schwämmchen und Spülung kombinieren. Besonders ist das jungen Frauen zu empfehlen, die ihren Körper noch nicht kennen und nicht wissen, ob sie leicht empfangen. Verlassen kann man sich aber auf diese Erfahrung nicht. Wir haben alle schon von Frauen gehört, deren dringender Kinderwunsch erst nach vieljähriger Ehe in Erfüllung gegangen ist, nachdem sie längst als unfruchtbar galten. Eine andere Frau hat als 17jähriges Mädchen ein uneheliches Kind, gibt es vor Verzweiflung zur Adoption frei, das Kind kommt für immer in eine fremde Familie. Zwei Jahre später heiratet das Mädchen – und bekommt in ihrem ganzen Leben kein Kind mehr. Man erlebt auf diesem Gebiet immer wieder die allergrößten Überraschungen.

Zusammenfassend gilt für sämtliche Verhütungsmittel, seien sie mechanischer oder chemischer Art, seien sie vom Mann oder von der Frau anzuwenden, daß einer begrenzten Sicherheit mancherlei Schäden gegenüberstehen, nicht zuletzt seelische Schäden, die sich auch auf die Harmonie der Ehe sehr ungünstig auswirken. Man erwäge im einzelnen Fall sehr genau, am besten im Gespräch zu dreien (Mann, Frau und Arzt), welche Methode man wählt. Eine ganz junge Ehe belaste man, wenn irgend möglich, gar nicht mit solchen Dingen. Die eingehende Schilderung sollte nicht zuletzt zeigen, wie widerlich und ernüchternd sie sind. Außerdem gelangen bei den meisten dieser Methoden die im männlichen Sperma enthaltenen Hormone nicht in den Körper der Frau, bzw. sie werden so schnell herausgespült, daß sie vom weiblichen Körper nicht aufgesaugt werden können. Gerade den Hormonen schreibt man einen Teil der segensreichen Wirkung der Ehe für die junge Frau zu.

Nachdem wir die gebräuchlichsten und einigermaßen geeigneten Mittel zur Empfängnisverhütung beschrieben haben, wollen wir noch ein Mittel erwähnen, das als fast immer *ungeeignet und gefährlich* anzusehen ist. Das sind die sogenannten »Stifte«, Fremdkörper, die nicht nur die Gebärmutter von außen abriegeln, sondern in sie eindringen. Sie öffnen den Muttermund und halten damit dauernd eine Eintrittspforte für Krankheitserreger offen. Dazu kommt, daß diese Stifte lange liegenbleiben und damit schon rein mechanisch eine chronische Entzündung befördern. Die Scheide ist von der Natur für die Aufnahme eines Fremdkörpers, nämlich des männlichen Gliedes, vorbereitet. Man braucht da nicht gar zu ängstlich zu sein, daß Krankheitskeime eingeschleppt werden und sich in der Scheide ansiedeln könnten, jedenfalls wenn der Mann gesund ist, vor allem nicht etwa an einer Geschlechtskrankheit leidet. Auch eine ärztliche Untersuchung, die nicht gerade im letzten Stadium der Schwangerschaft stattfindet, braucht von Rechts wegen nicht mit sterilisierten Instrumenten vorgenommen zu werden. Die Gebärmutter dagegen ist von der Natur durch den Schleimpfropf ganz fest gegen die Außenwelt abgeschlossen, der zwar die Samenzellen durchläßt, zugleich aber Krankheitskeime abwehrt, wie eine Art Filter. Nur während der Menstruation und während der Geburt öffnet sich die Gebärmutter, der Schleimpfropf fließt ab, besonders bei der Geburt. In diesem Augenblick ist immer die Gefahr, daß Keime in die Gebärmutter hinaufwandern, was zur Sepsis, zum Kindbettfieber führen kann. Früher sind daran unzählige junge Frauen gestorben. Heute weiß man, wie vorsichtig man sein muß. Der Arzt vermeidet während der Menstruation und in den Wochen vor der Geburt eine innerliche Untersuchung, und wenn sie doch notwendig wird, bedient er sich peinlichst keimfrei gemachter (sterilisierter) Instrumente. Der Gebärmutterstift schafft eine dauernde Verbindung zwischen der empfindlichen Gebärmutterhöhle und den Krankheitskeimen der Außenwelt, also dauernd eine so gefährliche Situation, wie sie sonst nur während der Geburt entsteht. Wenn der Stift einige Zeit liegt, so können an ihm entlang Krankheitskeime ins Innere der Gebärmutter wandern, so ähnlich wie die Schimmelpilze am luftdicht schließenden Weckring vorbei ins Einkochglas hineinwachsen. Es bildet sich ein örtliche Entzündung aus, die zunächst keine Beschwerden zu machen braucht und daher unbemerkt weiter ins Innere hinaufsteigt: durch die Uterushöhle in die Eileiter. Eine Eileiterentzündung führt meistens zu Verklebungen und damit zur Undurchgängigkeit des Eileiters. Das bedeutet in vielen Fällen dauernde Kinderlosigkeit. Die Eileiterentzündung kann außerdem chronisch werden und das ganze Leben Beschwerden machen. Schließlich besteht immer die Gefahr einer Fortleitung der Entzündung auf das Bauchfell (Peritonitis). Die Stifte rutschen übrigens leicht heraus und gehen entweder verloren oder gleiten nach innen, besonders bei Frauen, deren Gebärmutterhals durch viele Geburten etwas schlaff geworden ist.

Seit einigen Jahren gibt es Tabletten, die sogenannten *Anti-Baby-Pillen*, die bei regelmäßiger, vorbeugender Einnahme durch die Frau eine Empfängnis verhüten sollen. Das wäre ja eigentlich das Ideale. Aber sie sind noch im Stadium der Erprobung. Schon jetzt wissen wir, daß sie einen Nachteil haben: Sie unterdrücken die Funktion der Eierstöcke, so daß keine Eier mehr heranreifen und auf diese Weise kein Follikelsprung mehr erfolgt. Auch die Periode würde aufhören, wenn man sie laufend einnehmen würde; also derselbe Zustand wie bei den Frauen jenseits der Wechseljahre. Nun wird zwar berichtet, daß nach Aufhören der Tablettenbehandlung alles wieder beim alten sei, daß die normale, regelmäßige Periode wiederkehre und Schwangerschaften wieder aufträten. Trotzdem ist diese Methode wohl nicht jedermanns Sache; jedenfalls wird man die Entwicklung erst noch einige Zeit beobachten müssen, ehe man ein endgültiges Urteil abgeben kann.

Der Ehekalender

Nicht an allen Tagen ihres monatlichen Zyklus ist die Frau empfänglich. Die geringste Empfänglichkeit besteht in den Tagen vor der Periode, die größte etwa in der Mitte zwischen zwei Menstruationen.

Man rechnet so: Der erste Tag der Periode – der Tag, an dem sich die erste Spur Blut zeigt – ist der Tag Nr. 1. Nun ist der Zyklus bei den Frauen verschieden lang: Bei manchen kommt die neue Periode am Tag Nr. 29, das wäre wieder der Tag Nr. 1 des neuen Zyklus. Bei andern kommt sie schon am Tag Nr. 22 oder erst am Tag Nr. 32. Alle diese Zyklus-Längen können, wenn sie nur regelmäßig immer wieder gleich sind, ganz normal sein.

Wir hatten schon vom Follikelsprung gesprochen. Der Follikelsprung erfolgt etwa 15 Tage vor dem Tag Nr. 1 des neuen Zyklus. Wenn die neue Periode am Tage Nr. 27 käme, so wäre mit dem Follikelsprung am Tage Nr. 12 zu rechnen. Wenn die neue Periode am Tage Nr. 30 kommt, so wäre der Follikelsprung etwa am Tage Nr. 15. Am Tage des Follikelsprungs und in den Tagen vor- und nachher besteht die größe Empfänglichkeit. Den Follikelsprung spüren manche Frauen an einem leichten Schmerz, dem *Mittelschmerz*, der jedesmal etwa 15 Tage vor der neuen Periode auftritt. Dieses Zeichen kann aber auch vollständig fehlen, ebenso wie der Mittelschmerz so stark sein kann, daß man im Augenblick an eine Blinddarmentzündung denkt. Darauf kann man sich also nicht verlassen. Deshalb wissen die allermeisten Frauen nicht, wann bei ihnen der Follikelsprung erfolgt.

Die Forscher Knaus und Ogino haben da nun eine geniale Entdeckung gemacht: Sie fanden heraus, daß 1–2 Tage *nach* dem Follikelsprung die Körpertemperatur der Frau um einige Striche heraufgeht. Es ist natürlich schade, daß das nicht *vor* dem Follikelsprung der Fall ist, dann könnte man sich wegen einer Empfängnis rechtzeitig vorsehen, aber daran läßt sich nichts ändern, und auch so ist es eine Hilfe. Wenn eine Frau jeden Morgen um die gleiche Zeit, ehe sie aufsteht, im Darm 5–8 Minuten lang die Temperatur mißt und sie sofort im Kalender notiert, so wird sie folgende Beobachtungen machen: Während die Temperatur nach der Periode zunächst etwa um 36,6 Grad herum schwankt, macht sie etwa 14 Tage vor der neuen Periode einen Sprung, etwa auf 37 Grad und bleibt dann oben bis zur neuen Periode.

An dem Morgen, an dem sie den Temperatursprung beobachtet, weiß die Frau, daß gestern oder vorgestern der Follikelsprung stattgefunden hat, das Platzen der kleinen Eihülle und der Austritt des reifen Eies in den Eileiter, wo es den männlichen

Samenzellen entgegengewandert. Das Ei hat nur eine begrenzte Lebensdauer, höchstens 1–2 Tage, dann stirbt es ab. Die Samenzellen leben 2–3 Tage. Daraus ergibt sich folgendes:

1. Wenn das Ei am Tage des Follikelsprungs den Eierstock verläßt, so kann es durch einen Verkehr, der an diesem Tage stattfindet, befruchtet werden.

2. Ebensogut kann es sein, daß es befruchtet wird durch einen Verkehr, der schon 2–3 Tage *vor* dem Follikelsprung stattfand: die Samenzellen haben auf das Ei gewartet, sind ihm entgegengeschwommen und haben an allen Ecken und Enden auf der Lauer gelegen, um es abzufangen, sobald es den Eierstock verlassen hatte. Wenn der Verkehr etwa 5 Tage vor dem Follikelsprung stattgefunden hat, haben die Samenzellen zwar ebenfalls 2 oder 3 Tage sehnlichst auf das Ei gewartet, sie haben aber den Follikelsprung und damit das Erscheinen des Eies nicht mehr erlebt, da sie nach 2–3 Tagen absterben.

3. Das Ei kann befruchtet werden aus einem Verkehr, der 1–2 Tage *nach* dem Follikelsprung stattgefunden hat. Das Ei wartet nämlich nach dem Follikelsprung eine Weile, ob nicht noch Samenzellen kommen, und geht ihnen entgegen. Wenn allerdings der Verkehr z. B. erst drei Tage nach dem Follikelsprung stattfindet, ist es für das Ei bereits zu spät, die Samenzellen finden es tot vor, und es kann nicht mehr zur Befruchtung kommen.

Es ergibt sich die erstaunliche Tatsache, daß die Zeit der Empfängnismöglichkeit außerordentlich begrenzt ist. Drei Tage vor dem Follikelsprung bis zwei Tage nach dem Follikelsprung. Und da der Temperatursprung erst 1–2 Tage nach dem Follikelsprung erfolgt, kann man folgende einfache Regel aufstellen:

An den 5 Tagen vor dem Temperatursprung ist es gefährlich.

Ist die Temperatur erst einmal oben, so ist bis zur nächsten Periode mit einer Empfängnis *nicht* mehr zu rechnen!

Das bedeutet, daß für den ehelichen Verkehr in jedem Zyklus etwa 14 Tage ganz unbeschränkt frei wären. Die Belastungen von schmierigen Salben und kaltem Gummi, der Irrigator überm Bett, Gummischürze und Spülbirne, Eimer und Desinfektionsmittel würden in dieser Zeit unbesorgt wegfallen dürfen. Keiner der Gatten brauchte Angst zu haben, und die Frau brauchte nicht im schönsten Augenblick schon wieder aufspringen und zur Wasserleitung zu laufen.

Wenn wir trotzdem nur sagen »würde«, so wollen wir die Einschränkungen gleich nennen: Die Methode an sich ist wirklich sicher und gut. Aber: Nicht in jedem Falle erfolgt der Temperaturanstieg in Form eines *Sprunges*. Es kann sein, daß die Temperatur sich allmählich hinaufschlängelt wie eine Autostraße auf einen Alpenpaß, so daß man nicht recht weiß, woran man ist. Es braucht nur ein Schnupfen dazwischenzukommen, ein bißchen Halsweh – schon ist die Temperatur auf 37,3 Grad, und man weiß wieder nicht: Ist heute Temperatursprung, oder ist der Schnupfen schuld. Oder die Temperatur ist wirklich steil heraufgesprungen, so daß man ganz sicher ist – am nächsten Tag ist sie den halben Weg wieder heruntergefallen. Jetzt steht man wieder zweifelnd da. Die Frau sitzt etwas benommen am Tisch und sieht mit gemischten Gefühlen zu, wie ihr Mann sich mit hoffnungsvoller Miene noch mal Pfeffer auf sein Beefsteak à la Tatar streut. Sie weiß nicht, ob sie ihm ihre Zweifel sagen soll, nachdem sie gestern noch überzeugt war, daß die gefährlichen Tage vorbei seien... Dazu kommt: Die Messung muß immer *vor dem Aufstehen* vorgenommen werden. Wie oft kommt es bei einer kinderreichen Mutter vor, daß sie schon bei halber Nacht nach einem der Kinder schauen muß – dann aber können die feinen Meßwerte bereits verfälscht sein. Oder sie vergißt in der Eile das Aufschreiben. Bald besteht dann die Kurve nur noch aus Lücken und ist für den wichtigen Zweck kaum mehr zu verwenden.

Das wären die Nachteile der Methode, im übrigen ist sie ideal. Was sage ich nun einer Patientin, die mich nach den für sie *gefährlichen Tagen* fragt und bisher keine Temperaturmessungen vorgenommen hat? Ich empfehle ihr, sofort wenigstens jetzt noch mit den Messungen zu beginnen. Oft empfehle ich dabei auch ein Spezialthermometer (Cyclotest), das eine besondere Skala hat und nur für diesen Zweck eingerichtet ist. Es ist besonders empfindlich und gut abzulesen, natürlich nicht ganz billig, und kann mit Gebrauchsanweisung und einigen Kurvenblättern in einschlägigen Geschäften gekauft werden. Es muß verständig behandelt werden und darf nur von der gesunden Frau, also nicht bei fieberhaften Erkrankungen, verwendet werden.

Dann lasse ich mir den Menstruationskalender der Frau zeigen. Bei Frauen, die in den letzten Jahren mehrmals geboren haben, ist es ungünstig. Eine solche Frau hat vielleicht jahrelang nur zwei- oder dreimal die Periode gehabt, dann schon wieder Schwangerschaft. Da kann man nur zu großer Vorsicht raten und dringend empfehlen, die nächsten Monate erst einmal mit andern Mitteln – etwa Kondomen – zu überbrücken. Wenn danach ein paar Monate lang ordentliche Temperaturaufzeichnungen vorliegen, kann man viel besser raten.

Bei Frauen, die zwar keine Temperaturkurven, aber einen gut geführten Menstruationskalender und eine regelmäßige Periode haben, geht es auch; man sollte mindestens ein Jahr überblicken können, also 12 bis 13 Zyklen.

Einige Beispiele: Eine Frau hat einen regelmäßigen Zyklus von 28 Tagen, d. h. der Tag Nr. 29 ist zugleich der Tag Nr. 1 der neuen Periode. Von diesem Tag Nr. 29 zieht man 15 Tage ab. Da kommt man auf den Tag Nr. 14, das wäre der Tag des Follikelsprungs. Nun gibt man nach vorn und hinten je zwei Tage zu, weil die Samenzellen ja auf das Ei warten können und das Ei auf die Samenzellen. Außerdem gibt man je zwei weitere Tage nach vorn und nach hinten zu, weil der Follikelsprung sich einmal verspäten oder verfrühen könnte. Das würde bedeuten: Gefährlich ist der Tag des mutmaßlichen Follikelsprungs und die vier Tage vorher und die vier Tage nachher. Bei einem Zyklus von 28 Tagen die Tage Nr. 10–18. Diese Tage müßten für den ehelichen Verkehr ausfallen, wenn man keine Empfängnis wünscht. Wenn man noch vorsichtiger sein will, besonders wenn die Periode nicht ganz regelmäßig ist, so gibt man nach vorn und nach hinten noch je einige Tage zu. Damit zeigen sich bereits die Mängel der Methode: Es bleiben im ganzen Monat nur wenige Tage übrig für den ehelichen Verkehr. Ganz besonders gilt das für Frauen mit einem kurzen Zyklus.

Rechnen wir einmal die gefährlichen Tage aus für einen Zyklus von nur 24 Tagen: Der Tag Nr. 1 der neuen Periode ist der Tag Nr. 25 der vorigen Periode. Davon 15 Tage zurückgezählt, ergibt den Tag Nr. 10. Das wäre der Tag des wahrscheinlichen Follikelsprungs. Davon vier Tage vorwärts und vier Tage rückwärts: Die gefährlichen Tage wären die Tage 6–14. Wenn man bedenkt, daß der Verkehr auch während der Periode ausfällt, wenn man dann noch ein paar Sicherheitstage vorn und hinten zugibt, bleibt vom ganzen Monat fast nichts mehr übrig. Natürlich kann man die gefährlichen Tage mit anderen empfängnisverhütenden Mitteln überbrücken. Wenn dann Versager auftreten, so darf man sich nicht über die Knaus-Ogino-Methode beschweren. Bei einem *langen* Zyklus ist es natürlich praktischer: Zum Beispiel bei einem Zyklus von 31 Tagen, wo die neue Periode am 32. Tage kommt, da sind die gefährlichen Tage die Tage Nr. 13–21. Es bleiben noch eine ganze Menge Tage übrig, selbst wenn man vorsichtig ist und noch ein paar Sicherheitstage zugibt.

Allen wird es wohl deutlich, daß die Temperaturmessung in jedem Fall die Lage verbessert. Die Zahl der sorglosen Tage *nach* der Periode wird nicht vermehrt, weil die Temperatur erst ansteigt, wenn die gefährlichen Tage schon vorbei sind. Die Tage *vor* der Periode – also die Tage, die dem Temperaturanstieg folgen – haben eine ganz andere Sicherheit: Wenn die Temperatur oben ist, weiß man, daß man ohne Sorge sein kann.

Die Methode Knaus-Ogino ist verhältnismäßig sehr sicher. Nicht so sicher wie ein mathematisches Gesetz, sondern eben wie ein biologisches Gesetz: Es kann einmal eine Ausnahme vorkommen. Zum Beispiel kann durch eine seelische Erregung oder durch ungewohnten Geschlechtsverkehr einmal an einem andern Tage als erwartet ein Follikelsprung und damit eine Befruchtungsmöglichkeit eintreten; aber das ist doch sehr selten. Die meisten Versager kommen dadurch, daß die Leute nicht genau rechnen oder daß sie sich nicht nach der Rechnung richten, wofür ja wieder Knaus und Ogino nichts können. Es ist eine sehr menschliche und zugleich sehr natürliche Methode: Sie ist entstanden dadurch, daß kluge Menschen die Natur belauschten und daß andere kluge Menschen sich nach den Gegebenheiten der Natur richten.

Nun sind wir eine Familie

Die großen Sensationen sind vorbei: Verlobung, Hochzeit, das erste Kind, das zweite... allmählich läuft sich alles ein bißchen im Alltag fest. Besonders für die Frau. Ein Mann würde das wohl gar nicht aushalten, dieses immer wiederkehrende Einerlei: Betten machen, staubsaugen, putzen, Treppe fegen, Kinder trockenlegen, Kinder füttern, einkaufen, kochen, spülen, waschen, aufhängen, nähen, bügeln, wieder kochen, wieder spülen, Kinder ins Bett bringen, nähen... Am nächsten Tag wieder so. Das ganze Leben lang. Jede Woche über 50 Arbeitsstunden, hat man errechnet. Es ist gut, wenn der Mann hin und wieder ein anerkennendes Wort zu seiner Frau sagt. Übrigens: Eine richtige Frau fühlt sich ganz wohl dabei. Vorausgesetzt, daß der Mann gut zu ihr ist und daß immer wieder einmal eine kleine Freude und Abwechslung kommt. Es brauchen gar keine großen Sensationen zu sein, keine Flugreise nach Mallorca und kein Sektfrühstück im Hotel Savoy – aber mal ein paar Pralinen mitbringen, und im März den ersten Veilchenstrauß, ein Fläschchen Parfüm. Gewiß, auch einen neuen, höchst patenten Schaumschläger oder Zwiebelschneider, aber nicht *nur* so etwas. Und einmal in der Woche ins Kino oder Theater, auch mal tanzen (Sie werden lachen: Auch einer Mutter von drei Kindern macht das noch gelegentlich Spaß). Und einen Abend in der Woche sollte sie *Ausgang* haben, damit sie zur Gymnastik kann oder ins Schwimmbad. Es kommen noch genug Zeiten, wo es nicht geht: Mal ist sie krank oder unpäßlich, mal ist der kleine Christian krank, mal hat der Mann gerade an diesem Abend Besuch von einem auswärtigen Freund – aber wenn es geht, soll man sehen, es möglich zu machen. Dann geht alles wieder besser, und zwar geht es dann gut und freudig.

Schön, wenn man eine Urlaubsreise machen kann. Vorher sollten Mann und Frau besprechen, auf welche Weise das für alle die beste Erholung wird. Vielleicht kann man die Kinder bei den Großeltern lassen und mal nur zu zweit fahren? Wenn man zum Beispiel eine Kunstreise nach Griechenland machen möchte, so wären die Kinder nicht nur eine Last, sondern sie kämen auch nicht auf ihre Kosten vor lauter Bravsein und Eingeengtsein. Für die Kinder wäre ein Bauernhof von Verwandten viel besser, wo sie frei herumtoben können. Oder man fährt wegen Erschöpfung ein paar Tage allein auf Schlafurlaub in ein stilles Dorf und holt anschließend die Kinder zu einer Woche am See ab. Oder man nimmt die Ursel mit, während Bettina nächstes Jahr mit darf. Alles Möglichkeiten, die man erwägen und beraten muß.

Eine Campingreise ist sehr schön. Man braucht aber etwas Kraftreserven dazu, vor allem die Frau. Wenn sie sehr erschöpft oder nicht ganz gesund ist, wird es ihr schon schwerfallen, ein paar Tage im heißen, vollgepackten Wagen durch die staubige Landschaft zu fahren. Dann an einem sehr heißen Gestade plötzlich der südlichen Sonne ausgesetzt zu sein und pausenlos kochen, spülen, waschen und nachts heiß und beengt auf einer Gummimatratze schlafen, während vom Nebenzelt Radio und Gekicher tönt. Leicht kommt ihr dann ein bißchen Sehnsucht nach ihrem schönen Gasherd und dem Bad, wo das alles so leicht ging. Vor allem nach ihrem schönen, kühlen Bett... Bei einer Campingreise sollen Mann und Kinder kochen und spülen, für Mutti bleibt immer noch genug zu tun.

Gleichfalls gilt dies daheim, besonders wenn die Mutter mal sehr müde oder krank ist, oder wenn ein Kindchen erwartet wird. Dann sollen die andern mit zufassen. Der Gatte wird, wenn Not am Mann ist, abends mal eine Kanne Heizöl raufholen oder morgens auf dem Weg ins Geschäft einen Sack Wäsche mit in die Wäscherei nehmen. Er muß sich immer dabei vorstellen, wie die berufstätigen Hausfrauen das eigentlich machen. Den ganzen Tag sind sie im Beruf, abends auf dem Heimweg im

Laufschritt einkaufen. Daheim, noch in Hut und Mantel, setzen sie schon das Essen auf; und wenn gekocht, gegessen und gespült ist, lesen sie nicht etwa die Zeitung, wie jeder Mann nach des Tages Mühe, sondern dann geht es ans Putzen und Waschen, Hausordnung und Treppe, und zum Schluß ist ein Korb Bügelwäsche für die ganz späten Abendstunden – das ist so eine leise Arbeit, damit stört man die andern nicht ... Ein Mann würde das wahrscheinlich gar nicht können. Von böswilligen Zungen wird sogar behauptet, ein Mann würde sich schon ins Bett legen, wenn er mit solchen Sachen wie Menstruation und Schwangerschaft belastet wäre.

Die Kinder müssen im eigenen Interesse bald lernen, ein bißchen zu helfen. Wenn Bernd etwas größer ist, kann er regelmäßig für alle die Schuhe putzen. Sabine kann schon bald mit einem Zettel einkaufen gehen und wird sicher der Mutter gern beim Kochen helfen. Die schönste Aufgabe für kleine Mädchen ist natürlich, wenn sie das Baby ausfahren dürfen. Man ist oft gerührt, mit welcher Umsicht und Mütterlichkeit sie das schon machen. Und für die Mutter sind es diese kleinen Hilfen, die alles immer wieder erträglich machen.

Wie schön, wenn an einem Ferientag die Kinder beim Hausputz geholfen haben! Beim anschließenden Kaffee fühlen sich alle stolz und auf eine besondere Weise zusammengehörig. Martin wird übrigens, nachdem er den großen Teppich mit allen Kräften im Schnee gebürstet hat, nicht mehr dulden, daß jemand mit schmutzigen Schuhen darauftritt. Geschweige denn, daß man ihn dazu ermahnen müßte, die Schuhe auszuziehen! Petra hat das Silber so blank geputzt: Jetzt wacht sie wie ein Polizist darüber, daß nicht etwa jemand sein Ei damit ißt! Vielleicht hat die Mutter nachher noch ein bißchen Zeit, mit den Kindern zu musizieren oder im Garten eine Schneeballschlacht zu machen. Das braucht keineswegs jeden Tag so zu sein. Die Kinder werden solche Tage als schönste Erinnerung behalten und später ihren Kindern immer wieder erzählen: Bei uns zu Hause war das immer so.

Ein Wort zu den Omas. Am schönsten ist es natürlich, wenn

die ältere Generation ein paar Häuser weiter wohnt. Man kann sich sehen, sooft man will, und fällt einander doch nicht auf die Nerven. Sehr wünschenswert, wenn Oma und Opa in der Nähe auf dem Lande wohnen, so daß die Kinder ihre Ferien dort verbringen können und die alten Herrschaften dafür ein paar Winterwochen in die Stadt kommen. Ebenso natürlich, wenn man selbst auf dem Lande wohnt und die Großeltern in der Stadt.

Die Oma im gleichen Haus, in der gleichen Wohnung ist natürlich sehr bequem: Man kann ausgehen und ihr die Kinder überlassen, man kann sie verhältnismäßig mühelos pflegen, wenn sie krank ist. Zu so großer Nähe gehört von beiden Seiten sehr viel Rücksichtnahme, Klugheit, Liebe und Taktgefühl! Es hat eben alles seine zwei Seiten.

Erziehungsprobleme

Kinder zu haben und zu erziehen ist die schönste Aufgabe, die ein Ehepaar haben kann. Am wichtigsten ist dabei das eigene Beispiel. So, wie die Kinder beim Sprechenlernen den Tonfall der Mutter genau nachahmen, daß wir oft lachen müssen, ebenso ahmen sie natürlich auch die ganze Haltung nach. Wir wollen unsere Kinder zur Liebe und Duldsamkeit erziehen. Das geht natürlich nur, wenn Vater und Mutter ebenfalls untereinander und zu den Kindern liebevoll und duldsam sind. Der Ton, der in einer Familie herrscht, bleibt den Kindern für ihr ganzes Leben. Nicht umsonst spricht man von der *guten Kinderstube* eines Menschen. Das bezieht sich nicht nur auf Tischsitten und höfliche Redewendungen. Kinder, die aus zerrütteten Ehen stammen, haben oft noch, wenn sie ins heiratsfähige Alter kommen, unter diesen Jugendeindrücken zu leiden.

Andererseits soll bei aller Liebe, oder vielmehr gerade aus dieser Liebe heraus, eine gewisse Ordnung in der Familie herrschen. Mit Tyrannei hat das nicht das geringste zu tun. Auch in der Natur herrscht überall Ordnung, eine sehr strenge Ordnung sogar – sie ist die Voraussetzung für alles Leben. Der Vater, der meistens der Älteste in der Familie ist und normalerweise noch immer ernährt, muß bei wichtigen Entscheidungen das letzte Wort haben. Kinder brauchen Autorität, sie sehnen sich unbewußt nach einer sicheren Führung, und wenn der Vater ihnen das nicht bieten kann, oder wenn er aus falsch verstandener moderner Psychologie heraus darauf verzichtet, können die Kinder für das ganze Leben ebenso schwere Schäden davontragen, wie wenn der Vater sie jeden Tag verprügelt hätte.

Übrigens ist die Autorität des Vaters aus äußeren Gründen nicht überall gewährleistet. Stellen Sie sich eine junge Ehe vor: Der Mann ist 23, die Frau 22. Beide gehen den ganzen Tag ins Geschäft. Die dreijährige Petra ist bei der Großmutter. Mit ihren wachen Ohren hört sie bald heraus, daß ihre Eltern von Oma noch ein bißchen wie Kinder behandelt werden. Zu Bekannten macht die Oma mal eine Andeutung darüber, daß die Ehe etwas überstürzt geschlossen wurde, weil Petra schon unterwegs war... Wie soll der Vater, wenn er abends heimkommt in das eine Zimmer, das sie bei den Eltern haben, für Petra eine Autorität sein? Und dennoch sehnt sich Petra danach: nach einem starken Vater, der alles richtig macht und der ihr Leitbild ist, bis sie einmal selbst heiratet.

Nebenbei muß der Vater auch lustig sein können mit den Kindern. Er muß mit den Kleinen einen Turm bauen, der immer wieder unter Freudengeheul umgeworfen wird; er muß mit den Größeren die Eisenbahn aufbauen und später – das allerschönste – Theater spielen. Auch zu einem besinnlichen Gespräch muß er hin und wieder Zeit finden. Das ganze Leben lang werden die Kinder daran denken, wie der Vater mit ihnen gewandert ist, wie er sie das Schachspiel gelehrt oder mit ihnen musiziert hat, wie sie in den Ferien mit ihm Ski laufen oder schwimmen durften; und wenn sie selbst eine Familie haben, werden sie ganz unbewußt wieder gute Väter und Mütter werden.

Das bedeutet nun nicht, daß die Kinder etwa den ganzen Sonntag an dem Vater herumzerren dürften. Beizeiten müssen sie lernen, auf die Eltern (und aufeinander) Rücksicht zu nehmen. Rücksichtnahme ist etwas, was sie in ihrem Leben ebenso nötig brauchen werden wie Energie und Tatkraft. Alle Menschen sind für Rücksichtnahme dankbar, dankbarer als für die kostbarsten Geschenke. Jeder Mensch hat einen schwachen Punkt, eine weiche Stelle, die es zu spüren und zu schonen gilt. Taktgefühl ist in der Erziehung etwas sehr Wichtiges. Keine Schule, kein teures Internat, keine Universität kann es einem jungen Menschen nachher beibringen, wenn es im Elternhaus versäumt wurde!

Wir sehen, es ist eine unendliche Aufgabe, Kinder zu erziehen; immer geht man auf einem schmalen Grat zwischen Strenge und Milde, zwischen Konsequenz und Nachsicht. Nur gut, wenn mehrere da sind. Man hat dann gar keine Zeit, sich um jedes gar zuviel zu kümmern, und was den Eltern nicht gelingt, das erreicht die Erziehung der Geschwister untereinander manchmal spielend. Jedes lernt ganz von selbst, Rücksicht zu nehmen. Jedes hat seine kleinen Pflichten, auf die es stolz ist und mit denen es die Mutter doch ein bißchen entlastet. In einer Geschwistergemeinschaft, wo jedes vom andern verschieden ist in Neigung, Begabung und Alter, ergeben sich viele Anregungen, daß die Fähigkeiten jedes einzelnen ganz von selbst gefördert werden.

Strafen muß es natürlich geben, aber nicht jeden Tag, sondern nur bei schweren Verfehlungen, z. B., wenn ein Tier gequält wurde oder wenn ein größeres Kind die Mutter belogen hat. Eine kluge Mutter weiß, wo die Schwächen jedes ihrer Kinder liegen, und wird sicher vorbeugen, wenn es in Versuchung ist, über die Stränge zu schlagen. Rechtzeitig wird sie ein gutes oder ernstes Wort finden, manche Unart verhindern und manche Strafe vermeiden können. Wo es nicht um etwas Grundsätzliches geht, wird sie nicht gar zu streng sein: Warum sollen die Kinder nicht hin und wieder noch im Bett lesen? Warum soll Peter unbedingt Hering essen? Natürlich darf er nicht an allem herummäkeln, so daß er nachher kein Gemüse oder keine Nudeln mehr ißt; aber *ein* ganz spezielles Gericht sollte jedes Kind haben dürfen, von dem die Mutter heimlich nur ganz wenig auftut. Niemals darf sich das Kind mit dieser Schwäche brüsten, das ist der Witz dabei, oder gar den andern die Speise noch verekeln, das ist wieder eine Sache des Taktgefühls. Warum soll Bettina nicht die neuen Schuhe mit ins Bett nehmen, die das Christkind gebracht hat und von denen sie sich gar nicht trennen kann?

In allen Dingen sollen Vater und Mutter an *einem* Strange ziehen! Kinder lernen sonst sehr schnell, den weichen Vater gegen die harte Mutter oder den harten Vater gegen die weiche Mutter auszuspielen, und das würde nicht nur der Entwicklung der Kinder, sondern auch der Harmonie der Ehe schaden. Ganz zu schweigen von den »Omakindern«!

Hin und wieder sollten Vater und Mutter sich an einem stillen Abend oder auf einer Wanderung zu zweit die Frage stellen: Machen wir es richtig? Kommt der kleine Martin auch zu seinem Recht gegen die älteren Geschwister? Müßte Klaus jetzt nicht ein eigenes Zimmer haben? Halten wir Peter fest genug, daß er nicht etwa der sicheren Führung entgleitet? Behüten wir Barbara genug für ihre 17 Jahre, und geben wir ihr dabei so viel Freiheit, wie sie braucht?

Nicht alles, was man möchte, läßt sich verwirklichen. Aber Kinder haben ein sehr feines Gefühl dafür, ob ihre Eltern sie auf echte, unsentimentale Weise lieben.

V. Teil
DIE ZWEITE LEBENSHÄLFTE

Nun schließt sich der Kreis · Das Nest wird leer · Wechseljahre · Altwerden und Jungbleiben · Die zweite Ehe

Nun schließt sich der Kreis

Einmal wird es dann soweit sein, daß die Kinder etwas fragen, was die Eltern selbst erst eben so richtig zu verstehen beginnen. »Mama«, wird Sabine fragen, »Bettina hat gesagt, das ist nicht wahr, daß der Storch die Kinder bringt. Wie ist denn das richtig?«

Oder Andreas wird auf dem Spaziergang zwei Schmetterlinge sehen, die sich gar nicht voneinander trennen können, als ob sie zusammengewachsen wären.

Mama wird alle Fragen so wahrheitsgemäß und so verständlich beantworten, wie sie sich gewünscht hätte, daß man *ihr* als Kind geantwortet hätte.

»Sieh mal, Andreas«, wird sie vielleicht sagen, »die beiden Schmetterlinge, das sind Mann und Frau.« Das ist wahrscheinlich schon genug. Andreas ist fürs erste befriedigt und will nun nur noch wissen, ob die Schmetterlinge auch Löcher in den Weißkohl fressen oder bloß die grünen Raupen. Ein andermal wird er eine neue Frage stellen, es ergibt sich wieder eine Gelegenheit, ihn in diese natürlichen Dinge einzuführen und ihn damit zugleich ganz langsam zur Liebe und zur Ehe zu erziehen – ganz allmählich, so wie Körper und Seele des Kindes wachsen. Sabine und Andreas sollen doch später einmal so glücklich werden, wie ihre Eltern es sind.

Das Nest wird leer

Jahre vergehen. Es ist, als wäre ein Dauerzustand eingetreten. Einmal aber kommt der große kritische Moment für jede Ehe: Wenn die Kinder aus dem Hause gehen, sind die Eltern meistens noch jung. Gerade in *dem* Alter, wo eine kleine Anwandlung von Torschlußpanik sie überfallen kann. Das ganze Leben hat man gearbeitet – für die Familie natürlich! War nun *das* das Leben? Kommt jetzt gar nichts mehr? Wird man nun alt?

Jetzt, wo Mann und Frau ganz aufeinander angewiesen sind – *jetzt* rächt es sich, wenn man vor 20 Jahren den falschen Partner gewählt hat. Es zeigt sich aber auch, ob man aus der Ehe mit gerade diesem Partner das Bestmögliche gemacht hat. Ob man in all den Jahren zusammen gewachsen und zusammen gereift, aneinander gereift ist. Oder ob man all die Jahre nur wegen der Kinder zusammengeblieben ist... Wenn in diesem Stadium ein kleiner Nachkömmling da ist, wird die kritische Situation natürlich sehr gemildert bzw. so weit hinausgeschoben, daß sie nachher gar nicht mehr kritisch ist. Darum soll man nicht erschrecken, wenn man schon große Kinder hat, und überraschend kommt noch ein kleines. Oft ist gerade dieses Kind der Trost im Alter. Andererseits wird durch den Nachkömmling leicht eine Lebensphase übergangen, die auch gut und auch wichtig ist. Ist das Nest tatsächlich auf einmal ganz leer geworden, soll man sich um diese Situation nicht drücken, sondern sie so bewältigen, wie man bisher das ganze Leben bewältigt hat.

Außer Kindern gibt es noch ganz andere Möglichkeiten, das Leben sinnreich und erfreulich zu gestalten, und damit soll man bald anfangen.

Der Mann hat ja ohnehin seinen Beruf. Die Frau sollte jetzt, wo sie weniger zu tun hat, nicht etwa der Versuchung nachgehen, ihren Haushalt im Übermaß zu pflegen, besonders raffiniert zu kochen oder viel Kuchen mit Schlagsahne zu essen.

Jetzt endlich hat sie Zeit, sich mehr mit den Interessen ihres Mannes zu beschäftigen und ebenfalls eigene Hobbys zu pflegen, für die sie schon jahrelang keine Zeit mehr hatte. Vielleicht hat sie früher Klavier gespielt und fängt jetzt an, wieder eine Stunde am Vormittag damit zu verbringen. Sie geht hin und wieder in eine Ausstellung und liest ein Buch, hört einen Vortrag im Radio oder in der Volkshochschule. Vielleicht eine ehrenamtliche Tätigkeit, etwa in der Betreuung von Kranken, Kindern oder Flüchtlingen. Natürlich kommen auch Handarbeiten in Frage, aber das bleibt immer noch für später – noch ein paar Jahre, dann wird ihr Geist nicht mehr so wach und aufnahmefähig sein wie gerade jetzt.

Gegen eine Wiederaufnahme der Berufstätigkeit ist jetzt nichts einzuwenden, aber das scheitert oft an äußeren Dingen.

Vor allem sollte sie unbedingt körperlich in Form bleiben. Mindestens eine Stunde Gymnastik in der Woche, am besten noch einen Sport, den sie früher betrieben hat und der sich vorsichtig wieder ein wenig üben läßt: Skilauf, ganz besonders aber Schwimmen, wo immer die Möglichkeit ist, am besten mehrmals in der Woche.

Wandern, Radfahren, Reiten, Gartenarbeit haben den Vorteil, daß man dabei in der frischen Luft sein kann, der Natur handgreiflich nahe. Besonders ein Garten bringt viele Freuden und ist eine Quelle der Kraft und Gesundheit.

Der Mann sollte seine Hobbys nicht ganz vernachlässigen, einmal wird für ihn der Augenblick kommen, wo er seine Berufstätigkeit niederlegen wird und einen neuen Lebensinhalt braucht. Das aber muß beizeiten vorbereitet sein, es geht nicht so von heute auf morgen, wenn der 65. Geburtstag da ist. Für den Mann ist Gartenarbeit, Wandern, Schwimmen, Skilaufen sehr zu empfehlen. Wenn er allerdings körperlich schwer arbeitet, wird ihm eine ruhigere Beschäftigung, etwa Briefmarkensammeln oder eine Bastelei, mehr zusagen. Im allgemeinen ist es bei uns zur Zeit so, daß die meisten Menschen nicht an körperlicher Überanstrengung, sondern an Bewegungsmangel leiden. Man denke nur an die vielen Gebäude, die vom Keller bis unter das Dach mit sitzenden Menschen vollgestopft sind!

Autofahren ist ein Hobby, das man nicht zu sehr pflegen

sollte. Das Auto ist ein Mittel zum Zweck, um schnell an den Arbeitsplatz oder Urlaubsort zu kommen. Der Gesundheit ist das Autofahren abträglich, selbst wenn kein Unfall passiert. Moderne Leute gehen wieder zu Fuß.

Wenn das Nest leer geworden ist, sehen Sie, daß es noch viele schöne Beschäftigungen gibt, die man gemeinsam pflegen und voll Dankbarkeit genießen soll. Auch eine kleine Reise zu zweien gehört hierher – zum erstenmal ohne Kinder. So eine Art silberne Hochzeitsreise. Jetzt, wo nicht pausenlos halbwüchsige Kinder kommen und Geld für Eis oder Minigolf oder ein Pflaster für den großen Zeh haben wollen, die riesige Portionen von Mittagessen erwarten und den Vater überrumpeln, ein Segelboot zu mieten – nun haben Mann und Frau einmal Zeit, sich einander und der Schönheit der Landschaft zu widmen. Sie wählen ein knappes, delikates Mahl und führen ein stilles Gespräch. Vielleicht merken sie auf dieser kleinen kultivierten Reise zum erstenmal, daß sie auch über die Klippen der Vierziger- und Fünfzigerjahre hinweg nur noch tiefer zueinander hinfinden, in einer ganz neuen Art von Liebe.

Wechseljahre

Wir haben vorhin von dem jungen Mädchen gesprochen, das seine Periode zum erstenmal bekommt und im Anfang manchmal kleine Schwierigkeiten zu überwinden hat, bis sich der monatliche Rhythmus richtig eingespielt hat.

Ähnlich ist es bei der Frau, die auf die 50 zugeht, bei der die Tätigkeit der Keimdrüsen nachläßt. Bei manchen Frauen ist die Periode mit einemmal weg, und sie haben eigentlich gar nichts gemerkt. Andere haben längere Zeit damit zu tun und leiden dabei unter allerhand unangenehmen, aber harmlosen Störungen, wie die berühmten Hitzewallungen, die Schweißausbrüche und wechselvollen Stimmungen.

Hier ist es nun wie beim jungen Mädchen; wenn die Frau über

diese Vorgänge Bescheid weiß und sie nicht überbewertet, ist schon das meiste gewonnen. Die anderen Leute merken es nämlich meistens gar nicht, daß Frau Müller hinter ihrem Ladentisch etwa Hitzewallungen hat – *sie* gucken bloß, ob Frau Müller ihnen auch den Schweizerkäse nicht zu knapp zuwiegt. Und Frau Müller selbst macht sich nichts weiter daraus: Ihre Familie ist vernünftig und nimmt ein bißchen Rücksicht, wenn Mutti einmal nicht so auf dem Damm ist. Wenn es mal gar nicht geht, legt sie sich eine halbe Stunde hin und nimmt von den Baldriantropfen. Sie vertraut ihrem Arzt, der ihr gesagt hat, daß der gute alte Baldrian in ihrem Falle viel besser ist als irgendwelche Hormonpräparate, die vielleicht im Augenblick deutlicher helfen, im ganzen gesehen den Übergangszustand der Wechseljahre oft nur unnötig in die Länge ziehen. Der Arzt hat ihr auch gesagt, daß sie trotz Aufhörens der Periode eine ganz vollwertige Frau bleibt und daß die körperlichen Beziehungen zu ihrem Manne keineswegs zu leiden brauchen. Im Gegenteil: Die Angst vor der Schwangerschaft fällt jetzt bald weg, und das kann der Liebe unter Umständen sehr förderlich sein.

Übrigens hat die verständige Frau Müller, die einen verständigen Hausarzt hat, noch ein anderes großes Plus gegenüber vielen Frauen ihres Alters. Schon seit ihrem 30. Lebensjahr geht sie einmal in jedem Jahr, immer am Tage nach ihrem Geburtstag, zur gynäkologischen Vorsichtsuntersuchung. Sie ist immer das ganze Jahr beruhigt, daß sie keinen Krebs der Brust oder der Unterleibsorgane hat. Gerade heutzutage, wo der Krebs nicht nur ein sehr häufiges Gesprächsthema unter Frauen, sondern eine der Haupt-Todesursachen und damit die Ursache vieler heimlicher Ängste ist, machen es sehr viele kluge Frauen so wie Frau Müller. Sie gehen ganz regelmäßig jedes Jahr zur Untersuchung, obwohl sie keinerlei Beschwerden haben. Sollte dann wirklich im Laufe des Jahres irgend etwas sein: eine außergewöhnliche Blutung, Schmerzen, Ausfluß oder ein Knoten in der Brust, warten sie natürlich nicht mit der Untersuchung, bis es wieder soweit wäre, sondern gehen *sofort* zu dem Arzt, der sie immer untersucht. Dann dürfen sie gewiß sein, daß die Sache noch nicht fortgeschritten, sondern in kurzer Zeit in Ordnung zu bringen ist. Selbst wenn es ein Krebs wäre, so wäre es ein ganz kleiner, daß man ihn mit großer Wahrscheinlichkeit noch heilen kann. Das ist das Tragische am Krebs: Im Anfangsstadium können wir ihn noch heilen! Die meisten Frauen jedoch schleppen ihn aus Unwissenheit und Angst so lange mit sich herum, daß es recht spät oder gar schon zu spät darüber wird. Natürlich hängt es damit zusammen, daß die tückische Krankheit im Anfang keine Beschwerden macht. Der Krebs wächst keineswegs so rasend schnell, daß man ihn im Anfang nicht bändigen könnte, man muß nur regelmäßig danach sehen, um die kleinsten Anfänge nicht zu verpassen!

Wir haben von dem wichtigen Thema der Vorsichtsuntersuchung hier so ausführlich gesprochen, weil die Krebsangst einer der Hauptgründe dafür ist, daß Frauen in den Wechseljahren ihre Beschwerden ängstlich beobachten und dadurch unverhältnismäßig stark unter ihnen leiden.

Übrigens treten besonders vor den Wechseljahren öfters gutartige Geschwülste der Gebärmutter (Myome) auf, die an sich ganz harmlos sind und durch Bestrahlung oder Operation ohne weiteres geheilt werden können. Wenn eine Frau den Gang zum Arzt immer wieder aufschiebt, bis so ein Ding die Größe eines Kopfes hat oder bis es vereitert, dann kommt sie mittlerweile ganz herunter. Es sollte heutzutage nicht mehr vorkommen, daß eine Frau seit Monaten starke Blutungen hat, die durch ein Myom (eine völlig gutartige Geschwulst) verursacht sind, und daß sie dann ganz ausgeblutet zur Operation ins Krankenhaus kommt.

Nochmals: Hier, wie überall im Leben der Frau, gilt es, *klug zu sein! Keine Angst, aber Vorsicht!* Keine heimlichen Besprechungen mit der Nachbarin, keine verweinten Augen am Tisch, sondern – abgesehen von der jährlichen Vorsichtsuntersuchung – sofort kurz entschlossen zum Arzt, sobald man merkt, daß irgend etwas nicht stimmt. Handelt es sich zum Beispiel um unregelmäßige oder sehr starke Blutungen, so wird der Arzt der Patientin oft mit Sicherheit sagen können, daß es sich um die normalen Schwankungen in den Wechseljahren handelt, und ein blutstillendes Mittel verordnen. Wenn seine Untersuchung etwas anderes ergeben hat, wird er das mit der Frau besprechen und die notwendige gründliche Behandlung einleiten. Auf jeden Fall aber sieht die Frau nachher klar und weiß den Weg, den sie gehen muß, um gesund zu bleiben oder es wieder zu werden. Und das gehört schließlich wie alles andere zu ihren ehelichen Pflichten.

Nicht alle Beschwerden, die in diesen Jahren erstmals auftreten, haben übrigens etwas mit dem Aufhören der Eierstockfunktion zu tun, genau wie bei einem Säugling nicht jeder Schnupfen auf die Zahnung zu beziehen ist. Wenn in diesem Alter Herz- oder Kreislaufstörungen, hoher Blutdruck oder Gallenbeschwerden auftreten, müssen sie natürlich genauso sorgfältig behandelt werden wie zu jeder anderen Lebenszeit. Also immer den Arzt fragen!

Gegen die typischen klimakterischen (Wechseljahrs-)Beschwerden stehen übrigens außer dem Baldrian noch mancherlei andere unschädliche wirksame pflanzliche Extrakte zur Verfügung. Die Frau soll viel an die frische Luft, wenig stehen und sitzen, viel Bewegung ohne Überanstrengung – und recht knapp essen, damit sie keinen Matronenspeck bekommt.

Daß im Klimakterium das Seelische eine große Rolle spielt, sagten wir schon. Eine gesunde Frau, die in harmonischer Ehe lebt, eine Reihe von Kindern, vielleicht schon Enkel hat, wird im allgemeinen weniger unter den kritischen Jahren leiden als etwa eine ledige, geschiedene oder unglücklich verheiratete Frau. Vor allem die kinderlose Frau braucht schon ziemliche Seelengröße, um das Klimakterium ohne Murren anzunehmen. Mit dem Kinderkriegen geht es dann tatsächlich endgültig zu Ende. Es ist zwar ein Fall beschrieben, wo noch eine Frau von 62 Jahren geboren hat (ihr 22. Kind). Geburten schon nach dem 50. Lebensjahr sind sehr selten, und wenn die Periode aufgehört hat, ist mit einer Empfängnis kaum mehr zu rechnen.

Wie diese Jahre bewältigt werden, ist letzten Endes die Probe auf das ganze bisherige Leben! Eine Frau, die ihr ganzes Leben *nur* hübsch und gepflegt war und sonst nichts, vielleicht dazu noch eingebildet auf ihre Schönheit, muß sich jetzt gewaltig umstellen, will sie nicht als bemalte, mit Schmuck beladene Ruine herumlaufen, wie man es bei manchen Frauen sehen kann, die kein anderes Mittel wissen, mit dem Alter fertig zu werden, als immer noch mehr an ihr Äußeres zu hängen. Hat eine Frau all die Jahre hindurch auch andere Werte entwickelt, ist sie eine verständnisvolle Gattin, eine liebevolle Mutter oder eine tüchtige, dabei aber echt weiblich gebliebene »Berufsfrau« mit warmem Herzen geworden, bei der jeder seine Sorgen abladen und auf einen Rat hoffen darf, dann ist es gar nicht schlimm für sie, ein paar Fältchen zu kriegen. Hier ist es genau, wie Wilhelm Busch sagt: »Ob ein Minus oder Plus uns verblieben, zeigt der Schluß!« Das soll nun nicht etwa heißen, daß das Klimakterium einen Schlußstrich unter das Leben der Frau ziehen würde – welch großer Irrtum! *Zwei* Teile des Lebens sind vorüber; die Zeit des jungen Mädchens und die Zeit der jungen Frau. Es kommt jetzt eine wichtige und vielleicht ebenso schöne Zeit: die Höhe des Lebens. Diese gilt es auszuschöpfen mit all ihren neuen Möglichkeiten.

Wenn die kleinen Beschwerden des Übergangs verschwunden sind, fühlt man sich auf einmal wieder zunehmend frisch und auf eine neue Weise frei. Wenn die Frau allerdings jetzt gar zu ausgeschnittene Kleider trägt, eine gar zu auffallende Haarfarbe, dann könnte wirklich auf der Straße jemand denken: Von hinten Lyzeum, von vorne Museum... Eine wirklich kluge und im besten Sinne jugendlich denkende Frau hat das gar nicht nötig. Sie sieht immer frisch und gepflegt aus, geht gern zum Friseur. Ihre Kleider haben Ärmel und lassen die unschönen Pölsterchen und Fältchen, die sich im Laufe der Jahre zwischen Brust und Schulter einstellen, verschwinden, und ihr Dekolleté hält sich in Grenzen. Selbst wenn sie das Glück hat, eine 42er Figur ihr eigen zu nennen, so läßt sie sich durch diese erfreuliche Tatsache nicht dazu hinreißen, in der Teenagerabteilung den roten Kordmantel mit Waschbärkragen und die engen giftgrünen Après-Ski-Hosen zu kaufen, selbst wenn beides im Ausverkauf zum halben Preis zu haben wäre. Ovid rät den Frauen: »Prüfe den freundlichen Spiegel! Nicht Mode allein – eigene Wahl lasse walten. Nicht alles steht allen!«

Das ist alles nicht leicht, wir wissen es. Wir leben in einer Zeit, wo es auch für 52er Figuren noch knall-lila Pullover gibt und wo das Leitbild nicht etwa der Erwachsene, also z. B. der Mensch zwischen 25 und 45 ist, sondern der Teenager, der Junior, der Twen. *Ihnen* scheint die Welt zu gehören. Die 16jährigen haben ihre eigene Mode; sie schauen uns von den Titelseiten der Illustrierten an mit ihren süßen jungen Gesichtchen, von gesundem Kinderhaar umgeben, dabei ganz auf große Welt oder ganz auf Urwald aufgemacht. Da kann die Frau von 50 natürlich niemals mit... Sie wäre aber dumm, wenn sie es versuchen würde. Sie hat andere Qualitäten, und das weiß sie. Auch auf beruflichem Gebiet ist es so. Gewiß, man hört immer wieder von den Schwierigkeiten der älteren Angestellten. Aber gehen Sie mal in ein Geschäft. Sie wollen einen Stoff kaufen oder eine Uhr, einen Fotoapparat. Instinktiv wenden Sie sich an die ältere Verkäuferin, die erfahren ist und Ihnen wirklich einen Rat geben kann. Die junge Teenagerin wird zwar sehr charmant zu Ihnen sein, sofern Sie selbst ein Twen sind oder ein gutaussehender Herr. Wenn Sie das nicht sind, wird es der jungen Dame schade um ihre Zeit sein – sie denkt schon wieder an die Verabredung heute abend, sie träumt von Freddy oder merkt soeben, daß eine Strähne ihrer mühsamen Frisur verrutscht ist... Auch die Wimperntusche, die sie eben aufgelegt hat, sollte erst noch etwas trocknen, so daß sie den Kunden ein wenig starr anschaut.

Nicht wahr, Sie verstehen: Wenn die Frau jemals in ihrem Leben klug sein mußte, so muß sie es jetzt vor allen Dingen sein. Nicht die Fehler der Jugend mit den Runzeln des Alters verbinden! Charmant sein, ohne aufdringlich zu sein. Gütig und mütterlich, aber nicht langweilig. Beruflich tüchtig, dabei heiter und humorvoll. Gar nicht so leicht... Aber führt nicht der Weg jeder Frau immer zwischen den Klippen hindurch? Es liegen noch schöne, wertvolle Jahre vor ihr! Und wenn diese Zeit, die wir allen Meckerern zum Trotz die Höhe des Lebens nannten, vorbei sein wird, dann kommt immer noch eine Zeit: das Alter. Wenn man sich gesund erhält, darf man heutzutage hoffen, auch diese Zeit noch zu erleben, und zwar in vielen Fällen ganz frisch und heiter. Wie viele unserer bedeutendsten Männer und Frauen haben im 8. und 9. Lebensjahrzehnt noch große Werke geschaffen!

Noch ein Wort zum *männlichen* Klimakterium. Manche Leute sagen, das gäbe es gar nicht. Der Mann hat eben keine Menstruation, folglich kann sie natürlich auch nicht aufhören. Seine männliche Kraft (Potenz) läßt im Alter ganz allmählich nach. Da er aber so klug war, eine Frau zu wählen, die im Alter zu ihm paßt, fällt es gar nicht auf, ihm nicht und ihr nicht: Bei beiden macht etwa zur selben Zeit der ganz wilde Appetit aufeinander einem ruhigeren Verlangen Platz.

Wenn ein Mann zwischen 50 und 60 oder noch früher an seelischen Verstimmungen leidet, oft mit kleinen körperlichen Störungen verbunden, so kann das ein Zeichen dafür sein, daß sich beim Manne eine innere Wandlung vollzieht. Eine Wandlung, die ganz natürlich und durchaus zu begrüßen ist: Das fieberhafte Streben nach Erfolg, Leistung, Aufstieg muß jetzt von einer beschaulicheren Haltung, einer Besinnung abgelöst werden. Seine Leistungen lassen dadurch wahrscheinlich gar nicht nach, im Gegenteil. Er sichtet und sammelt das bisher Erreichte, er rundet es ab und beginnt es zu vollenden. Manche Männer finden diesen Absprung nicht und ziehen es vor, »aus rastloser Tätigkeit im Dienste der Firma heraus« zu sterben. Geschmackssache...

Ganz dumm wäre es übrigens, wenn man diese notwendige Lebenskrise dadurch stören und unnötig in die Länge ziehen wollte, indem man dem Mann Sexualhormone gäbe. Wenn er hin und wieder bei Nacht nicht recht schlafen kann, weil er über sein Leben nachdenken muß, soll man ihn ruhig nachdenken lassen. Wenn allerdings die Nächte so schlaflos werden, daß er morgens todmüde ist, darf man ihm gewisse pflanzliche Extrakte empfehlen, die ihn ein wenig zur Ruhe kommen lassen und dadurch zu einem frischen Erwachen helfen – ohne ihn aufzuputschen! Es gibt natürliche Emulsionen, die die Ausfallserscheinungen auf eine natürliche Weise auffangen.

Der Mann sollte keine Angst haben, graue Haare zu bekommen! Wir meinen hier nicht die berühmten grauen Schläfen, mit denen er die jungen Mädchen beeindruckt, sondern die ganz gewöhnlichen grauen Haare und die Lesebrille und die Glatze. Wie wir der Frau geraten haben, in diesem Augenblick nicht immer noch mehr Verzierungen an ihren Körper zu hängen, so raten wir dem Mann, sich jetzt nicht etwa mit krampfhafter Verbissenheit in seinen Beruf zu stürzen, gar auf den Urlaub zu verzichten oder den Schlaf durch Zigarette und Kaffee zu ersetzen! Wenn die Frau es falsch macht und zum wandelnden Kosmetiksalon wird, so verliert sie die Achtung ihres Gatten. Macht der Mann es falsch und wird zum Manager, so macht er sich gesundheitlich kaputt und verliert unter Umständen noch die Liebe seiner Frau. Sie bildet sich vielleicht ein, er komme deshalb jetzt so spät heim, weil sie nicht mehr reizvoll sei... Eins kommt zum anderen, und dabei sollten doch die Eheleute gerade in diesen Jahren einander beistehen und alle Mißverständnisse vermeiden – dazu ist das Leben nämlich nun doch nicht mehr lang genug.

Insgesamt: Tun Sie möglichst in jeder Lebensepoche, was für diese paßt: Verlieben Sie sich, solange Sie jung sind, heiraten Sie nicht zu spät, arbeiten Sie in den Dreißiger- und Vierzigerjahren – dann wird es ganz von selbst so sein, daß Ihr Leben in dem Alter, wo die überschäumenden Kräfte aufhören, überzuschäumen, eine ruhigere Bahn einschlagen kann, ohne daß Sie das auch nur bedauern! Übrigens gilt für Mann und Frau: Was in der Jugend durch richtige sexuelle Erziehung aufgebaut wurde, trägt seine Früchte noch in dieser kritischen Zeit! Wirkliche seelisch-sexuelle Reife wird durchs Alter nicht zerstört.

Altwerden und Jungbleiben

Einmal wird das Alter da sein. Die Brunstjahre sind endgültig vorüber. Wenn sie genutzt wurden, wird es wahrscheinlich ohne Torschlußpanik abgegangen sein. Der Geschlechtstrieb hat sich beruhigt, braucht aber keineswegs zu verschwinden. Auch die übrigen Affekte fließen in ruhigeren Bahnen. Gewisse Charakterfehler, die mit der Triebhaftigkeit zusammenhängen, mildern sich. Andere kommen im Gegenteil schärfer heraus, z. B.: Starrsinn, Grämlichkeit, Falschheit. Auch das »Mukschen« verliert seinen allerletzten Rest von Reiz! Zugleich zeigen sich allerhand körperliche Mängel. Die Liebe zum Leben und zum Ehegatten kann und wird unverändert bleiben. Eigenschaften wie Geduld, Güte, Heiterkeit, Bescheidenheit, Opferbereitschaft, Weisheit, Verständnis können (sofern sie in der Jugend bereits angelegt waren) im Alter immer weiter wachsen und reifen und den alten Menschen zu einem Segen für seine Umgebung machen.

Der alternde Mensch sollte wissen, welche Gefahren ihm jetzt drohen (Sie wissen ja, wenn man die Gefahr kennt, ist schon viel gewonnen). Er darf sich einerseits äußerlich nicht vernachlässigen, andererseits sollte er sich nicht künstlich auf jung zurechtmachen. Er darf sich nicht überanstrengen, aber auch nicht auf die faule Haut legen. Nicht abstumpfen gegen das Leben, aber sich auch nicht in alle Angelegenheiten der jungen Leute einmischen und dauernd unerwünschte Ratschläge geben. Nicht das Essen vergessen, aber auch nicht gierig alles hineinstopfen als einzige verbliebene Freude und dabei fett werden...

Herrlich ist natürlich, wenn es den Ehegatten vergönnt ist, zusammen alt zu werden. Und dann miteinander zu sterben... Das scheitert nicht nur an der etwas höheren Lebenserwartung der Frauen, sondern vor allem daran, daß die Frau meistens jünger ist. Es ist das Schicksal sehr vieler Frauen, den Rest ihres Lebens als Witwen zu verbringen. Ehe es soweit ist, wird sie den älteren Mann meist bis zum Tode pflegen müssen. Wenn zu Beginn der Ehe *er* kraft seines Alters der Überlegene war, sie aber nur ein junges Gänschen, kehrt sich nachher alles um: Sie ist noch rüstig, er vielleicht schon bettlägerig oder doch so hinfällig, daß die Frau ihn sehr stützen muß, nicht nur beim Gehen und nicht nur körperlich. Besonders dieses Bild sollte das junge Mädchen vor Augen haben, wenn sie den »vitalen Endvierziger« heiratet...

Wenn nachher einer der Gatten übrigbleibt, erhebt sich die Frage, ob er lieber zu den Kindern ziehen soll oder in ein gutes Altersheim. Auch die liebevollste Tochter hat einen Gatten, auch der zärtlichste Sohn hat eine eigene Familie... Klug sein ist hier wieder alles: Unter Umständen ist das beste ein Altersheim an dem Ort, wo die Kinder wohnen – das ist eine gute Verbindung von Nähe und Ferne, für alle Teile.

Die zweite Ehe

Da können wir uns ganz kurz fassen: Fast alle Ratschläge, die für die erste Ehe gegeben wurden, gelten natürlich für die zweite.

Einige Besonderheiten: Die Partnerwahl sollte sorgfältiger erfolgen, denn in dieser Ehe wird man noch mehr aufeinander angewiesen sein. Man wird miteinander alt werden! Krankheiten und kleine Schwächen werden kommen, man wird einander das Rheumamittel einreiben müssen, und nicht immer wird man ganz appetitlich aussehen! Natürlich wäre das auch bei der ganz jungen Ehe unter 20jährigen zu bedenken, später fällt es doch mehr ins Gewicht.

Die Bindung des Körpers ist, je nachdem, wie alt die Eheleute bei der zweiten Hochzeit sind, nicht mehr so ausschlaggebend. Wichtig ist deshalb, daß noch andere Bindungen da sind, geistiger und seelischer Art. Charakterfehler wiegen schwerer, denn der andere hat nicht mehr so viel Kraft, sich zu wehren, und an eine Umerziehung ist kein Gedanke mehr. Vielleicht finden sich die beiden in der Freude am Wandern und Schwimmen, an der Gartenarbeit oder an Kunst und Literatur. Vielleicht arbeiten sie an einem gemeinsamen Werk, das ist natürlich besonders schön. Ein älterer Arzt, der Witwer wird und seine langjährige Sprechstundenhilfe heiratet, das sollte eigentlich gutgehen. Oder eine ältere Bäuerin, die ihren verwitweten Schwager heiratet und den Hof besorgt.

Die älteren Gatten sollten ruhig vieles gemeinsam haben. In späteren Jahren ziehen die Gegensätze einander nicht mehr so stark an; man ist froh, beim anderen Vertrautes, Ebenbürtiges, Heimatliches zu finden. Man legt nicht mehr so viel Wert auf Sensationen, mehr auf stete, zuverlässige Freundschaft und Geborgenheit.

Vermeiden sollten beide unbedingt, den Partner immer mit dem »Seligen« zu vergleichen; auch im tiefsten Herzen nicht. Kein Lebender hält den Vergleich mit einem Toten aus, weil dem Toten normalerweise längst ein schimmernder Heiligenschein gewachsen ist, der auch von Jahr zu Jahr schimmernder wird, während jeder Lebende doch eben nur ein Mensch ist.

Übrigens werden viele Zweitehen noch glücklicher als die erste Ehe! Vielleicht spielt die größere Reife eine Rolle. Vielleicht die Dankbarkeit, aus der Einsamkeit, die einen schon umfangen hatte, noch einmal erlöst worden zu sein! Vielleicht auch die Nähe des Todes, die einen nie mehr ganz verläßt, wenn man den liebsten Menschen an ihn verloren hat. Natürlich hat jeder in der vorigen Ehe manches gelernt, vielleicht unter großen Opfern und Überwindungen, und natürlich hat man für die Partnerwahl diesmal mehr Verstand. Oder sollte ihn doch haben...

Zum Trost für alle, die glauben, nach dem Verlust des *Einen* nie wieder lieben zu können: Der häufigste Fall ist, daß der Mensch mehrere Male in seinem Leben liebt! (Ortega y Gasset).

VI. Teil
SCHATTENSEITEN

Impotenz · Frigidität · Abneigung · Langeweile · Ehekrach · Die fremde Frau · Der fremde Mann · Die kinderlose Ehe · Vor dem Scheidungsrichter · Perversionen · Die unerwünschte Schwangerschaft · Wenn es passiert ist, was tun? · Keine Lösung: die Abtreibung · Geschlechtskrankheiten · Freie Liebe

Impotenz

Unter Impotenz versteht man die Unfähigkeit des Mannes zum Geschlechtsverkehr. Die moderne Auffassung nimmt diesen Begriff sehr weit: Auch die Fälle, bei denen es dem Mann nur nicht gelingt, seine Frau zu befriedigen, werden als Impotenz bezeichnet! Viele Männer glauben in ihrem primitiven Kraftprotzentum, wenn sie nur möglichst oft und schnell zum Orgasmus gelangen, so seien sie potent und wahrhaft männlich. So ist das nicht! Die Ansicht der modernen Wissenschaft ist sehr aufschlußreich. Da wir auf die Störungen der Liebesbeziehungen zwischen Mann und Frau schon eingegangen sind und auch im nächsten Kapitel noch ausführlich davon sprechen werden, so wollen wir uns jetzt auf jene Fälle beschränken, wo lediglich die Erektion (Versteifung des Gliedes) oder die Ejakulation (Samenerguß) gestört sind.

Zuerst die *Ursachen* der Impotenz.

In einigen Fällen sind es körperliche Ursachen: Rückenmarksleiden, Kriegsverletzungen, allerhand akute Krankheiten, vor allem aber Erschöpfung. Das Lied »Auf der Alm, da gibt's koa Sünd', weil die Wandrer müde sind...« sollte sich jedes Ehepaar vor Augen halten, wenn nach einem anstrengenden Tag, an dem man Möbel umgeräumt hat oder von früh bis abends Ski gelaufen ist, das Eheleben nicht so recht klappen will. Auch geistige Arbeit, z. B. die anstrengende Vorbereitungszeit vor einem Examen, kann die Interessen und die Kräfte eines Mannes für einige Zeit ganz von der *Liebe* ablenken.

Meistens sind seelische Ursachen im Spiel: Kindheitserlebnisse, verspätete seelische Reifung, abnorme Elternbindung und andere Dinge, die dem Mann selbst unbewußt sind und erst vom erfahrenen Seelenarzt erkannt werden. Auch eine akute Angst, Aufregung, Sorgen (auch die Angst, der Vater des Mädchens könnte kommen), oder die Angst vor Ehezwang und Schwangerschaft können den stärksten Mann für den Augenblick impotent machen.

Der ratlosen Ehefrau sei gleich gesagt, daß es im allgemeinen nicht mangelnde Liebe ist. Da ist der Geschlechtstrieb des Mannes meistens gar nicht so empfindlich. Wie könnte er sonst mit einer Prostituierten verkehren? Da kann ja meistens von wirklicher Liebe kaum die Rede sein.

Viel häufiger ist die Impotenz ein Ausdruck übermächtiger, übersteigerter Liebe. Es ist bekannt, daß der Bräutigam in dem Augenblick, nach dem er sich so lange gesehnt hat, unter Umständen vor lauter Erregung *versagt*, so daß die Hochzeitsnacht ohne das Ereignis verläuft, das seine Freunde sich lebhaft vorgestellt haben. In diesen Fällen geht es oft so, daß zwar eine vorschriftsmäßige Erektion auftritt, daß über allen Vorbereitungen die Ejakulation schon zu bald kommt (vorzeitiger Samenerguß, Ejaculatio praecox), vielleicht schon ehe er sein Glied überhaupt einführen konnte. Auch das nennt man Impotenz.

In solchem Falle kann man es nach einer kleinen Pause nochmals versuchen: Die Übererregung des Mannes ist inzwischen abgeklungen; jetzt dauert es etwas länger, bis der Erguß kommt, und so kann es diesmal zur richtigen Vereinigung kommen.

Die Männer selbst geben oft an, die Frau sei schuld, weil sie in ihrer Ungeschicklichkeit zu lange Vorbereitungen treffe oder vom Manne zu viele Vorspiele und zu viel Rücksichtnahme verlange. Oft ist das nur eine fadenscheinige Entschuldigung. Trotzdem soll die Frau sich überlegen, ob er vielleicht recht hat. Nicht nur der ganz junge, leidenschaftliche Mann kann unter Umständen beim besten Willen nicht lange warten; gerade der ältere oder durch Überarbeitung erschöpfte ist oftmals darauf angewiesen, daß man die Gelegenheit ergreift und nicht lange fackelt. Auch bei ihm kann ein vorzeitiger Erguß auftreten. Außerdem kann es bei jedem Mann einmal vorkommen, daß die Erektion ohne weiteres wieder weggeht und nachher beim besten Willen nicht mehr kommen will.

Wenn für eine Impotenz nicht gerade schwere körperliche Ursachen vorliegen, so ist sie keineswegs unbeeinflußbar, kaum jemals unheilbar. Außerdem kann ein Mann eben hoffnungslos impotent sein und im nächsten Augenblick, vielleicht bei einer anderen Frau, vollkommen potent. Wenn aber erst *einmal* eine Situation eingetreten ist, wo es nicht ging, wird er in ähnlicher Lage immer wieder daran denken müssen, und so kann es sein, daß es dann vor lauter Angst wiederum nicht geht. Es kann dadurch soweit kommen, daß der eheliche Verkehr ganz eingestellt wird. Man irre sich nicht: Die Potenz des Mannes schläft nur, es braucht nur eine Frau zu kommen, die sie aufweckt, und dann kann die Potenz auf einmal so stark sein, daß der Mann meint, er müsse sich von seiner Frau trennen und diese Künstlerin der Liebe heiraten. Allerdings: Ehe die Formalitäten der Scheidung erledigt sind, ist oftmals schon der zweite Frühling wieder vorbei.

Was ist gegen die Impotenz zu tun?

Zunächst einmal muß man wissen, daß ein *vereinzeltes* Versagen bei einem Manne manchmal vorkommt. Sei es nun wegen Übererregung, wegen Erschöpfung, Trunkenheit, wegen Ungeschicklichkeit der Frau. Sei es, weil er im Interesse der Frau seinen Orgasmus zu lange zurückgehalten hat. Das alles sind Zufälligkeiten, die keiner Behandlung bedürfen und über die sich Mann und Frau keine großen Gedanken machen dürfen. Bei diesen an sich völlig harmlosen Versagern ist an sich nur eine Gefahr: Wenn die Frau sich verständnislos verhält, kann es sein, daß der Mann ein Trauma, einen seelischen Knacks bekommt (auch ein ganz normaler Mann). Dann wird er beim nächstenmal Angst haben, daß es wieder nicht klappen könnte, wie beim kleinen Jungen in der Schule, der wegen einer schlechten Arbeit vom Lehrer abgekanzelt worden ist. Wenn der Mann Angst hat, es könnte nicht gehen – wenn er sich wie ein Prüfling im Examen vorkommt –, wenn ihm die Vereinigung nicht als größtes Glück, sondern als gefährdete *Leistung* erscheint –, dann ist der natürliche Ablauf gestört, und es kann sein, daß es vor lauter Angst auch diesmal nicht geht. Nun wird es mit jedemmal schlimmer, oft so schlimm, daß nur ein erfahrener Arzt durch ein aufklärendes Gespräch mit dem Mann und mit der Frau helfen kann.

Was soll die Frau tun, wenn bei ihrem Mann einmal so eine Störung eintritt? Vor allem soll sie den Mann auf gar keinen Fall schmähen oder gar lächerlich machen. Ironie wäre völlig fehl am Platze. Das wäre, als wollte man einem Ertrinkenden in seiner Not noch mit dem Ruder auf den Kopf schlagen!

Für den Mann ist die Lage wirklich unangenehm genug, und er empfindet sie als beschämende Schwäche. Für die Frau gilt es, ihm auf taktvolle Weise beizustehen. Sie kann es durch bestimmte Zärtlichkeiten (die er liebt) oft noch erreichen, daß es einigermaßen geht. Sobald sie aber sieht, daß er im Augenblick nicht zu einer Vereinigung fähig ist, wird sie sich unauffällig aus ihrer sehnenden Schlaffheit aufraffen, wird ihn nicht mehr mit intimen Zärtlichkeiten belästigen, die er im Moment nicht vertragen kann, ihn nicht mit allen Mitteln aufstacheln, sondern sie wird der Situation eine unmerkliche Wendung geben. Vielleicht gelingt es ihr, die Zärtlichkeiten ins Burschikose, Kameradschaftliche umzubiegen; noch besser, wenn sich ein Gespräch ergibt. Er wird nicht sehr gesprächig sein – die Hauptsache ist, es wird nicht das von ihm verlangt, was er im Augenblick beim besten Willen nicht kann.

Wenn die Frau ihren Mann lieb hat, wird sie das nötige Taktgefühl haben, das ihn seine Schwäche überwinden läßt; kein Mitleid, sondern wirkliche Liebe. Vielleicht wird sie sagen: »Verzeih mir, ich war ungeschickt« und damit die Schuld auf sich nehmen. Oder sie wird sagen: »Ich bin so müde, laß mich ein bißchen schlafen.«

Für seine Stimmung spielt es natürlich eine Rolle, ob sich die

Impotenz in einem vorzeitigen Erguß geäußert hat oder ob noch gar nichts geschehen ist. In beiden Fällen kann es sein, daß nach einiger Zeit, in der man gar nicht mehr daran dachte, nach einem kleinen Schlaf, eine neue Erregung kommt. Wenn das der Fall ist, sollte die Frau bezüglich ihrer eigenen Wünsche nicht gar zu anspruchsvoll sein, sondern sich dem Tempo des Mannes anpassen und froh sein, daß noch alles in Ordnung gekommen ist. Wenn ein Reiter vom Pferd gestürzt ist, soll er möglichst sofort wieder aufsitzen, und ein Autofahrer soll nach einem kleinen Unfall am selben Tage wieder fahren, damit es keine Hemmungen gibt. Das wichtigste in dieser Situation ist, daß der Mann keine Komplexe kriegt. Wenn es jetzt klappt, dann wird er heiter und erlöst sein, sein Selbstbewußtsein ist wieder hergestellt, und nächstesmal ist er wieder der Überlegene und kann auf die Frau die gewohnte Rücksicht nehmen. Eines ist sicher: Er wird der Frau nie vergessen, wie sie sich verhalten hat.

Letzten Endes sind ja Mann und Frau nicht viel mehr als nur eine Geschlechtsgemeinschaft. Den ganzen Tag über, das ganze Leben über sind sie Gefährten, die miteinander durch dick und dünn gehen, die zusammenhalten gegen Tod und Teufel. Daran muß die Frau auch in solcher nächtlichen Stunde denken, dann wird sie es richtig machen.

Immer wird sie *ihm* die Führung überlassen in aller Zartheit. Einen Mann kann man nicht vergewaltigen, weil bei ihm eine Erektion Voraussetzung ist. Darum sollte man es nicht erst versuchen und damit eine peinliche Lage heraufbeschwören.

Seiner Dankbarkeit erweise sie sich dadurch würdig, daß sie niemals, auch beim größten Ehekrach nicht, eine Anspielung darüber macht. Dazu ist es außerdem gar nicht wichtig genug! Oft ist nach solcher kleinen Panne alles wieder in Ordnung. Das kommt in jeder jungen und alten Ehe vor.

Was tun, wenn es sich nicht um einen Zufallsversager handelt, sondern wenn die Störung auf lange Zeit immer wieder auftritt, so daß schließlich das Eheleben ganz lahmgelegt und vielleicht der Kindersegen verhindert wird? Auch da ist die liebende Gattin der beste Arzt für ihren Mann. Zuerst sollte man doch zu einem Arzt gehen, der sich besonders mit solchen Problemen beschäftigt.

Der Arzt untersucht beide Gatten. Dabei stellt sich manchmal eine ganz einfache körperliche Ursache heraus, z. B. ein zu hoher oder zu niedriger Blutdruck, was beides durch geeignete Behandlung meistens behoben werden kann.

Dann wird der Arzt mit den Gatten ein ausführliches Gespräch führen. Nachdem er die wahrscheinlichen Ursachen aufgedeckt, beiden seine Ratschläge gegeben und dem Mann das passende Medikament verordnet hat, beginnt wieder die Aufgabe der Frau.

Einige allgemeine Richtlinien: Wenn der Mann schwer zu einer Erektion kommt, kann die Frau durch mancherlei Zärtlichkeiten dazu beitragen. Der Mann wird es sie gern wissen lassen, welche Berührungen er besonders mag, und die Frau soll damit nicht zu ängstlich sein. *Jede Zärtlichkeit, die aus wirklicher Liebe entspringt und zur ehelichen Vereinigung hinführt, ist gut und erlaubt.*

Wenn der Mann dagegen zu vorzeitigem Samenerguß neigt, muß die Frau sich lieber etwas zurückhalten, ohne dabei ängstlich und abweisend zu sein. Der Mann soll zärtlich zu seiner Frau sein und an sich selbst dabei gar nicht zu sehr denken.

Die Frau wird guttun, bis zur Beseitigung der Impotenz auf die kleinen Sonderwünsche ihres Gatten Rücksicht zu nehmen. Vielleicht liebt er eine bestimmte Beleuchtung, eine bestimmte Art des An- oder Ausgezogenseins bei der Frau, irgendein Parfüm. Vielleicht geht es morgens besser als abends, oder er bevorzugt eine bestimmte Stellung, gewisse besondere Zärtlichkeiten.

Manche Männer, die in der Ehe impotent sind, finden volle Befriedigung bei einer Prostituierten. Warum? Hat der Mann etwa das Straßenmädchen lieber als seine Frau? Keineswegs! Er hat sie überhaupt nicht *lieb*. Diese Frau versteht ihn zu nehmen; aus ihrer Erfahrung heraus hat sie sofort seine kleinen Sonderwünsche erraten und weiß sie geschickt zu erfüllen. Die Gattin kann das ebenso gut, wenn sie sich liebevoll in seine Empfindungen und Notwendigkeiten hineinversetzt.

Eine Ehe ist nie eine konstante, vor allem die glückliche Ehe nicht. Jeden Tag ist sie neu, und an jeden der Partner können auf einmal neue Anforderungen gestellt werden.

Wenn der Mann krank ist, wird seine Frau es auf jeden Fall merken, sofort hilfsbereit zuspringen und ihn pflegen. Die Impotenz kann einen Mann schlimmer belasten als manche richtige Krankheit. Die meisten Frauen jedoch stehen ratlos oder gar vorwurfsvoll da und wissen sich und ihm nicht zu helfen! Darum sind wir auf diese Dinge so ausführlich eingegangen. Genug vom Seelischen; wie steht es mit Medikamenten, mit Speisen und Getränken? Jedes gute Essen ist der Potenz förderlich. In besonderem Rufe stehen Eier und Fleisch, besonders rohes Fleisch. Auch mancherlei Gewürze: Pfeffer, Paprika, Sellerie, Knoblauch, Anis, Curry, Zimt usw. Der Senf wird in manchen Gegenden als »Hochzeitsbutter« bezeichnet.

In Hungerzeiten läßt der Geschlechtstrieb nach, und jungen Männern, die enthaltsam leben wollen, wird eine knappe Kost mit viel Gemüse und Milchprodukten (aber wenig Fleisch, Eiern und Gewürzen) empfohlen.

Viele Männer sind nach etwas Alkohol in der richtigen Stimmung. Betrinken sollte man sich aber auf keinen Fall! Dadurch kann zwar der Wunsch (Libido) gesteigert werden, die Fähigkeit (Potenz) wird aber eher herabgesetzt. Mindestens geht die Zartheit verloren, mit der der Mann sich sonst auf die Wünsche der Frau einstellt, so daß sie sich oft durch die grobe Aggressivität des Mannes abgestoßen fühlt, und hierzu sollte man es nicht kommen lassen.

Wie steht es mit den sogenannten *Aphrodisiaka*, den trieb- und potenzsteigernden Mitteln? Von manchen Ärzten wird ihnen (vielleicht leider) jegliche Wirkung abgesprochen. In alten Büchern kann man absurde Rezepte lesen; unter geheimnisvollem Ritual, bei dem der Vollmond meistens eine Rolle spielt, werden allerhand Pflanzen gepflückt und zubereitet, oft unter Zusatz von tierischen Gechlechtsteilen, um ein Mittel herzustellen, das die Liebe eines Mannes zu einer bestimmten Frau wecken oder neu anfachen soll. Derartiges gibt es natürlich nicht.

Wohl gibt es mancherlei sehr wirksame pflanzliche Extrakte, die die Tätigkeit der männlichen Geschlechtsdrüsen anregen und auch den Trieb steigern.

Das große Kontingent der Aphrodisiaka stellt die Arzneimittelindustrie. In den Fachzeitschriften kann man ganz unverblümt lesen, daß dieses oder jenes Mittel den Geschlechtstrieb wiederherstellen könne. Meistens sind es Präparate, die männliche Geschlechtshormone enthalten. Sie sind tatsächlich sehr wirksam, seien sie nun als Spritzen oder als Tabletten anwendbar.

Eine stark anregende Wirkung zeigt sich merkwürdigerweise nach dem Gebrauch von gewissen Schlafmitteln. Man kann sich diese Wirkung vielleicht so erklären, daß bei manchen impotenten Männern zu starke Hemmungen bestehen, die das normale Triebleben blockieren. Wenn das Schlafmittel es fertigbringt, daß diese Hemmungen einschlafen, ohne daß der Mann selbst gleich einschläft, hat man gewonnenes Spiel. Bei Erholungsreisenden, die etwa in einem Ferienheim eine gute Verpflegung und gleichzeitig kleine Dosen von Schlafmitteln bekommen, außerdem ihre Frau nicht bei sich haben, hört man, daß sie unter einem unerträglich starken Geschlechtstrieb zu leiden haben.

Andere Stimulantien sollen den Blutstrom zu den Geschlechtsteilen fördern, z. B. das Yohimbin. Ganz kleine Mengen von Strychnin können ebenfalls den Geschlechtstrieb steigern, können aber beim Mann auch über das Ziel hinausschießen und einen vorzeitigen Erguß bewirken.

Raffiniert zusammengesetzt sind manche Mischpräparate, die von allem möglichen etwas enthalten und eine fast unerträgliche anhaltende Stimulation auslösen können. Ein solches sehr wirksames Präparat enthält beispielsweise Kola, Brechnuß, Natriumallylarsenat, Mangan, Phosphorsäure und andere Stoffe. Auch Kalabarbohnen mit Spuren von Brucin, Zinksalze und andere wichtige Stoffe werden zur Stimulation gebraucht. Dabei werden die Anwendungsbereiche so getarnt, daß die geschlechtliche Stimulation möglichst gar nicht erwähnt wird. Sonst wäre z. B. die Krankenkasse gegen eine Kostenübernahme.

Für ältere Männer sind diese Dinge zum Teil nicht ganz ungefährlich, weil sie den Blutdruck erhöhen. Dieser steigt bei geschlechtlicher Erregung sowieso an. Immer einmal wieder hört man, daß ein älterer Herr in einem öffentlichen Haus verstorben sei. Ältere Menschen sollten auf jeden Fall ihren Arzt fragen, ehe sie so etwas einnehmen.

Hat eigentlich die Impotenz etwas mit der Zeugungsfähigkeit zu tun? Ja und nein. Es gibt Männer, die eine ganz vollwertige Samenflüssigkeit haben, aber aus irgendeinem Grunde, sei es seelisch oder körperlich bedingt, nicht zur körperlichen Vereinigung fähig sind, also impotent sind. Läßt sich die Impotenz auf keine Art beheben (etwa nach gewissen Kriegsverletzungen oder Operationen), so kann in diesem Falle eine künstliche Samenübertragung versucht werden, also vom Gatten auf die Gattin. Man braucht nicht zu befürchten, daß das Kind schwächlich sein könnte, das hat nichts miteinander zu tun.

Andererseits gibt es Männer, die voll potent sind, also ihrer Frau ohne alle Schwierigkeiten und zur beiderseitigen Befriedigung beiwohnen können und doch keine Nachkommenschaft zustande bringen. So ein Mann neigt zunächst dazu, die Schuld an der Kinderlosigkeit der Gattin zuzuschieben, und ist dann sehr erstaunt, wenn sich bei einer Untersuchung herausstellt, daß er, der sich als Mann stark fühlt, in seiner Samenflüssigkeit keine lebenden Samenzellen hat.

Wir haben bei der Impotenz immer gesagt: »Der Gatte – die Gattin«... Hin und wieder kommen Unverheiratete zum Arzt und berichten, sie hätten vor der Ehe ausprobieren wollen, ob sie zueinander paßten, und nun habe er sich als impotent erwiesen. Hier können wir nur wieder sagen: Nicht alles läßt sich vorher ausprobieren. Ebenso wie beim Mädchen kann sich die riskante und mit mancherlei Hemmungen belastete Situation des vorehelichen Verkehrs auch beim Manne so auswirken, daß der natürliche Ablauf gestört wird.

Es gibt natürlich Männer, bei denen es immer geht (in einem Bordell usf.)... Aber ob das die ganz »normalen« sind? Für den Menschen ist es ja normal, daß gewisse geistige und seelische

Dinge wichtiger sind als manches Körperliche. Viele impotente Verlobte sind potente Gatten! In solchem Falle am besten nicht viel weiter herumexperimentieren, etwa gar mit wechselnden Partnern, sondern eine gründliche Beratung und Untersuchung beim Arzt, eine nochmalige strenge Überprüfung der Partnerwahl, und dann, sofern der zugezogene Arzt auch dazu rät – getrost heiraten.

Frigidität

Die Frigidität – das heißt die Unfähigkeit der Frau, beim ehelichen Verkehr zur vollen Befriedigung zu kommen – ist so außerordentlich verbreitet, daß wir ausführlich darüber sprechen müssen.

Der Gechlechtstrieb der Frau weicht von dem des Mannes ganz erheblich ab. Besonders wenn sie noch unerfahren ist, kann es eine ganze Weile dauern, bis es dem Mann überhaupt gelingt, sie in einen Zustand geschlechtlicher Erregung zu bringen. Das geschieht durch sanfte, nur allmählich sich steigernde Zärtlichkeiten. Auch ein abendliches Ausgehen mit Musik und Tanz ist eine gute Vorbereitung. Man sagt ja, die Vorbereitung zum abendlichen Eheleben müsse schon beim Mittagessen beginnen, und da ist gewiß etwas dran. Der Mann mag das lächerlich finden; bei ihm geht ja alles so schnell. Jedenfalls solange er noch jung ist, braucht er wirklich keine weiteren Vorbereitungen. Er muß nur immer aufpassen, daß es nicht zu schnell geht. Bei der Frau ist das eben anders. *Sie braucht mehr Zeit*, und zwar um so mehr, je unerfahrener sie noch ist. Und eigentlich sucht der Mann sich gern als Gattin eine unerfahrene Frau aus, die noch nicht mit allen Wassern gewaschen ist und noch nicht bei andern Männern alles gelernt hat.

Wenn nun wirklich der Gatte schon den ganzen Tag lang ganz besonders nett war und wenn dann nach allen Zärtlichkeiten des Vorspiels die Frau soweit ist, daß sie den beseligenden Höhepunkt erreichen könnte, dann bedarf es nur einer Kleinigkeit: eines kalten Luftzuges, einer unzarten Bemerkung oder Berührung des Mannes, eines zu langen Zögerns des Mannes, eines verdächtigen Knackens im Nebenzimmer – schon ist die Erregung wieder weg und kommt vielleicht nicht wieder. Bei der Frau ist alles stark von seelischen Dingen abhängig, wie sich der Mann das gar nicht vorstellen kann.

Wenn die Frau aber wirklich zum Höhepunkt (Orgasmus) kommt, so ist auch das wieder anders als beim Mann: Bei ihr ist der Höhepunkt nicht nur ein Punkt, er dauert nicht nur einige kurze Augenblicke, sondern dieser Zustand höchster Glücksempfindung kann mehrere Minuten lang anhalten und immer noch einmal lustvoll anschwellen, wenn der Mann es mit der Frau versteht. Auch dann wird sie nicht gleich sagen können, ob es schon ganz vorbei ist, weil die Erregung bei ihr nur langsam abklingt. Beim Mann dagegen weiß man ganz genau, woran man ist, weil er einfach wie ein gefällter Baum niedersinkt, wenn er seinen Höhepunkt überschritten hat.

Wegen der großen Wichtigkeit des Themas sind wir nochmals genau auf das geschlechtliche Empfinden der Frau eingegangen, das sich von dem des Mannes so grundlegend unterscheidet. Soweit ist es also völlig normal und hat mit Frigidität nicht das geringste zu tun.

Wie auf dem Boden dieses normalen weiblichen Empfindens eine Frigidität entstehen kann (nämlich durch einen unverständigen Mann bereits in der Hochzeitsnacht), haben wir schon besprochen.

Eine andere wichtige Ursache der Frigidität ist eine zu unnatürliche Erziehung. Gewiß, diese Dinge sollen nicht dauernd im Munde geführt werden; die Natur selbst hat einen Schleier um diese natürlichen und notwendigen Vorgänge gelegt – den Schleier unseres ganz natürlichen Schamgefühls. Die Eltern sollten mit ihren Kindern rechtzeitig in aller Liebe und Ruhe über die Vorgänge der Fortpflanzung sprechen und keinesfalls alles Geschlechtliche als unmoralisch abtun. Wie soll ein junges Mädchen, für das alles dies tabu ist, in der Ehe von einem Tag auf den andern plötzlich Freude daran finden? So ein Mädchen wird sich zunächst angstvoll verkrampfen und keine Lustempfindungen aufbringen.

Eine jungverheiratete Frau, die den wirklichen Höhepunkt noch nicht kennengelernt hat, wird vielleicht fürs erste gar nichts vermissen. Irgendwie unbefriedigt wird sie aber bleiben. Auch wird sie sehen, daß beim ehelichen Verkehr in ihrem Gatten eine Wandlung vor sich geht, bei ihr aber nicht. Zu Beginn des Aktes, wenn ihr Gatte recht lieb und zärtlich zu ihr ist, wird sie von einem warmen Glücksgefühl durchströmt werden und in eine gewisse Erregung kommen, die, ohne daß sie sich dessen recht bewußt ist, nach Steigerung und Entspannung drängt. Wenn der Mann es nun falsch macht, dann steigert sich bei ihm die Erregung schnell, er drängt zur vollen Vereinigung, ohne auf die Frau zu warten. Dieser Augenblick ist auch für sie schön, aber es ist noch zu früh dafür, sie ist noch nicht soweit. Sie fiebert einem Erlebnis entgegen, das jedesmal wieder nicht kommt: Wenige Augenblicke später ist bei dem Mann alles vorbei – ein flüchtiger Kuß, dann wälzt er sich tiefatmend auf die andere Seite, und schon hört sie ihn bereits schnarchen. Sie ist erschreckend wach und klar. Und sie ist ihm sehr fern in diesem Augenblick. Greift sie zur Selbstbefriedigung, wird die Spannung in ihren Organen vielleicht abklingen, aber seelisch entfernt sie sich nur noch weiter von ihm. »Liebt er mich noch?« geht es ihr durch den Kopf... Liebt *sie* ihn eigentlich noch? Ist *das* die Ehe? Hat sie dafür geheiratet?

Was geschieht nun weiter? Entweder wird sie alles an sich herankommen lassen. Sie kann sich nicht recht vorstellen, was andere Leute an der Sache so wunderschön finden. Sie gewöhnt sich daran, nicht zum Ziel zu kommen, widmet sich ihrer Berufstätigkeit, später ihren Kindern... Die Mittwoch- und Samstagabende gehen schließlich vorbei, und während der Mann zusieht, schnell zum Ziel zu kommen, weil es ihm auch peinlich ist, daß seine Frau nichts empfindet, denkt die Frau darüber nach, ob sie morgen lieber Kartoffelklöße oder Linsen und Bratwurst kochen soll...

Diese Schilderung ist keineswegs übertrieben! Es gibt Hunderttausende solcher Ehen. Unzählige Frauen haben mehrere Kinder und können nur sagen, daß sie gar nicht wissen, wie sie dazu gekommen sind – einen Orgasmus jedenfalls haben sie noch nie im Leben gehabt. Nach außen sehen solche Ehen vielleicht ganz ordentlich aus: Die Gatten tragen gemeinsam ihre Sorgen, verzehren gemeinsam das Einkommen, erziehen ihre Kinder und fahren alle miteinander in Urlaub. Aber immer zeichnet sich am Horizont wie eine drohende Wolke die andere Möglichkeit ab: daß die Frau auf die Dauer doch nicht resigniert, daß sie dieses Leben einfach nicht erträgt und daß sie deshalb anfällig ist für einen andern Mann, einen richtigen Mann, der es mit ihr versteht. Braucht gar nichts Besonderes zu sein, dieser andere. Vielleicht ein Freund des Mannes oder eine Reisebekanntschaft, ein Berufskollege – tausend Möglichkeiten für eine unbefriedigte Frau.

Eine andere Möglichkeit: Nach einer Reihe von Nächten, wo die Frau immer wieder unruhig neben ihrem schlafenden Gatten gelegen hat, langt es ihr. Sie kann es sich sowieso längst nicht mehr leisten, sich jedesmal wieder mit ihm zu erregen, um dann im entscheidenden Augenblick allein zu bleiben. Sie weicht ihm aus, zieht in ein anderes Zimmer, schützt Unpäßlichkeit vor, und wenn das alles nichts nützt, wird sie tatsächlich krank, bekommt Schmerzen, Ausfluß, Blutungen, so daß der Mann es ihr wirklich nicht mehr zumuten kann. Bei manchen Frauen stellt sich als Zeichen der Ablehnung ein Scheidenkrampf (Vaginismus) ein. Der Mann braucht nur in die Nähe zu kommen, da zieht sich bei ihr bereits alles zusammen, so daß eine Vereinigung unmöglich ist. Es kann ferner sein, daß der Scheidenkrampf erst kommt, wenn der Mann sein Glied schon eingeführt hat, das ist dann peinlich. Durch Einführen des Fingers in den After der Frau oder im äußersten Notfall durch eine nicht zu derbe Ohrfeige löst sich der Krampf, aber der Mann hat zunächst genug.

Die Krise kann ebensogut beim *Mann* ihren Anfang nehmen. Jeder Mann möchte doch im Grunde genommen seine Frau glücklich machen. Wenn er nun sieht, daß es ihm nicht gelingt, sei es auch durch seine eigene Schuld, ist auch er unzufrieden. Er ist dann besonders anfällig für eine andere Frau, eine Frau, die leichter erregbar oder erfahrener ist, mit der er jedenfalls besser zurechtkommt. Besonders tritt dieser Fall leicht ein, wenn er älter wird und seine Potenz ohnehin etwas nachläßt. Dann wird es mit einer frigiden Frau gar nicht mehr gehen, und dann wird die andere Frau auf einmal da sein, wird durch ihn glücklich werden und somit auch ihn glücklich machen. Er wird wieder ganz jung – und seine Ehe geht endgültig in die Brüche.

Sie wehren entsetzt ab: Kommt bei mir nicht in Frage... oder: Meine Frau würde das nie tun... oder sogar: Wenn sie *dazu* fähig ist, dann lege ich sowieso keinen Wert mehr auf sie!

Alles recht. Und gut, wenn es bei Ihnen nicht so kommen könnte. Aber: Wenn ein Mann sich keine Mühe gibt mit seiner Frau, führt er sie zugleich in Versuchung. Ebenso, wenn eine Frau sich mit ihrem Mann keine Mühe gibt. Und selbst wenn der Mann einer frigiden Frau vor dem Scheidungsrichter als der *unschuldige* Teil dastehen würde, müßte er sich doch in seinem Herzen überlegen, ob er die Frau vielleicht so weit gebracht hat!

Was ist nun gegen die Frigidität der Frau zu tun?

In jedem Falle muß man zuerst versuchen, die Ursache zu finden. Manche Frauen zum Beispiel haben vor der Ehe jahrelang Selbstbefriedigung getrieben und können nun dem normalen Verkehr nicht mehr viel abgewinnen. Von den besonders schönen Frauen sagt man, daß sie frigide seien. Natürlich haben Frauen, die zu irgendeiner Perversion neigen, es in einer Ehe schwer. Auch körperliche Dinge können eine Rolle spielen.

Die Hauptursache aber für das Versagen der Frau liegt beim Mann. Wir können es nur immer wieder betonen: Viele unerzogene Männer sehen zu, möglichst schnell zum Erguß zu kommen, und schlafen dann zufrieden ein. Ein Verhalten, das einer liebenden Frau geradezu ins Gesicht schlägt. Wenn der Mann erst einmal *weiß*, daß die Frau natürlicherweise mehr Zeit braucht, wird er sie nicht temperamentlos und langweilig schelten, sondern einen Weg finden, seinen Orgasmus ebenfalls hinauszuschieben. Das scheint im Augenblick ein Opfer, aber letzten Endes verlängert er damit seinen eigenen Genuß, und außerdem kann ein wirklich normal veranlagter Mann nur richtig glücklich sein, wenn er auch seine Frau glücklich weiß. Ein junger Mann muß das lernen, ebenso wie er Tanzen und Klavierspielen erst gelernt hat. Das ist nicht angeboren – und dennoch für den Menschen *natürlich*. Auch die menschliche Sprache ist nicht etwa angeboren, auch die Muttersprache nicht, sondern jeder Mensch braucht die ersten Jahre seines Lebens, um sprechen zu *lernen*.

Der ältere Mann hat es in dieser Hinsicht leichter: Erstens hat er schon manche Erfahrungen, er hat es schon gelernt. Zweitens geht es bei ihm sowieso nicht mehr so schnell.

Über das ausgedehnte Vorspiel, das für die Frau wichtig ist, haben wir schon gesprochen. Wenn der Mann das Glied bereits eingeführt hat, darf er sich nun nicht von seinen Gefühlen treiben lassen, sondern muß Herr der Lage bleiben. Immer nach ein paar Bewegungen eine kleine Pause, in der er das Glied ganz ruhig hält, so daß seine Erregung etwas abklingt, während er die Erregung der Frau weiter steigert durch Reizung der Brust und der Klitoris. Erst wenn bei der Frau der Höhepunkt erreicht ist, wird er sich selbst mit einigen energischen Stößen zum Orgasmus bringen. Bei ihr ist dieser nicht so schnell vorbei; er braucht nicht zu fürchten, er könnte zu spät kommen, so daß er den Gipfel erreichte, während sie schon wieder den Abstieg angetreten hat.

Wenn das dem Mann bei seiner bis dahin frigiden Frau nur ein einziges Mal gelungen ist, sieht alles ganz anders aus. Die Frau wird mit einer ganz neuen Liebe an ihm hängen und am nächsten Abend nach erneuter Umarmung verlangen. Am Tage wird sie ebenfalls ganz anders zu ihm sein, nicht mehr gereizt und empfindlich, sondern ausgeglichen und heiter. Der Mann wiederum ist stolz auf diese wirklich männliche Leistung und hat seine Frau jetzt noch viel lieber. Jetzt erst merkt er, daß er schon längst Minderwertigkeitsgefühle wegen dieser Sache hatte. Er ist glücklich, weil er sie glücklich machen kann. Natürlich gehört zu diesem Versuch in einer Ehe, wo sich eine Frigidität der Frau eingeschlichen hat, im Anfang etwas Geduld, viel Liebe und gegenseitiges Vertrauen; guter Wille könnte man sagen. Es ist natürlich viel leichter, alles weiter so laufen zu lassen, wie es nun einmal seit Jahren läuft, und zu denken, der andere hat die Schuld. Wahrscheinlich wird es nicht gleich beim ersten Mal klappen, aber wenn es ihm auch erst in der zehnten Nacht liebevoller Bemühungen gelingt, so ist er doch überreich belohnt.

Der Mann ist bestimmt der beste Arzt für die frigide Frau, so wie die Frau der beste Arzt für den impotenten Mann ist. Ebenso wie es bei der Impotenz des Mannes oft notwendig ist, zuerst einen in diesen Dingen besonders erfahrenen Arzt um Rat zu fragen, wird auch die Frau, die unter Frigidität leidet, nicht gar zuviel Zeit versäumen, sondern einen erfahrenen Arzt aufsuchen, ehe der Karren ganz festgefahren ist. Vor allem versucht der Arzt, durch eingehende Gespräche die tieferen Ursachen zu klären. Dann wird jeder der Gatten und auch beide zusammen beraten. Oft bekommen beide ein Medikament, manchmal auch nur die Frau. Es gibt milde pflanzliche Mittel, die die psychotherapeutische Behandlung unterstützen. Beide werden mit guten Vorsätzen heimkommen. Aus der unverstandenen Frau ist die verstehende Frau geworden, sagte einmal ein Eheberater. Und nun ist es wieder an dem *Mann*, seine wirklich männliche Reife zu beweisen und das Steuer herumzureißen, damit das Eheschifflein auf den richtigen Kurs kommt.

Das ist natürlich nicht ganz leicht, aber keineswegs hoffnungslos. Schon viele ältere Ehepaare mit mehreren Kindern haben es in einem Augenblick geschafft, wo das Schifflein an dieser gefährlichen Klippe bereits zu zerschellen drohte. Übrigens: Kaum eine Frau ist *absolut* frigide.

Wenn sie schon auf die 40 zugeht, ohne jemals einen Orgasmus erlebt zu haben – die Fähigkeit zur Erfüllung schlummert in ihr. Für den Gatten ist das eine Ermutigung und zugleich eine Warnung: Wenn *er* es nicht kann, so ist es doch jeden Tag möglich, daß seine Frau einem Mann begegnet, der es kann und der eben diese Frau sehr temperamentvoll und in keiner Weise frigide findet. Und mit dem sie es tatsächlich nicht ist! Ein kleiner technischer Hinweis: Für die Übergangszeit, bis die Frau den wirklichen Scheidenorgasmus zu erleben gelernt hat, kann man die Reizung der Scheide verstärken durch ein Kondom. So lästig dieses sonst von Mann und Frau empfunden werden mag, *einen* Vorteil findet man: Es deckt die Reizpunkte des Mannes zu, so daß für ihn die Einführung des Gliedes in die Scheide nicht so erregend ist. Auf diese Weise kann ein einfaches Kondom für die Frau zum höchsten Lustspender werden: Endlich geht es bei ihrem Mann nicht so schnell, endlich hat sie Zeit, selbst zum Orgasmus zu kommen.

Es gibt Kondome, die auf diesen Zweck besonders eingestellt sind: sie tragen spiralig angeordnete Zackenreihen, die den Reiz in der Scheide noch verstärken. Schön sind solche Dinge nicht, aber sie können die Anfangsschwierigkeiten überbrücken. Wenn die Frau erst einmal den richtigen Orgasmus kennengelernt hat, wird sie mehr Mut und Lust zu weiteren Vereinigungen haben, und der Mann hat nun Gelegenheit, sich selbst in dieser Kunst zu vervollkommnen, so daß die Hilfsmittel bald wieder wegfallen können.

Für die Frau kann ein Glas Sekt höchste Stimulation bedeuten. Auch Likör in kleinen Mengen, besonders um störende Hemmungen zu beseitigen. Für die Dauerbehandlung wären wieder pflanzliche Extrakte zu nennen, die zugleich die ganze weibliche Entwicklung fördern. Manche Badeorte werden mit besonders gutem Erfolg aufgesucht.

Zum Schluß noch eine sehr wichtige Frage.

Wenn die Frau keine Erfüllung findet – soll sie es ihren Gatten merken lassen, oder soll sie es ihm verbergen, vielleicht sogar einen Orgasmus vortäuschen, um ihn nicht zu enttäuschen? Fast alle Bücher, die Sie darüber lesen können, schließen sich der Ansicht des römischen Dichters Ovid an, der mit seiner »Liebeskunst« berühmt geworden ist. Ovid meint, die Frau solle es den Mann nicht merken lassen, wenn sie nichts oder nicht alles empfindet, sondern ihn zu täuschen versuchen.

Begründet wird dieser Rat immer damit, daß man durch Vortäuschen der Erfüllung diese im Laufe der Zeit herbeiziehen könnte, vor allem aber, daß auch der Genuß des Mannes freudlos sei, wenn er sich allein wisse. Beides leuchtet ein, aber nur theoretisch. Die praktische Erfahrung zeigt immer wieder, daß mit dieser täglich wiederholten Lüge nichts besser, aber alles schlimmer gemacht wird. Gewiß, äußerlich sieht alles sehr schön aus, es entsteht kein Konfliktstoff, es gibt keine Szenen. Für den Mann erfreulich bequem. Die Frau jedoch wird dabei einsam, und ihre Gereiztheit wird vom Gatten als unverständliche Schikane empfunden, weil er der Meinung ist, es sei alles in Ordnung. Ovid war auch ein Mann. Wenn man sein Buch liest, hat man übrigens nicht den Eindruck, daß er ein glücklicher Ehemann gewesen sei, eher ein unruhiger Kavalier, der sich abwechselnd mit jungen Mädchen und erfahrenen Ehefrauen belustigte, auch auf dem Wege das Kammerkätzchen nicht verschmähte, und wenig Interesse daran hatte, *eine* Frau glücklich zu machen, mit *einer* Frau selbst glücklich zu werden. Vielleicht war er letzten Endes ein unglücklicher Liebhaber, wie man von Don Juan und seinesgleichen immer behauptet...

Wir empfehlen jeder Frau, sofern es sich um eine auf Dauer angelegte Beziehung handelt, in diesem Punkt ehrlich zu sein. Gewiß, zwischen Ehegatten soll immer ein Rest Fremdheit, ein wenig Geheimnis bleiben. Aber gerade hier wäre die falsche Stelle dafür. So wie Mann und Frau einander zeigen sollen, wie glücklich sie miteinander sind, so sollen sie einander vertrauen, wenn die letzte Befriedigung fehlt. Nur wenn der Mann weiß, was die Frau als im höchsten Maße lustspendend empfindet, nur wenn er es auch weiß, wann seine Frau den Höhepunkt nicht erreicht, kann er sein Verhalten ganz auf sie einstellen. Nur dann kann er in aller Liebe und Zärtlichkeit einen Weg finden, der auch für sie vollkommen ist. Der kluge Gatte wird sich dabei ein wenig von seiner Frau leiten lassen.

Würde sie ihn aber in diesem wichtigen Punkt zu täuschen versuchen, würde sie hier resignieren, wäre das eine Kränkung und Herabsetzung des Gatten, so als wenn es ihr nicht lohnte mit ihm oder als wenn sie ihm nichts zutrauen würde. Das wäre der Anfang vom Ende der Ehe.

Abneigung

Hin und wieder hört man von Ehegatten, die sich wegen unüberwindlicher Abneigung trennen wollen.

Kurze Zeit vorher waren sie so voller Zuneigung, daß sie einander geheiratet haben. Wie kann das zugehen?

Sicherlich liegt es oft an einer unbedachten Partnerwahl. Die Liebe hatte beide blind gemacht, und sobald man aus dem ersten Rausch erwachte, sah einer die unangenehmen Eigenschaften des anderen. Daraufhin entwickelte jeder von beiden eine Abneigung gegen den andern.

Oft stellen sich aber die Anlässe zur Abneigung erst dadurch ein, daß jeder sich ein wenig gehenläßt, wenn die Ehe erst einmal geschlossen ist. Wir wollen nur ein paar von diesen *kleinen* Dingen erwähnen, die eine Ehe zerstören können.

Ein falsches Gebiß läßt sich nicht immer vermeiden. Steht es nachts im Glas auf dem Nachttisch, gehört schon ziemlich viel Liebe von seiten des Partners dazu, um sich nicht abgestoßen zu fühlen. Unappetitlich essen, Suppe schlürfen, in den Zähnen bohren... all das soll man vermeiden. Auch wenn der andere das selber tut, bedeutet das noch keineswegs, daß es ihn nicht stört! Schlechte Manieren stören bekanntlich immer nur beim anderen, genau wie man sagt: Lärm ist das Geräusch, das die andern machen... Bei sich selbst fällt es einem gar nicht auf.

Wenn die Frau das Essen nicht immer gleich fertig hat, der Mann seine Zigarettenasche auf den Teppich fallen läßt, so wird das nicht etwa gutmütig gegeneinander aufgerechnet, sondern jeder empfindet sich selbst als Engel und den andern als Unhold. Gegenseitiges Verzeihen ist viel seltener als gegenseitiges Übelnehmen!

Sie sehen, wenn von *Abneigung* die Rede ist, geht es nicht um Verbrechen und schwere charakterliche Mängel, sondern um die ganz kleinen Dinge des Lebens. Vielleicht ärgert sich die Frau jeden Morgen wieder, daß der Seifenlappen des Mannes naß in der Badewanne liegt, daß die Nagelbürste auf der Seife liegt und daß der Sitz naß ist. Eines Tages greift sie ausgerechnet in die Rasierklinge des Mannes, die er achtlos hat liegenlassen. Dann steht in der Zeitung: »Scheidungsgrund: eine Rasierklinge!« Dabei war es nur der letzte Tropfen, der noch fehlte...

Was ist zu tun? Auch *nach der Hochzeit* und nach der Silberhochzeit sich nicht gehenlassen. Natürlich kann man nicht immer so gepflegt und manierlich sein wie in Gesellschaft – irgendwo muß man ja zu Hause sein und sich erholen. Aber gut und rücksichtsvoll kann man immer zueinander sein. Natürlich, Verliebte haben es in dieser Hinsicht leicht: Heimlich stehlen sie sich zueinander und berauschen sich an der gegenseitigen Nähe. Verheiratete dagegen müssen sich jeden Tag wieder neu bemühen, diese Nähe mit Anstand und Geduld zu ertragen...

Wenn einer der Gatten eine Anwandlung von Abneigung bekommt, soll er die störenden Dinge ruhig einmal zur Sprache bringen, zugleich aber sein eigenes Verhalten überprüfen. Ein ruhiges Gespräch klärt manches, und die eigene Bereitwilligkeit, Fehler abzulegen, rührt auch den andern. Es sei denn, er wäre ein Mukscher, der läßt sich nämlich fast nie etwas sagen. Jeder stelle sich selbst einmal vor den Spiegel und versuche sich mit den Augen des andern zu sehen. Das Äußere ist nicht das Wichtigste, aber es muß beachtet werden. Ovid sagt: »Stoppeln am Kinn sind gemein, gut, zeige dich immer rasiert.« Er hätte noch dazu sagen müssen, daß es Frauen gibt, die von ihrem Mann verlangen, daß er sich drei Millimeter unter der Haut rasiert, und das verbittert natürlich den besten Mann.

Wer noch bereit ist zu lernen, sich zu ändern, der ist noch jung, und man darf hoffen, daß es ihm, zusammen mit dem Gatten, gelingen wird, das kleine Teufelchen Abneigung rauszuschmeißen, ehe es sich im Hause einnistet und weiter wächst.

Langeweile

Sie werden es nicht glauben: Wenn heutzutage so viele Ehen zerbrechen, ist daran meistens kein Ehebruch, keine Mißhandlung und keine Perversion schuld, sondern einfach – *Langeweile*.

Wahrscheinlich stellen Sie sich jetzt eine verwöhnte Frau vor, die nicht weiß, was sie den ganzen Tag tun soll. Oder Sie meinen, es handle sich um eine Frau, die von früh bis abends immer in die Eintönigkeit der Hausarbeit eingespannt ist und die es eines Tages beim besten Willen nicht mehr aushält, so daß sie die Scheidung beantragt.

Beide Fälle mag es geben. Das viel Häufigere jedoch ist, daß die Ehe an sich ganz glücklich und von normaler Tätigkeit ausgefüllt ist, daß man auch körperlich-seelisch zusammenpaßt, daß aber mit der Zeit doch eine gewisse Leere eintritt. Vielleicht paßt man *zu* gut zusammen. Man liest einander jeden Wunsch von den Augen ab, es bleibt kein letzter Rest von Fremdheit und Geheimnis mehr, kein kleines Herzklopfen...

Ein bißchen, mehr oder weniger, ist das in jeder Ehe so. Besonders, wenn die Partnerwahl nicht ganz glücklich war. Ein geistig anspruchsvoller Mann wird die gefährliche Langeweile eher empfinden als ein anderer, zumal wenn seine Frau ihm geistig nicht entspricht. Gewiß, er liebt sie noch genauso sehr wie damals, und er ist glücklich bei ihrer Zärtlichkeit. Nachher, wenn er ein wenig geschlafen hat, ist er plötzlich sehr wach. Er steht auf und tritt ans Fenster. Er denkt nach. Es fehlt ihm etwas. Irgend etwas müßte einmal anders sein.

Was kann die Frau dagegen tun?

Über die Liebeskunst und ihre Variationen haben wir schon gesprochen. Sehr schön, aber nichts grundsätzlich anderes. So ähnlich, wie in dem Rezeptbüchel eines Fischgeschäftes steht: Fischknödel, Fischsalat, Fisch in Gelee, Fischsuppe... letzten Endes immer Fisch.

In den Heiratsanzeigen steht immer »vielseitig interessiert«.

Ja, so sollte eine Frau sein. Sie soll sich für alles interessieren, was den Mann interessiert, dazu noch manches andere, so daß er nicht immer nur ein Echo hört, sondern mal etwas ganz anderes.

Die Frau sollte nicht immer ganz gleich sein. Nicht immer nur gebend, aufopfernd, verständnisvoll, vernünftig. Nicht *alles* dem Mann und den Kindern zuwenden. Beide danken ihr das nicht. Einmal selbst ein bißchen anspruchsvoll und ein kleines bißchen kapriziös sein. Der Mann ist unersättlich.

Er wünscht sich eine gute Mutter für seine Kinder; eine gute Kamillenteeköchin, wenn er krank ist; eine repräsentative Hausfrau, wenn er Gäste hat; dann wieder ein übermütiges Mädchen, das er neckt und zaust; eine Göttin, der er Weihegeschenke zu Füßen legen kann; ein Betthäschen oder eine wissende kleine Französin. Dies alles und noch viel mehr ersehnt sich der Mann. Und es gibt Frauen, die alles zugleich sind, die in derselben Minute eine große Dame und eine geheimnisvolle Sphinx sind und in der nächsten eine lockende Venus oder eine kühle Wissenschaftlerin. Ja, es ist der Frau von der Natur gegeben, das alles mehr oder weniger zu sein, gleichzeitig oder abwechselnd. Bei solcher Frau wird der Mann nicht ganz zur Ruhe kommen, und das ist gut. Er weiß nie so hundertprozentig, woran er ist, und das gefällt dem Abenteurer, dem Eroberer, dem Jäger und Forscher, der in jedem Manne steckt.

Er liebt die hingebende Zärtlichkeit sehr weicher Arme, er liebt auch das ein wenig undurchsichtige Lächeln. Nicht die wirklich nackte Frau ist es, die einen Mann aufs Höchste reizt, sondern das Halbenthüllte, das unter Schleiern und Spitzenwäsche, unter langen Wimpern halb Verborgene. Die Haarsträhne, die gerade im richtigen Augenblick über den Mund einer Frau fällt, kann ihn mehr erregen, als die heißesten Küsse es vermögen. Von jeher haben Frauen sich hinter Vorhängen und Fächern verborgen. Ovid rät ihnen, den Liebhaber auf jeden Fall durch das Fenster einzulassen, niemals einfach durch die Tür.

Sie sehen, worauf es hinausgeht: in der Ehe geht zu leicht das Geheimnisvolle verloren, es gibt nichts Neues mehr, das den Mann reizen könnte, es zu entschleiern, zu erobern, zu ergründen. Die Frau bedenke das beizeiten, *ehe* es dem Mann langweilig wird.

Ihr weibliches Einfühlungsvermögen wird ihr eine Hilfe sein. Wie peinlich, wenn der Mann ein berufliches Problem mit ihr besprechen will, sie aber hat sich gerade vorgenommen, sich kindlich zu geben. Sie hält ihm die Augen zu und fragt ihn, ob er sie noch liebt. Oder, wenn er einmal übermütig und verliebt heimkommt, ganz zu zärtlichem Spiel aufgelegt, wenn sie sich dann nicht auf ihn einstellen kann, sondern ihm unbedingt eine Klatschgeschichte erzählen muß, über die sie sich am Morgen geärgert hat. Wir sind schon wieder einmal bei der These, die wir trotz aller Gleichberechtigung der Frau für so wichtig halten: Die Frau soll sich anpassen.

Schon wieder eine Klippe. Anpassen, das heißt nicht etwa, daß sie dem Manne irgendwie ähnlich werden soll. Niemals! Er wird zwar das ganze Leben lang versuchen, sie zu seinem zweiten Ich zu machen, aber wehe, wenn sie es wirklich würde – er wäre schwer enttäuscht von ihr! Er liebt sie, wie sie ist, und deshalb darf sie sich nicht selbst aufgeben. Bei aller Vertrautheit muß sie die ganz andere bleiben. Ob sie und er wie zwei Kameraden um die Wette schwimmen, ob er sie wie ein Kind auf seinen Knien hält oder, selbst ein Kind, seinen Kopf an ihre Brust legt – immer bleibt die Spannung zwischen dem Ich und dem Du. Einen kurzen nächtlichen Augenblick lang mögen beide verschmelzen; da mag es sein, als wenn sie nur noch ein Wesen wären. Bald darauf stellt sich der kleine Abstand, die Spannung zwischen den beiden Polen wieder her, und damit können sie sich bereits wieder nach einander sehnen.

Wir haben nun immer gesagt, was man tut, damit es dem Manne nicht langweilig wird. Was ist nun, wenn es der *Frau* langweilig wird? Glücklicherweise neigt die Frau nicht gar so sehr dazu. Das hängt sicher mit den biologischen Dingen zusammen. Bei den Aufgaben, die der Frau von Natur aus zugedacht sind, liegt ihr weniger daran, abenteuerlich und gefährlich zu leben. Eine Frau, auf der die Lasten und Sorgen von Schwangerschaft, Geburt, Wochenbett, Kinderpflege liegen, braucht Geborgenheit, eine gewisse stetige Behausung, ein regelmäßiges Einkommen und immer den gleichen Partner, auf den sie sich verlassen kann. Bei jeder Schiffskatastrophe, beim Anblick eines Flüchtlingszuges möchte man sagen: »Wehe den Schwangeren und stillenden Müttern...«

Trotz dieser biologischen Gegebenheiten gibt es Frauen, die sich vor Langeweile scheiden lassen wollen. Manchmal scheint es, als sei der Mann zu gut für diese Frau. Er bietet ihr nicht den Widerhalt, an dem sie sich heraufranken will wie der Efeu an einem starken Baum. Es kommt alles zu kurz – körperlich und seelisch. Wenn der Mann allzu weich und rücksichtsvoll ist, fühlt sich die Frau um ihr gutes Recht betrogen. Sie möchte ihren Gatten bewundern, zu ihm aufblicken, sich ihm ganz hingeben – aber er paßt sich ihr zu stark an, sie schwankt wie ein Rohr im Winde und wird vor lauter Ratlosigkeit zu guter Letzt gar noch eine Xanthippe, was sie gar nicht vorgehabt hatte.

Wenn eine Frau den Richtigen gewählt hat und sich in der Ehe bemüht, es für ihn nicht langweilig werden zu lassen, so wird sie selbst glücklich sein und gar nicht auf den Gedanken kommen, bei ihnen könnte es langweilig sein.

Ehekrach

Was kommt eigentlich beim Ehekrach heraus? Gewiß, die Versöhnung kann sehr reizvoll sein. Gar zu leicht bleibt doch ein kleiner Knacks zurück, der zwar im Augenblick der Versöhnung schnell zugegipst wird, der aber irgendwann einmal, wenn es kritisch wird, unter der Oberfläche weiterreißen und dann zu einer trennenden Kluft werden kann.

Wer im ersten Zorn gleich zu toben anfängt, beweist damit seine schlechte Erziehung, seine Unbeherrschtheit und seine Dummheit. Wie oft erkennt man hinterher beschämt, daß es sich um solcher lächerlichen Kleinigkeit wegen wirklich nicht gelohnt hat, den liebsten Menschen zu kränken und ihm ein entstelltes, böses Gesicht zu zeigen, das der andere vielleicht nicht wieder vergessen kann. Das Leben ist kurz; jede Stunde, die mit Zerwürfnissen vergeudet wurde, fehlt am Ende des Lebens! Es gilt, sich zu freuen und alle Meinungsverschiedenheiten durch eine sachliche, in Liebe geführte Aussprache zu klären. Wie bittere Vorwürfe macht man sich, wenn der Partner eines Tages krank wird und sterben muß. Alles möchte man ihm dann abbitten. Das sollte man sich doch wirklich sparen. Lieber rechtzeitig Streit vermeiden, und wenn es einmal Differenzen gab, gleich wieder gut sein. Das Beste: Jeder fängt bei sich selber an und nimmt sich ein bißchen zusammen.

Ovid sagt dazu:
»Frauen verscheuchen den Gatten durch Vorwurf und Klagen, Männer verleiden der Frau brummend Familie und Haus.«

Das schlimmste ist das Mukschen, wenn z. B. eine Frau einfach tagelang nicht spricht mit ihrem Mann. Sofern das nicht der Landessitte entspricht, wie es von einigen Gegenden behauptet wird, ist das Mukschen fast so schlimm wie Mord. Ein Mörder, der seinem Opfer das Leben nimmt, raubt ihm ja eigentlich nicht das »ganze« Leben; sondern nur *den* Teil, der dem anderen noch zu leben übriggeblieben wäre. Eine Zeitspanne also, die wir nicht kennen und die in manchen Fällen nur sehr klein sein mag. Trotzdem kommt der Mörder in jedem Fall ins Zuchthaus, und wenn er einen 96jährigen ermordet hat, der wahrscheinlich ohnehin nicht mehr lange zu leben gehabt hätte. Ein Mann, der jedes Jahr 50 Tage mukscht, nimmt seiner Frau und den Kindern dadurch ebenfalls einen beträchtlichen Teil des Lebens!

Wie schwer wird ein Dieb bestraft! Ein Mukscher ist viel schlimmer als ein Dieb, denn was der Dieb nimmt, kann entweder er selbst zurückgeben, oder es kann meistens wieder neu beschafft werden. Der Mukscher stiehlt etwas, was er nie zurückerstatten kann, selbst wenn er sein eigenes Leben zu opfern bereit wäre. Die Zeit ist etwas, was immer weiterfließt und niemals zurückkehrt. Über diesen Punkt täuschen wir uns oft, indem wir sagen: »Morgen ist wieder ein Tag...« oder »nächstes Jahr«, aber das ist eben ein anderer Tag, ein anderes Jahr –

das vergangene kommt nicht wieder, da helfen keine Tränen der Reue.

Der Versöhnungskuß ist recht süß. Besonders der Mukscher ist überzeugt davon, den andern nun wieder ganz glücklich gemacht zu haben. Gewiß, der andere ist froh, daß wieder gut Wetter ist. Trotzdem kann es sein, daß in seinem Herzen ein Sprung zurückbleibt...

Ovid sagt zu den Frauen:

»Wollt ihr die Schönheit bewahren, meidet den häßlichen Zorn. Götter beschenkten uns reich, als sie Gleichmut uns gaben.«

Die fremde Frau

Irgendwann einnmal wird sie auftauchen, in fast jeder Ehe. Ob es dabei nur zu einem vorübergehenden Flirt kommt, zu einem verhältnismäßig harmlosen Seitensprung oder zu einer tiefen, unüberwindlichen Hinneigung des Mannes zu ihr, das steht keineswegs von vornherein fest. Darum soll die Ehefrau niemals die Flinte ins Korn werfen, sondern mit Liebe und Klugheit alles tun, um die Ehe zu retten.

Die Möglichkeiten sind so verschieden, daß man ihr kaum einen Rat geben kann, der immer passen würde. Wegen der großen Wichtigkeit des Themas geben wir doch einige Hinweise: Eine Frau, die gerade in der entsprechenden Lage *ist,* wird vielleicht etwas herausfinden, was für sie passen könnte.

Zuerst soll die Gattin nach dem *Grund* dieses Ereignisses suchen. Meistens kommen mehrere Gründe zusammen. Irgendeine *äußere* Gelegenheit ist natürlich immer im Spiel: eine Reise des Mannes, eine längere Abwesenheit der Ehefrau, die berühmte neue Sekretärin. Allem soll man nicht zuviel Bedeutung beimessen.

Andere Gründe sind beim *Mann* zu suchen: die allgemeine Lust nach Abwechslung, die dem männlichen Geschlecht nachgesagt wird, oft verbunden mit einer gewissen Weichheit des Charakters, die sich selbst keinen Genuß versagen kann. Keineswegs sind es nur die besonders männlichen Männer, denen so etwas passiert! Sehr oft spielt ein gewisses Alter eine Rolle: auch bei Männern gibt es Torschlußpanik.

Nun wird es höchste Zeit, *die* Gründe zu besprechen, die bei der *Ehefrau* zu suchen sind. Gewiß, sie kann nichts dafür, daß sie älter wird. Es sei ihr ganz ernstlich und tröstlich gesagt, daß viele 25jährige Frauen von ihrem Mann verlassen werden, und daß es viele 60jährige gibt, die ihren Mann (manchmal auch noch andere dazu) immer zu fesseln vermögen. Wirklicher Charme (nicht Sex-appeal) altert nicht so leicht, da er aus einem klugen und liebenswürdigen *Herzen* kommt. Das zunehmende Alter ist höchstens insofern schuld an der Untreue des Gatten, als manche Frauen in einem gewissen Alter anfangen, sich zu vernachlässigen. Vielleicht pflegt die Frau ihr Haar nicht mehr, oder sie trägt faule Zahnstümpfe im Munde, deren Geruch sie selbst nicht spürt. Vielleicht ist es ihr jetzt morgens zu kalt, sich von Kopf bis Fuß zu waschen. Ihre Schuhe sind ausgetreten, der Rock zipfelt, die Unterwäsche ist nicht immer blütenfrisch. Dick ist sie geworden, und zu allem Überfluß hat sie noch eine Scheidensenkung, die den ehelichen Verkehr behindert. Ihr Mann braucht nun nur noch ein bißchen sportlich und strahlend auszusehen, und sie braucht sich nicht zu wundern, wenn er eines Tages anfängt, später als gewöhnlich heimzukommen.

Die Vernachlässigung kann sich übrigens auch auf den Haushalt erstrecken. So ungern der Mann ausgedehnte Reinigungsarbeiten miterlebt, so dankbar ist er doch für eine gepflegte, gemütliche Häuslichkeit, wozu natürlich ein liebevoll zubereitetes, appetitlich angerichtetes Essen gehört. Nachlässigkeit ist eine Form der Lieblosigkeit, und es ist klar, daß man dadurch den Mann aus dem Hause treiben kann. Ist es erst einmal soweit, daß er sich daheim nicht mehr wohl fühlt, dann wird ihm bald die fremde Frau über den Weg laufen: gepflegt, fürsorglich, humorvoll, charmant. Sie hat bestimmt alle Eigenschaften, die er daheim vermißt. Ist seine Frau rechthaberisch, so ist die fremde

Frau wahrscheinlich taubensanft. Ist die Gattin mürrisch und verdrossen, so ist die andere frisch und liebenswürdig.

Was soll die gekränkte Gattin nun tun?

Zunächst: Sie soll die Beziehung ihres Gatten zu der andern Frau keineswegs billigen. Ihr Mann würde sie zuerst darum bewundern, später verachten und ihr womöglich noch Vorwürfe deswegen machen. Andererseits sind große, tränenreiche Szenen, Selbstmordversuche und hysterische Anfälle unwürdig und überdies wirkungslos. Die Wimperntusche läuft einem dabei die Wangen hinunter und vermischt sich mit dem Lippenrot, und so jung ist man meistens nicht mehr, daß einem das gut stehen würde... Oft wartet der Mann geradezu auf so einen Krach, um die Möglichkeit zu haben, die Tür zuzuschlagen und beleidigt zu verschwinden. Zu der andern Frau natürlich, die den unverstandenen Mann lieb tröstet. Das Schlimmste ist mehrtägiges Mukschen; der dazugehörige grämliche oder bitterböse Gesichtsausdruck läßt die reizendste junge Frau wie eine alte Hexe erscheinen. Kein Mann hält das lange durch, und nun hat er wenigstens einen Grund, seine Abende außer dem Hause zu verbringen. So also soll man es nicht machen. Was die Gattin im Einzelfall tun soll, ist schwer zu sagen. Eine vielfach bewährte Methode (falls sie es fertigbringt): Humor! Es darf kein bitterer Humor sein, keine Ironie! Das nämlich mögen Männer meistens gar nicht, und jetzt geht es darum, etwas zu tun, was er mag, was ihn verblüfft oder bezaubert, jedenfalls anzieht und nicht abstößt.

Bekannter ist die Methode »neuer Hut«. Dem Mann sollen damit die Augen geöffnet werden, damit er sieht, wie reizend seine junge Frau eigentlich noch immer ist. Der neue Hut ist zweifellos ein wichtiges Requisit in dem Unternehmen. Mehr noch die neue Frisur, ein anderer Lippenstift, vielleicht ein paar Höhensonnenbestrahlungen im Winter – all das kann schon genügen, um der Frau eine neue Note zu geben. Es muß im Rahmen des Dezenten bleiben; des Unauffälligen und Geschmackvollen, sonst sieht man auf den ersten Blick: Aha, letzter Versuch!

Übrigens: Alle diese äußeren Veränderungen haben besonders

eine Wirkung auf die Frau selbst. Ihr Selbstbewußtsein wird dadurch gestärkt, und das ist in ihrer Lage sehr wichtig! Schon die bewundernden Blicke eines einzigen fremden Mannes auf der Straße lassen ihre Augen ein bißchen unternehmungslustig glänzen. Der nächste Mann, der ihr entgegenkommt, fängt diesen Blick auf und verhält vielleicht seinen Schritt. Wie lange ist ihr das nicht passiert... Jedenfalls kommt sie heute frischer und strahlender heim als in der ganzen letzten Zeit.

Wenn diese Bemühungen unter Tränen und mit letzten Kräften geschehen, schaden sie manchmal mehr, als sie nützen. Gelingt der Frau ein kleines, geheimnisvolles, spitzbübisches Lächeln, wenn ihr Gatte sie vor dem Spiegel überrascht, ist vielleicht schon manches gewonnen. Natürlich wird man nicht so leicht die fremde Frau aus dem Herzen des Gatten reißen, aber vielleicht hat es ihm doch einen ganz kleinen Ruck gegeben. Er wird nicht mehr so ruhig sein, wenn er das Haus verläßt. Das kann so weit gehen, daß er die Stunde, die er der andern Frau zu widmen dachte, zerstreut abkürzt. Gerade das aber ist es, gegen das die fremde Frau (die ja auch ihre Komplexe hat) sehr empfindlich ist. Kommt das öfter vor, sagt diese sich unter Umständen, daß es doch zu nichts führt mit einem verheirateten Mann, und die Beziehung erkaltet allmählich. Nach manchem Hin und Her kann es so weit kommen, daß der Ehemann die Abende wieder daheim verbringt. Zuerst vielleicht unter einem Vorwand: Er bringt einen Stoß Akten mit heim und vergräbt sich dahinter. Im Grunde möchte er ganz gerne dabeisein, wenn seine Frau, wie neulich abends, daheim die eleganten Schuhe, die Kette, die er ihr vor acht Jahren geschenkt hat, und das undurchsichtige Lächeln trägt...

Nicht immer wird es so einfach sein. Vielleicht am schlimmsten ist es, wenn eine falsche Partnerwahl vorliegt. Ein Beispiel:

Ein junger Wissenschaftler, der sich mit dreißig Jahren in ein süßes kleines Mannequin von siebzehn verliebt und es Hals über Kopf geheiratet hat, wird zuerst überglücklich und sehr stolz auf seine junge Frau sein. Einige Jahre später ist die Lage vielleicht verändert. Er ist inzwischen Professor geworden, sein Hauptinteresse gehört dem Beruf. Er sollte jetzt einen Menschen haben, mit dem er über seine Gedanken sprechen kann, der ihm mindestens mit Verständnis zuhört. Er braucht Rat, Anregung, Kritik. Er möchte, wie seine Kollegen, seine Frau auf wissenschaftliche Kongresse mitnehmen. Er nimmt sie auch hin und wieder mit, und sie ist noch immer bezaubernd schön. Alle bewundern sie. Aber nun hat er sie doch gebeten, bei solchen Anlässen möglichst wenig den Mund aufzutun – sie ist nicht mehr *so* teenagerhaft jung, daß sie so naiv sein dürfte.

Hier ist wieder die fremde Frau nicht weit. Sie sitzt in irgendeinem Institut über dem Mikroskop. Zufällig arbeitet sie an demselben Problem wie er. Sie ist ziemlich viel älter als seine reizende Gattin und kaum hübsch. Er verfällt der fremden Frau mit Haut und Haaren, ohne es auch nur zu merken. Seine Gattin, der er in seiner männlichen Naivität gewiß davon erzählt, weiß sofort Bescheid. Für sie gibt es nur eine beschränkte Anzahl von Mitteln, und die hat sie schon vorher erschöpft. Die fremde Frau hat immer neue Möglichkeiten. Zunächst sind die geistigen Dinge, die sie mit dem Kollegen verbindet, unerschöpflich, dann erwacht jetzt ganz nebenbei ihre Weiblichkeit. Sie hat ein Buch zu Hause, nach dem der Mann schon lange gesucht hatte. Dadurch kommt er eines Tages zum erstenmal in ihre Wohnung. Auf den nächsten Kongreß nimmt er seine Gattin nicht mit. Die Kollegin ist dort! Sie hält sich sehr zurück, sie sitzt bei den Vorträgen nicht neben ihm, denn sie weiß, daß sein Ruf für ihn sehr wichtig ist. So verbringt er den ersten Abend im Kreise der Leute, die für seine Karriere wichtig sind. Den nächsten Abend aber verbringt er doch mit ihr. Unter wissenschaftlichen Gesprächen, und ... bei einem Glase Wein. Allmählich merkt er, daß sie nicht nur klug, sondern auch hübsch ist. Nicht so schön wie seine Frau, aber das Aufblitzen eines Gedankens, eine geistvolle Wendung im Gespräch läßt sie plötzlich jung und fast strahlend erscheinen. Am nächsten Abend nimmt er sie mit zu einer wissenschaftlichen Besprechung im kleineren Kreise. Da macht er eine neue Entdeckung: Sie hat die sehr weibliche Fähigkeit, ganz diskret seine Vorzüge ins rechte Licht zu rücken. Sie stellt naive und dabei kluge Fragen, sie gibt dem Gespräch unmerklich eine solche Wendung, daß *seine* Forschungsergebnisse ohne allen Zwang in den Mittelpunkt des Interesses geraten. Es stellt sich bald heraus, daß man mit ihr sprechen kann. Sie hat alle Grundlagen, man verständigt sich mit einem Wort über alles das, was dem Mann zur Zeit im Kopf herumgeht. Sie hört ihm zu, regt ihn an durch ihre Fragen, sie weckt seinen beruflichen Ehrgeiz, sie beflügelt ihn. Bis in die Nacht hinein könnte er mit ihr diskutieren. Er empfindet sie nicht als Frau und hat keinerlei schlechtes Gewissen. Trotzdem ist diese Frau die größte Gefahr, die es für seine Ehe geben kann. Sie ist klug und reif, und danach sehnt er sich jetzt, nachdem er von Zärtlichkeit und weiblichen Reizen aller Art, von anmutigen Tränen und kindlichem Schmollen eben ein wenig übersättigt ist. Wie macht sie das nur? Ausgerechnet jetzt begegnet ihm diese Frau, die mit ihm den Weg zum höchsten beruflichen Erfolg gehen könnte. Wenn... warum hat er sie nicht eher kennengelernt?

Wir haben dieses Beispiel ausführlich ausgesponnen, weil es sehr häufig vorkommt. Der Mann braucht dazu keineswegs Professor zu sein. An diesem extremen Beispiel ließ es sich nur besonders gut zeigen. Glauben Sie es: In fast *jeder* Ehe kann sie eines Tages auftauchen, die geistige Freundin, und wenn sie einmal da ist, gibt es kaum ein Mittel gegen sie.

Viel früher aber, nämlich bei der *Wahl* des Partners, muß man daran denken. *Beide* müssen sich das klarmachen. Die Hauptverantwortung liegt beim geistig höherstehenden und meistens auch älteren Teil. Für ein reizendes junges Mädchen ist es nicht schwer, einen älteren, hochgebildeten Mann zu bezaubern. Ihre Freundinnen werden vor Neid platzen. Sie platzen zu Unrecht! In früheren Zeiten lasen die Dienstmädchen die bekannten Romane, in denen ein armes Blumenmädchen den reichen Graf heiratet. Heute gibt es glücklicherweise bei uns kaum mehr Standesunterschiede. Das Problem selbst ist geblieben, und wir hoffen, daß es aus der vorstehenden Geschichte deutlich geworden ist.

Was soll nun eine junge Frau tun, wenn sie doch in dieser

Hinsicht die falsche Wahl getroffen hat und nun merkt, daß der Mann auf geistigem Gebiet nicht auf seine Kosten kommt? Auch dann ist noch nicht alles verloren. Sie ist vielleicht ganz Hausfrau, ganz Mutter. An sich sehr schön für eine Frau. Wenn sie jedoch merkt, daß es dem Manne nicht genügt, muß sie sich um jeden Preis umstellen! Die große Gefahr für sie ist folgende: Sie kultiviert *die* Eigenschaften, die sie hat, immer weiter. Der Gedanke ist nicht schlecht, aber in der Praxis nicht erfolgreich. Sie macht sich immer noch hübscher, ist immer noch zärtlicher zu ihrem Gatten, bekommt immer noch mehr süße Kinderchen. Der Haushalt wird immer gepflegter, und auf einmal erreicht es einen Punkt, wo es nicht mehr gemütlich zu Hause ist. Das Putzen wird zum Selbstzweck, das Kochen so vollkommen, daß dem Mann übel von dem allen wird und er kaum mehr ein anerkennendes Wort dafür aufbringt; plötzlich hat er das Gefühl, als wolle sie mit alldem ihn zu sich herabziehen.

Jetzt ist es wieder soweit: Eines Tages sitzt er in einem sehr einfachen Lokal und ißt ein Paar Würstchen aus der Hand, mit der geistigen Freundin, während seine Frau in der blitzblanken Wohnung vor dem Fernsehapparat sitzt und strickt und auf ihn wartet. Seit einer Stunde ist das Essen fertig, und er kommt nicht...

Der bessere Weg: Wenn der Mann viel gebildeter ist und die Frau so dumm war, ihn zu heiraten, soll sie wenigstens jetzt klug sein. Ihren Haushalt macht sie schnell und ordentlich, sie versorgt die Kinder – er soll ja nicht sagen: »Wenn du *das* nicht mal kannst...« Nun hat sie keine Zeit mehr für Illustrierte und Kaffeeklatsch, sie steht nicht auf der Treppe und schwätzt, sondern sie liest. Zum Beispiel die Bücher, die auf dem Schreibtisch ihres Mannes liegen, auch wenn sie nicht gleich alles versteht. Wenn sie einmal älter ist und die Kinder sie nicht mehr so stark beanspruchen, wird sie zwar mehr Zeit haben, aber ihr Geist wird nicht mehr jung genug sein, um zu lernen. Sie geht auch einmal in eine Ausstellung, in eine Bibliothek. Sie liest nicht mehr reihenweise irgendwelche Romane aus ihrer Leihbibliothek – zu dem allen hat sie jetzt keine Zeit mehr, sondern sie liest die Bücher, von denen sie ihren Mann mit seinen Freunden hat sprechen hören.

Zuerst wird sie verzweifeln. Wir müssen tatsächlich zugeben, daß sie sich niemals eine wirklich tiefgehende Bildung auf diese Weise aneignen wird. Wenn sie aber tapfer weitermacht, bekommt sie allmählich Freude an der Sache, und damit ist schon viel gewonnen. Ganz allmählich wird sie in die Welt ihres Gatten Einblick gewinnen.

Die Hauptsache ist nun, daß sie mit dem eben angelesenen Wissen nicht im Gespräch zu glänzen versucht – eine *große* Versuchung! –, sondern immer ihr ganzes Augenmerk darauf richtet, zuzuhören. Ob ihr Mann spricht oder jemand anderes: Immer höre sie aufmerksam zu! Mögen die Leute denken, sie sei gar zu bescheiden – das ist nicht schlimm. Schlimm wird es nur, wenn sie mit wichtiger Miene etwas Halbverdautes von sich gibt; das würde ihrem Mann viel peinlicher sein, als wenn sie ganz unwissend wäre. Ihre wachsende Bildung wird sie nicht daran messen, daß sie jetzt mitreden kann, sondern daran, daß das Zuhören ihr immer leichter fällt. Immer häufiger werden sich Verbindungen zwischen einzelnen Gegenständen, über die sie gelesen hat, herstellen, und immer öfter wird sie einen Gedanken haben, der gleich darauf auch von ihrem Mann ausgesprochen wird. Wenn sie klug ist, wird *diese* Genugtuung ihr genügen.

Je mehr sie sich auf geistigem Gebiet ihrem Mann nähert, um so näher wird sie ihm auch sonst kommen. Allmählich wird sie besser wissen, wann er Ruhe, wann Anregung, wann Sachlichkeit und wann Zärtlichkeit braucht. Er wird ihr dankbar sein und nicht so leicht der geistigen Freundin verfallen. Voraussetzung ist, daß ihr Bildungshunger nicht einem Macht- und Prestige-Streben entspringt, sondern der Liebe zu ihrem Mann, wozu sich dann noch mit der Zeit ein sachliches Interesse gesellt.

Viele Männer lehnen allerdings intellektuelle Frauen ab. Meist nur deshalb, weil sie oft sehr selbstherrlich, kritisch und eingebildet sind, alles besser wissen und nicht kochen können. Das kann ja unserer liebevollen, kleinen Frau nicht passieren!

Nun noch das andere Extrem: Unser junger Wissenschaftler

hat die geistige Freundin rechtzeitig, als erste, kennengelernt und geheiratet. Nach einigen Ehejahren kann sich ein umgekehrtes Problem ergeben. Er hat genug von der Geistigkeit, er wünscht sich ein süßes kleines Häschen, das mit großen, erstaunten Augen zu ihm aufblickt und ihn wundervoll findet. Binnen kurzem wird ihm todsicher gerade dieses Mädchen über den Weg laufen. Sehr schwer für die Gattin, die ihm all diese Jahre eine gute Kameradin war, die schon in der Studentenzeit seine Arbeiten für ihn geschrieben hat, nächtelang, mit ihm gehungert, als Ehefrau noch mit ihm verdient, sehr sparsam gewirtschaftet und nebenbei seine Kinder geboren hat.

Sie darf darauf vertrauen, daß zwischen ihr und ihrem Gatten vieles Verbindende ist, das nicht so leicht vergeht. Die Lage wird für sie im allgemeinen nicht ganz so gefährlich sein. Natürlich darf sie keinesfalls die Hände in den Schoß legen oder etwa in Krankheit oder Verstimmung flüchten. Gerade für sie gilt es jetzt, sehr auf dem Posten zu sein, sich doppelt zu pflegen, ruhig den Mann einmal in die leere Wohnung kommen zu lassen, so daß er unruhig wird. Kurze Zeit darauf soll sie aber strahlend und angeregt heimkommen. Keinesfalls scharfe, lange Diskussionen, eher mal ein ruhiges, mütterliches Wort. Den Humor behalten! Nicht resignieren und auf keinen Fall scheiden lassen. Es ist anzunehmen, daß er nach einiger Zeit reumütig wiederkommt. Und diese Frau wird auch nicht leicht einen anderen, ihr entsprechenden Partner finden.

Die geistige Frau sollte sich schon zu Beginn ihrer Ehe klar darüber sein, welche Gefahren für ihren Fall bestehen. Sie muß sich von Anfang an entsprechend verhalten, sonst erleidet sie ebenso Schiffbruch wie der 17jährige Teenager. Sie soll das Geistige nicht unnötig weiter steigern, nur so weit, wie es für die Gemeinschaft mir ihrem Gatten nötig ist. Natürlich dabei nicht völlig versanden, sondern immer ein bißchen auf dem laufenden bleiben. Besonderen Wert soll sie auf die Körperpflege und auf hübsche Kleider legen und ruhig ein bißchen stolz darauf sein, wenn jemand erstaunt zu ihr sagt: »Ihnen sieht man aber das Studium gar nicht an!«

Nun haben wir die hauptsächlichen Beispiele für den Einbruch einer fremden Frau besprochen: die geistige Freundin, die erotisch anziehende junge Frau, die verständnisvoll mütterliche Frau...

Noch eine wichtige Frage: Hat die Frau, die sich von ihrem Manne betrogen glaubt, nun etwa dieselben Rechte? Würde es der Ehe vielleicht sogar ganz guttun, wenn auch die Frau mit einem andern Mann anbändeln würde? Eine sehr umstrittene Frage.

Gewiß, ein Blick der Frau zu einem andern Mann hin mag mal ganz gut sein. Kultivierter noch ist es, wenn es der Frau gelingt, durch das strahlende Lächeln, das sie ihrem Gatten schenkt (etwa in einem Lokal), die bewundernden Blicke eines andern Mannes auf sich zu ziehen. Ihren Gatten wird das stolz und ein kleines bißchen unruhig machen, und nebenbei kann er sich von ihrer Tugend überzeugen. Gerade die begehrte und dabei doch unnahbare Frau reizt den Mann. Sie darf, wenn er das Gespräch auf den Blick dieses anderen bringt, voller Unschuld sagen, daß sie das gar nicht gemerkt habe, und mit einem Scherz darüber hinweggehen.

Also: Ein dezenter Blickwechsel mit dem Nebentisch ist erlaubt, vielleicht sogar empfehlenswert. Viel mehr aber nicht. Wir meinen, daß die Frau nicht Gleiches mit Gleichem vergelten sollte, und sei es nur deshalb, weil sie leicht dabei den kürzeren zieht. Meistens wird alles nur schlimmer: Vielleicht war der Gatte eben im Begriff, zu ihr zurückzukehren. Durch *ihre* Untreue treibt sie ihn zur Verzweiflung, jedenfalls zumindest der anderen Frau in die Arme. Außerdem wird die Frau nicht so schnell jemanden finden, den sie wirklich mag, und sie sollte es sich sehr überlegen, ehe sie mit einem fremden Mann etwas anfängt, nur um ihren Gatten zu ärgern. Die Frau ist rein biologisch nicht für die Untreue geschaffen, die Folgen sind unabsehbar; und übrigens: Der andere Mann ist ja schließlich auch ein Mensch, und man sollte mit all diesen Dingen nicht spielen.

Der fremde Mann

Warum wird die Ehebrecherin in manchen Epochen und noch jetzt in manchen Ländern ausgepeitscht oder gar getötet, während dem ehebrecherischen Mann meistens gar nichts geschieht; es sei denn, er würde von dem wütenden Nebenbuhler im ersten Zorn umgebracht?

Auch heute und bei uns wird eine Frau, die so etwas tut, ganz anders beurteilt als ein Mann. Paßt eigentlich diese *doppelte Moral* noch in unsere Zeit, wo die Frau dem Manne gleichberechtigt ist, wo sie oft mehr verdient als der Mann? Nein, eigentlich nicht. Die doppelte Moral entspricht jedoch einer natürlichen, uralten Notwendigkeit. Der Mann kann sich nicht anders helfen, will er nicht fremde Brut aufziehen. Seine Intoleranz ist eine Notmaßnahme, mit der er seine biologische Benachteiligung so gut wie möglich auszugleichen sucht. Als solche müssen wir sie verstehen und respektieren.

Ob die Frau in einen Harem eingesperrt wird, ob man ihr, wie im alten Ägypten, ein Kettchen um die Füße legt, damit sie nur kleine Schritte machen kann, oder ihr gar wie in China die Füße verkrüppelt, ob man sie in Schleier hüllt (bei uns nur noch als Brautschleier erhalten) oder ihr immer eine alte Frau als Begleiterin mitgibt – jedesmal wieder ist es die nicht unberechtigte Angst des Mannes, die tausend Sicherungen sucht.

Natürlich wäre es zu erwägen, ob man einer berufstätigen Frau, die vielleicht mit ihrem Mann nicht viel mehr gemeinsam hat als Fernsehapparat, Name und Adresse, auch in bezug auf den fremden Mann größere Freiheiten gewähren sollte. Ob sie allerdings dadurch glücklicher werden würde, erscheint sehr fraglich. Gewisse biologische Gegebenheiten werden sich in Jahrtausenden nicht ändern, und so wird wohl auch die doppelte Moral sich nicht ganz beseitigen lassen.

Eine kluge Frau wird ihren Gatten nicht zur Eifersucht treiben. Zwar sind manche Menschen geradezu gern eifersüchtig; anderen wieder macht es das größte Vergnügen, den Partner vor

Eifersucht schäumen zu sehen. Normale Menschen sollten auf diese zweifelhaften Reizmittel nicht angewiesen sein. Es ist hier wie mit dem berühmten Körnchen Salz: Das Körnchen ist gut, aber wie schnell ist das Essen versalzen, und das läßt sich dann kaum mehr rückgängig machen.

Eine Frau wird es reizend finden, wenn der Mann ein klein wenig eifersüchtig ist auf die Männer, die ihr nachschauen. Der Mann freut sich natürlich, wenn die Frau immer wieder ein reizendes junges Mädchen entdeckt, das ihren Gatten eben bewundernd angeschaut hat. Niemals aber sollte man sich zu ernstlichen Eifersuchtsszenen hinreißen lassen, die das Leben vergiften. Niemals einander nachspionieren und die Briefe des andern über Dampf öffnen. Anständigkeit und Vertrauen verpflichten viel stärker. Besitzen, als ob man nicht besäße...

Die kinderlose Ehe

Bei manchen Frauen geht der Wunsch nach einem Kinde ein oder mehrere Male schief, es kommt immer wieder zu Fehlgeburten. Die Ursachen sind ganz verschiedener Art.

Manche Frauen sind, wenn sie heiraten, körperlich noch nicht voll entwickelt. Diese Unterentwicklung der inneren Organe kann in einem unentwickelten, noch fast kindlichen Körperbau zum Ausdruck kommen. Das ist keineswegs immer der Fall; auch bei großen, kräftigen Frauen mit voller Brust und weiblichen Hüften können die inneren Organe noch unausgereift sein. Oft hört man von solchen Frauen, daß sie als junge Mädchen erst ziemlich spät die erste Periode bekommen haben.

Durch die Ehe wird das oft bald aufgeholt. Eine große Rolle scheinen dabei die Hormone zu spielen, die in der Samenflüssigkeit des Mannes enthalten sind und beim Verkehr auf die Frau übergehen. Natürlich nur, wenn sie wirklich in den Körper der Frau gelangen und nicht eiligst wieder herausgespült werden. Auch die seelischen Einflüsse der Ehe sind dabei wichtig.

Wenn die weiblichen Organe noch nicht richtig ausgewachsen sind, ist zwar oft eine Empfängnis möglich, aber die Gebärmutter ist noch zu klein und schwach, um die Frucht auszutragen. Es kommt zur Fehlgeburt. Manchmal kann der Arzt durch Hormonspritzen helfen. Manchmal ist es so, daß nach einigen *Probeschwangerschaften* endlich doch ein Kind ausgetragen wird, und dann kommen oft mehrere nacheinander: Die Frau hat es *gelernt*, Kinder zu bekommen.

In anderen Ehen wird gleich ein Kind geboren; dann kein weiteres mehr. Das ist zum Beispiel bei manchen Frauen so, die zugleich mit der ersten Empfängnis eine Geschlechtskrankheit aufgenommen haben (Gonorrhoe). Diese macht während der Schwangerschaft nicht viel Beschwerden, klettert jedoch im Wochenbett in die Eileiter hinauf. Diese werden dadurch dauernd verklebt, und nun kommt es nie mehr zur Empfängnis.

In einer anderen Ehe wird zunächst ein gesundes Kind geboren. Bei der nächsten Schwangerschaft machen sich gewisse Unverträglichkeiten bemerkbar, die dadurch bedingt sind, daß die Blutgruppe des Mannes nicht zu der der Frau paßt. Dabei handelt es sich meistens um den sogenannten Rh-Faktor im Blut. Das zweite Kind kommt dadurch geschädigt zur Welt, meistens mit einer sehr starken Gelbsucht. Viele Neugeborene haben ja eine Gelbsucht, aber das kommt erst am 2. oder 3. Tage, während die gefährliche Gelbsucht schon bei der Geburt oder wenige Stunden darauf da ist. Wenn es rechtzeitig bemerkt wird, kann dieses Kind vielleicht noch gerettet werden, und zwar durch eine Austauschtransfusion. Man entnimmt ihm eine große Menge von dem kranken Blut und läßt am andern Ärmchen gleichzeitig gesundes Blut einlaufen. Noch vor nicht langer Zeit waren diese Zusammenhänge unbekannt, und die Kinder waren rettungslos verloren. Heute wachsen sie in vielen Fällen zu ganz gesunden Menschen heran, sofern sie nur sofort nach der Geburt behandelt werden. Leider ist es bei der nächsten Schwangerschaft nicht besser. Im Gegenteil: Das nächste Kind ist vielleicht nicht mehr zu retten, das übernächste eine Totgeburt, und dann kommen nur noch Fehlgeburten. Die Störung liegt übrigens weder am

Mann noch an der Frau, sondern nur an der Zusammenstellung: Jeder der beiden Gatten ist gesund und könnte mit einem andern Partner gesunde Kinder bekommen, wie sich immer wieder zeigt, wenn einer der Gatten stirbt und der andere eine neue Ehe eingeht.

Nun gibt es auch Ehen, wo es nicht zu einer einzigen Geburt, auch nicht zu einer Fehlgeburt kommt, sondern wo die Frau gar nicht empfängt. Das kann durch die erwähnte Unterentwicklung der Organe bedingt sein oder durch mancherlei Krankheiten. Im allgemeinen rechnet man nach fünfjähriger kinderloser Ehe nicht mehr mit Nachkommenschaft. Wenn nach zweijähriger Ehe keine Schwangerschaft eingetreten ist, obwohl regelmäßiger Verkehr ohne Vorsichtsmaßnahmen stattgefunden hat, soll man den Arzt fragen, damit nichts versäumt wird. Er wird dann *beide* Gatten gründlich untersuchen (in 10 Prozent der kinderlosen Ehen ist nämlich die Kinderlosigkeit durch den Mann bedingt!). Manchmal liegen unerkannte Allgemeinerkrankungen zugrunde, z. B. Diabetes, Basedow und Blutkrankheiten. Der Arzt wird sie behandeln und damit unter Umständen zur Beseitigung der Kinderlosigkeit beitragen können.

Gegen die Unterentwicklung der weiblichen Organe, sei es, daß gehäufte Fehlgeburten auftreten, sei es, daß es gar nicht zu einer Empfängnis kommt, gibt es viele Mittel. Vor allem allgemein kräftigende Maßnahmen wie Moorbadekuren, Diät, Gymnastik; auch pflanzliche Extrakte und Hormonkuren. Das alles wirkt nicht von heute auf morgen und muß eine Zeitlang geduldig fortgeführt werden.

In manchen, ganz bestimmten Fällen wird der Arzt zu einer Operation raten. Selbstverständlich ist dafür die Voraussetzung, daß die Ursache der Kinderlosigkeit tatsächlich bei der Frau liegt: Darum muß gerade in solchen Fällen der Mann ganz besonders gründlich untersucht werden.

Bei der kinderlosen Ehe ist das *ärztliche Gespräch* wieder sehr wichtig. Oft spielen seelisch-körperliche Unstimmigkeiten eine Rolle: Frigidität, Arbeitsüberlastung, falsche Technik des ehelichen Verkehrs usw. Ein kleines Beispiel: Eine junge Frau, die abends immer so müde war, wartete vergeblich auf ein Kind. Der Arzt riet, den ehelichen Verkehr auf den Morgen zu legen, und prompt erfolgte die Empfängnis.

Manche Leute glauben, wenn die Eheleute sich dringend ein Kind wünschten, müßten sie möglichst oft zusammenkommen. Das hat sich aber nicht bewährt. Man soll im Gegenteil ruhig eine gewisse Enthaltsamkeit üben und den Verkehr einmal nur auf die fruchtbaren Tage beschränken, also die Tage um den Follikelsprung herum.

Wenn nun alle Ratschläge, alle Kuren, selbst eine etwa notwendig werdende Operation nichts nützen, was dann?

Manche Eheleute finden sich mit der Kinderlosigkeit verhältnismäßig leicht ab. Das Leben ist bequem, man hat mehr Geld, die Wohnung bleibt sauber, die Frau kann ohne weiteres berufstätig sein. Man kann ausgehen und verreisen sooft man will...

Man täusche sich jedoch nicht: Bei fast allen Menschen, auch Männern, kommt eine Zeit, wo sie sich nach Kindern sehnen, und viele Ehen sind aus diesem Grunde schon geschieden worden, manchmal erst in den Vierzigerjahren!

Viel wird von der *künstlichen Befruchtung* als angeblichem Ausweg gesprochen. Damit hat es folgendes auf sich. Wenn der Ehemann an einer Störung (z. B. Kriegsverletzung oder Lähmung) leidet, durch die es ihm unmöglich ist, seiner Gattin beizuwohnen, so kann der Arzt dem Mann mit einer Spritze Samenflüssigkeit entnehmen und diese in die Gebärmutter der Frau einbringen, natürlich an einem für die Empfängnis günstigen Tag. Das hat schon in vielen Fällen zum Erfolg geführt, meistens nach einer ganzen Reihe von Versuchen, die sich über mehrere Monate erstreckten. An dieser Handlung wird kaum jemand etwas Unrechtes finden, es ist eine wirklich ärztliche Hilfeleistung und wird von fast allen Sachverständigen gebilligt. Natürlich kommt dieser Fall nicht oft vor. Wesentlich häufiger ist ein anderer Fall, wie er seit langem durch die wissenschaftlichen und populären Zeitschriften geht, über den sogar schon Romane geschrieben wurden, daß ein Mann überhaupt nicht zeugungsfähig ist. Er hat keine befruchtungsfähigen Spermien in seiner Samenflüssigkeit und kann deshalb kein Kind zeugen, obwohl die Fähigkeit zum ehelichen Verkehr (Potenz) vielleicht ganz ungestört ist.

Nun erhebt sich die Frage, ob und wie man den Eheleuten doch noch zu einem Kind verhelfen kann. Es gibt nun Leute, die nichts dabei finden, den Samen eines *fremden* Mannes zu nehmen und der verheirateten Frau einzuführen. Gegen dieses Verfahren müssen aber die *allerstärksten Bedenken* erhoben werden. Man stelle sich die Lage des Ehemannes vor, der seine Gattin von einem Unbekannten geschwängert sieht. Man denke an die Frau, die in diesem Zustand neben ihrem Gatten schlafen soll. Man denke an das Kind, das keinen Vater hat. Man vergesse nicht den Samenspender, dem man eine Masturbation auf Bestellung zumutet und ihn nachher im unklaren läßt, welches von den Kindern, die auf der Straße herumlaufen, das seine ist. Es ergeben sich noch viele Weiterungen, wenn man richtig darüber nachdenkt: Die unklaren Abstammungsverhältnisse können, wenn das Verfahren überhandnehmen würde, dazu führen, daß Bruder und Schwester einander heiraten, ohne es zu wissen. Man vergesse dabei nicht den Arzt. Abgesehen von aller Peinlichkeit: Wenn die Eheleute nachher nicht zufrieden sind, bekommt *er* die Vorwürfe. Womöglich muß er zu guter Letzt noch Alimente zahlen, da er ja eigentlich die Frau geschwängert hat! Der Arzt sollte bei solchen Zumutungen klipp und klar sagen, daß das nicht zu seinen Aufgaben gehört. Den Wunsch der Frau nach Kindern könne er verstehen, allenfalls auch die Zustimmung des ratlosen Gatten. Aber was hat der Arzt damit zu tun? Sollte die Frau nicht dann gleich den natürlichen Weg wählen? Mit ihrem Entschluß zur künstlichen Besamung zeigt sich doch wohl, daß sie sich ohnehin über manches hinweggesetzt hat...

Ebenso energisch ist die künstliche Befruchtung bei einer unverheirateten Frau abzulehnen. Eigentlich ist es so ähnlich wie in jüngstvergangenen Zeiten, wo man Ärzten zugemutet hat, lebensunwertes Leben zu beseitigen. Wenn ein Vater (auch der Vater Staat) seine mißgebildeten Kinder umbringen will, so mag er tun, was sein Gewissen ihm erlaubt oder vorschreibt. Was hat der Arzt damit zu tun? Um ein Kind zu töten, braucht man, wie sich immer wieder zeigt, kein abgeschlossenes Medizinstudium. Um eines hervorzubringen, auch nicht.

Ein *guter* Weg für das kinderlose Ehepaar: die Adoption eines fremden elternlosen Kindes. Freilich, es werden manche Bedenken vorgebracht: Man weiß nicht, wie sich das Kind entwickeln wird. Weiß man es bei den eigenen Kindern? Wenn eine Frau ein Kind erwartet, dann weiß sie doch bis zum Augenblick der Geburt nicht einmal, ob es ein Junge oder ein Mädchen sein wird; ob es mit Klumpfuß oder Hasenscharte zur Welt kommen wird oder überhaupt als Totgeburt... Das fremde Kind kann man sich vorher ansehen und aus einer Reihe von einsamen Kindern aussuchen. Man wird auf Wunsch manches über seine Herkunft erfahren, die beim Jugendamt im allgemeinen gut bekannt ist. Es werden übrigens nur gesunde Kinder zur Adoption vermittelt, und immer geht eine Probezeit von mindestens einem halben Jahr voraus, ehe der Adoptionsvertrag abgeschlossen werden darf. Nach Ablauf der Probezeit können die Eheleute das Kind immer noch zurückgeben, aber die natürliche Mutter kann es nicht mehr zurückfordern, weil sie schon, ehe das Kind auf Probe zu den neuen Eltern kam, schriftlich auf ihr Kind verzichtet hat. Das Problem – das die Illustrierten von Zeit zu Zeit bringen –, die kleine Margot, die in fünf Jahren der Pflegemutti so ans Herz gewachsen war, wird von der plötzlich auftauchenden natürlichen Mutter zurückgefordert, beim Adoptivkind gibt es das nicht. Das Adoptivkind hat die rechtliche Stellung eines ehelichen Kindes seiner Adoptiveltern und kann ihnen nicht weggenommen werden. Das Jugendamt gibt keine Auskunft, wo das Kind ist, wenn die natürliche Mutter danach fragen sollte.

Im Gegensatz zu dem Kind aus einer künstlichen Besamung gehört das Adoptivkind beiden Adoptiveltern in genau derselben Weise an. Es ist kein Vorwurf für den Vater dabei, und es zeigt sich immer wieder, daß beide es nach kurzer Zeit so lieb haben wie ein eigenes Kind, zumal wenn sie es schon als Säugling angenommen haben. Die berühmte »Stimme des Blutes« gibt es ja bekanntlich nicht!

Man muß sich in diesem Zusammenhang einmal daran erinnern, daß der Mensch, den man am allerliebsten auf der Welt hat, mit dem man freiwillig sein ganzes Leben lang Tisch und Bett teilt, ja regelmäßig *kein* Blutsverwandter ist, sondern ein Mann oder eine Frau, den oder die man vor kurzer Zeit zufällig irgendwo kennengelernt hat. Warum sollte man dann nicht ein hilfloses Kindchen lieben, das noch nicht geprägt ist und sich ohne weiteres ins Haus einfügt? Die Adoption kann für alle Fälle von Kinderlosigkeit empfohlen werden, ob es nun am Mann liegt oder an der Frau.

Zum Schluß: Die Statistik erweist, daß achtzig Prozent der Frauen, die ein Kind adoptiert haben, später selbst noch in dieser Ehe eines zur Welt bringen. Kaum zu glauben, da doch die Adoption eines fremden Kindes in den meisten Fällen erst als letzte Möglichkeit erwogen wird, wenn man nach langer Ehe die Hoffnung auf Nachwuchs aufgegeben hat. Man nimmt an, daß die mütterliche Betätigung auch die inneren Organe der Frau ausreifen läßt, wodurch dann in so vielen Fällen doch noch eine Empfängnis erfolgen kann.

Vor dem Scheidungsrichter

Wenn eine Ehe zerbricht, so tut sie das meistens nicht an den schwerwiegenden Entgleisungen. Selbst der Ehebruch wird oft verziehen. Die meisten Ehen zerbrechen an Langeweile, Frigidität und an den kleinen Schikanen des Alltags.

Was tun, wenn man glaubt, die Ehe sei zerrüttet. Wenn *ein* Gatte das Gesetz benutzt, um den anderen festzuhalten, so ist das oft von zweifelhaftem Wert. Besonders, wenn der Altersunterschied gar zu groß war, sollte man vielleicht dem älteren Teil raten, den jüngeren freizugeben und die Schuld auf sich zu nehmen. Unter anständigen Menschen sollte es ja vor Gericht überhaupt so sein, daß jeder bereit ist, die Schuld auf sich zu nehmen, besonders der Mann. Allerdings sind mit den Paragraphen so viele Komplikationen hinsichtlich des Unterhalts und anderer Dinge verbunden, daß man sehr reinfallen kann. Ein entsprechend veranlagter Partner ist unter Umständen fähig, immer noch einmal Berufung einzulegen und immer neue Peinlichkeiten ans Licht zu zerren. Wenn das dann alles vorüber ist, kommt der Zank um Haus und Auto, um das Geld und vor allem um die Kinder! Hundertmal soll man es sich überlegen, ehe man sein persönliches Pech vor den Richter bringt. Sehr oft wird nichts gebessert. Allerdings: Mit Ehen, die keine mehr sind, sollte man vielleicht doch kurzen Prozeß machen. Wo eine Scheidung nicht in Frage kommt, bleibt die Trennung. Die Würde des Menschen muß dabei gewahrt werden. Dauernder Betrug oder körperliche Mißhandlung sind untragbar. Man darf allerdings nicht vergessen, wie es dazu gekommen ist. Erstaunlicherweise findet übrigens manchmal die Frau eine Ehe gar nicht so zerrüttet, wie der Mann geltend macht. Wenn die Sache erst beim Scheidungsrichter angekommen ist, ist manchmal ein schnelles Ende besser als endlose Quälereien. Eine Ehe kann wegen Verschuldens geschieden werden, z. B. wegen Ehebruchs. Die Klage muß aber bald erhoben werden: Die Möglichkeit dazu verjährt nämlich schon nach einem halben Jahr. Zu einem Zeitpunkt, wo man noch hoffen sollte, daß der schuldige Teil wieder zur Besinnung kommt. Sehr oft hat sich nämlich die ehebrecherische Beziehung bereits totgelaufen, ehe die Scheidung richtig perfekt ist. Nimmt der nichtschuldige Teil die ehelichen Beziehungen wieder auf, nachdem er von dem Ehebruch erfahren hat, gilt die Sache als verziehen und kann nicht mehr als Scheidungsgrund verwendet werden. Sehr oft wird *Ehebruch* als Scheidungsgrund angegeben, weil die Ehegatten sich einig darüber sind, daß das ein besonders wirksames Argument ist. Die meisten Scheidungen haben aber in Wirklichkeit andere Gründe.

Eine Ehe kann auch ohne Verschulden geschieden werden, z. B. wenn einer der Gatten unter einer Geisteskrankheit leidet, die die Gemeinschaft zerstört hat. Eine weitere Rolle spielt die dreijährige Trennungszeit, die neuerdings wieder umstritten ist. Die Scheidungsklage wird beim zuständigen Landgericht erhoben. Für die Verhandlung besteht Anwaltszwang. Die angegebenen Gründe werden vom Gericht genau untersucht. Der schuldige Teil wird im Urteil als solcher bezeichnet.

Der wesentliche Streittitel umfaßt meist die Unterhaltsgewährung. Wird der Mann für schuldig befunden, so hat er für den Unterhalt der Frau zu sorgen. Davon ist er nur befreit, wenn die Frau aus eigener Erwerbstätigkeit oder aus eigenem Vermögen sich selbst unterhalten kann. Das hängt auch mit der jeweiligen Lage auf dem Arbeitsmarkt zusammen. Alles ziemlich kompliziert, ohne Anwalt wird man meistens nicht klarkommen. Stirbt der Unterhaltsempfänger oder verheiratet er sich wieder, so verfällt der Anspruch. Auch die Frau kann die Verpflichtung haben, den Mann zu unterhalten, wenn er es selbst nicht kann.

Mit den bisher genannten Streitpunkten hat man alle Möglichkeiten, den Ehescheidungsprozeß abwechslungsreich zu gestalten. Noch schlimmer wird es, wenn der Streit um die Kinder geht. Darüber sitzt die Vormundschaft zu Gericht. Am günstigsten liegt der Fall, wenn die Eltern sich über die Kinder geeinigt haben. Das Gericht kann dann nur abweichen, wenn eine sittliche Gefährdung der Kinder zu befürchten ist. Wenn die Eltern keinen eigenen Vorschlag gemacht haben, wird das Vormundschaftsgericht meistens den unschuldigen Teil beauftragen. Wenn es im Interesse der Kinder erforderlich ist, so kann die Sorge für die Person dem einen, für das Vermögen dem andern Teil übertragen werden. Es kann auch ein Vormund oder ein Pfleger eingesetzt werden. Ehebruch kann bestraft werden, allerdings nur auf Antrag. Von dieser Möglichkeit wird selten Gebrauch gemacht. Wenn, dann meistens zu Rachezwecken.

Perversionen

Perversionen sind falsche Triebrichtungen, durch die eine normale Betätigung des Geschlechtstriebs verdrängt wird. Nicht jede kleine Abweichung im Vorspiel darf man als Perversion ansehen. Es ist überhaupt zu sagen, daß eine Perversion nur eine Steigerung, eine Verzerrung ist von solchen Empfindungen, wie sie in jedem Menschen in angedeuteter Form schlummern.

Jeder Mann wird gern das Haar seiner Frau streicheln und küssen. Der Haarfetischist liebt nicht mehr die Frau, sondern nur ihr Haar, weiterhin *alles* Frauenhaar, so daß solche Leute auf der Straße den Mädchen die Zöpfe abschnitten, um damit zu Hause irgendein Spiel auszuführen, das mit geschlechtlicher Befriedigung endet. Jeder Mann hat schon die Schuhe und Strümpfe, die zarten Wäschestücke seiner Geliebten bewundert. Diese Dinge sind für jeden Mann von starkem Reiz, besonders natürlich, wenn die Frau sie anhat. Der Mann bleibt gern mal unauffällig vor dem Schaufenster eines Wäschegeschäftes stehen oder betrachtet die Auslagen eines Korsettgeschäftes. Wenn die Dame ihr Taschentuch fallen läßt, wird er es beim Aufheben vielleicht schnell an die Lippen drücken – alles ganz normal. Wenn es aber so weit kommt, daß er Damenwäsche entwendet oder Damenschuhe mit ins Bett nimmt (beides natürlich getragen, nicht ladenneu), um sich daran zu befriedigen, wenn seine Sexualität von der Frau abgelöst ist und ganz an dem Gegenstand haftet, dann ist es eine Perversion (Schuhfetischismus, Wäschefetischismus usw....). Jeder hat schon ein Hündchen zärtlich gestreichelt. Der Sodomist aber wählt Tiere als Geschlechtspartner, was natürlich wieder eine Perversion ist.

Ein Kind übt ganz natürlicherweise einen gewissen erotischen (nicht sexuellen) Reiz auf uns aus. Jeder Mensch mag gern hin und wieder ein hübsches, liebenswürdiges Kind auf dem Schoß halten und mit ihm spielen. Wenn aber ein Mann oder eine Frau mit einem Kinde sexuelle Spielereien vornimmt und damit die schlummernden Triebe zur Unzeit weckt, so ist das pervers und wird strengstens bestraft. Kinder, denen so etwas geschieht, werden dadurch oft aus ihrem Kinderparadies gerissen und für ihr ganzes Leben auf einen falschen Weg geleitet. Was man dann auch tun mag – das Geschehene ist nicht rückgängig zu machen, und die ärztliche Untersuchung ebenso wie die peinliche Befragung vor Gericht, die für die Erfassung des Täters notwendig ist, bringt dem Kinde die Vorgänge erst noch richtig zum Bewußtsein und isoliert das Kind aus seinem kindlichen Lebenskreise. Solche Vorkommnisse sind häufiger, als man denkt. Geschwister, Hausangestellte, ja sogar Erzieherinnen und Lehrer können daran beteiligt sein. Für das betroffene Kind wäre es natürlich am besten, wenn man es ohne alles Aufhebens aus dem unsauberen Milieu herausbekäme. Wenn möglich, wird man den Verführer kurz und kühl, ohne großen Krach, entfernen.

Über die *Selbstbefriedigung* als mehr oder weniger normales Durchgangsstadium bei pubertierenden Knaben, seltener auch bei Mädchen, haben wir schon gesprochen. Eine Perversion kann man die Onanie eigentlich erst dann nennen, wenn jemand sie nicht nur als Notbehelf betreibt, sondern wenn er diese Form der geschlechtlichen Betätigung lieber betreibt als den normalen Geschlechtsverkehr. Wenn zum Beispiel ein verheirateter Mann oder eine verheiratete Frau noch onanieren, obwohl sie Gelegenheit zum ehelichen Verkehr haben.

Eine weitere Perversion ist der *Sadismus*. Dabei entsteht die geschlechtliche Befriedigung dadurch, daß man den Partner quält, ihm weh tut, ihn gar verletzt. Das letzte Extrem ist der Lustmord. Im weiteren Sinne gehören zu den Sadisten auch jene Menschen, die ihre Mitmenschen und Untergebenen sinnlos foltern, wie man es in Konzentrationslagern und etwas milder auch auf Kasernenhöfen immer wieder erlebt hat. Der Sadist sucht und findet meistens als Partnerin eine *Masochistin*. Das ist die umgekehrte Perversion: eine Frau, die sich dadurch befriedigt fühlt, daß sie gequält wird.

Ganz fremd sind uns die beiden Formen der Liebe nicht. Jeder hat schon einmal Freude daran gehabt, dem andern einen schmerzhaften Kuß zu geben, von dem möglichst noch ein blauroter Fleck zurückblieb. Jeder hat schon versucht, dem andern die Rippen einzudrücken. Jeder hat auch solche schmerzhaften Liebkosungen als höchsten Reiz empfunden. Das ist alles normal. Auch unter Liebenden, die sich völlig einig sind, kann die geschlechtliche Vereinigung manchmal den Charakter einer Vergewaltigung annehmen – ohne daß das von der Frau im geringsten als störend empfunden würde.

Kommt es aber zur Vergewaltigung fremder Frauen, zur Strangulierung, zu Messerstichen oder gar Mord, so schreiten die Gerichte mit Recht sehr scharf ein. Übrigens können Sadismus und Masochismus durch Mißhandlungen in der Kindheit ausgelöst werden. Darum ist es aus der Mode gekommen, Kinder aufs Gesäß zu schlagen: Man hat beobachtet, daß manche Kinder mit Absicht böse sind, nur um wieder geschlagen zu werden.

Der Zweck dieser Ausführungen über Perversionen ist, daß der Leser einesteils nicht zu ängstlich ist, wenn er bei sich oder dem Gatten eine kleine Abweichung in dieser oder jener Richtung feststellt, andererseits aber auch die Augen aufmacht, so daß ihm stärkere Abweichungen, die einen Menschen eheunfähig machen, rechtzeitig auffallen. So wird z. B. zu erhöhter Aufmerksamkeit geraten, wenn in einer Heiratsannonce steht »sehr anpassungsfähig«. Das kann ein Hinweis auf eine Neigung zu Masochismus sein. Ähnlich gilt es aufzupassen, wenn ein Geschäft »Herrenbedienung« oder »Damenbedienung« anzeigt. All das kann natürlich auch völlig harmlos sein.

Eine sehr verbreitete Perversion ist die Homosexualität (Gleichgeschlechtlichkeit). Auch hier ist der Übergang vom Normalen her fließend. Sehr schöne Männerfreundschaften, Kameradschaft unter Soldaten, Jugendbewegung, innige Schülerfreundschaften, die für Erwachsene fast ein wenig zum Lächeln sind – alles das ist schön und völlig normal. Auch die schwärmerische Verehrung eines Knaben für seinen Lehrer, eines Mädchens für die Lehrerin. Wir alle haben das erlebt und erinnern uns nachträglich, daß diese Beziehungen von einem wirklich erotischen Reiz waren, das heißt fern aller Sexualität, aber geistig und seelisch so beflügelnd wie später eine große Liebe. Die zärtlichen Mädchenfreundschaften, bei denen man eng umschlungen über den Schulhof geht, einander überschwengliche Briefe schreibt und sich sogar zu tränenreicher Eifersucht hinreißen läßt, sind nichts anderes als normale Vorstufen, in denen die Liebesfähigkeit geübt wird. Wenn unter Männern oder unter Mädchen geschlechtliche Beziehungen aufgenommen werden, ist bereits eine Perversion entstanden. Das kann nach einiger Zeit überwunden und durch eine normale Betätigung verdrängt werden, besonders bei Jugendlichen, die nur im Augenblick einer Verführung erlegen sind.

Die Gleichgeschlechtlichkeit unter Männern ist strafbar, unter Frauen nicht. Widerlich ist es für einen normal empfindenden Menschen in beiden Fällen, und zu einer Ehe sind diese bedauernswerten Menschen fast immer untauglich. Homosexuelle verheiraten sich zwar öfter, haben auch Kinder. Nach einiger Zeit jedoch fallen sie, ähnlich wie Trinker und Morphinisten, leicht wieder in den alten Trott zurück.

Kurz seien noch die Menschen genannt, die unter einem abnorm starken Geschlechtstrieb leiden und dadurch leicht mit dem Gesetz in Konflikt kommen. Ferner die Entblößer (Exhibitionisten), die sich in der Badeanstalt oder im Café hinter einer Zeitung so geschickt entblößen, daß nur eine bestimmte Person, auf die sie es abgesehen haben, es sehen kann. Oft handelt es sich um verkalkte Greise, denen die Zurechnungsfähigkeit abgesprochen werden muß; sie geben erhebliches Ärgernis, besonders Kindern gegenüber, so daß sie nötigenfalls in einer geschlossenen Anstalt untergebracht werden müssen. Die Unzucht mit Kindern ist eine sehr verhängnisvolle Perversion, die mit Recht unter schwerer Strafe steht.

Als letztes die Menschen, die sich an *obszönen Bildern* berauschen. Fast jeder Mann sieht gern – hin und wieder – ein Bild von einer leicht bekleideten Frau. Das ist normal und sollte nicht zu sehr beachtet werden. Der Film nützt diese Neigung des Mannes weidlich aus und zeigt den jungen Menschen fast alles. Auch das Liebespaar im Bett gehört zum festen Repertoire. Trotzdem gibt es auch da eine Grenze zum krankhaft Übersteigerten.

Jeder gibt hin und wieder zwei Mark aus, um im Kino einen minutenlangen Kuß in Großaufnahme zu sehen. Den alten Herrn aber, der tief in die Tasche greift, um durch ein Gucklock bei einer Prostituierten nur mal zugucken zu dürfen, finden wir ekelhaft und lächerlich.

Sie sehen hier immer wieder: Normales und Perverses grenzen eng aneinander.

Die unerwünschte Schwangerschaft

Hierbei wollen wir nicht von der Ehe sprechen. In der Ehe ist ja alles nicht so schlimm. Auch wenn man sich ganz und gar noch kein Kindchen gewünscht hatte, auch wenn es schon das fünfte ist, und die Wohn- und Geldverhältnisse es eigentlich nicht zulassen. Wo ein Häschen, ist auch ein Gräschen, und ist das Kind erst einmal da, so wird es bald der mit Stolz betrachtete, viel fotografierte Stammhalter, das geliebte Nesthäkchen sein.

Nicht jeder lebt unter Bedingungen, die eine Ehe ermöglichen. Nicht jeder ist der Mensch, der sich für eine Ehe eignet. Aber jeder Mensch hat den Wunsch, manchmal das übermächtige Verlangen nach Liebe zu stillen. Für den Mann gibt es da die Frau ohne Gesicht. Sie ist bequem und verschwindet hinterher wieder. Vor allem bekommt sie keine Kinder. Aber gerade für einen ordentlichen Mann ist das keine Lösung. Auch wenn er im Augenblick keine Möglichkeit hat, sich eine Frau anzuschaffen, so sehnt er sich doch im tiefsten Herzen nach einer Frau, die kein Objekt ist, sondern ein lebender Mensch, der ihn liebt und die er lieben kann. Nicht immer sind die Motive zu unehelichem Verkehr unehrenhafte.

Es gibt leider noch ganz andere Typen. Der ältere, vertrauenerweckende Mann, der, obwohl verheiratet, ach so einsam ist. Der ausgesprochene alte Wüstling, der sich von der Anständigkeit eines unberührten Mädchens aufs höchste angezogen fühlt, aber sobald er sein Ziel erreicht hat, zur nächsten weiterflattert. Auch der junge Naturbursche ist im Endeffekt oft nicht viel besser. Endeffekt, das ist in diesem Falle die unerwünschte Schwangerschaft. Wir wollen das Problem hier aus der Sicht des

Mädchens beleuchten, denn sie ist es, die dabei am meisten zu leiden hat.

Die Periode kommt nicht. Wenn unter Angst und Unruhe ein paar Tage verstrichen sind, wird sie versuchen, mit dem Verehrer zu sprechen. Ist er nun der anständige Kerl, für den sie ihn gehalten hat, so wird er, wenn irgend möglich, sofort das Aufgebot bestellen, und nach dem ersten Schrecken löst sich alles auf die beste Weise. Leider ist es in der *Hälfte aller Fälle* so, daß durch eine uneheliche Schwangerschaft die große Liebe ihr Ende findet.

Der Mann macht als erstes einmal dem Mädchen schwere Vorwürfe und dreht damit den Spieß herum: Du hättest dich eben vorsehen müssen. Das ist eine ganz dumme Redensart. Ein Mädchen, das sich in einem solchen Augenblick schützen kann, muß routiniert und abgebrüht sein und bereits alles hinter sich haben. Gerade das unschuldige, anständige Mädchen, das ihm in ihrer Scheu und Unerfahrenheit gut gefallen hatte, das ihn so wenig durchschaut hatte und dachte, er würde sie heiraten, gerade dieses Mädchen hat doch natürlich keine Ahnung, wie der gefährliche Moment sich ankündigt und wie man sich schützt. Welche unverschämte Zumutung. Ihre Vorsicht hätte doch höchstens darin bestehen können, daß sie seine Annäherung völlig ablehnte.

Gerade das hat er zu verhindern gewußt mit all seiner routinierten Zärtlichkeit, mit einer kleinen Alkoholnarkose und vielen schönen Reden, aus denen sie immer wieder etwas von einer gemeinsamen Zukunft herauszuhören glaubte. Der Widerstand eines Mädchens schmilzt in einer freundlichen Atmosphäre gar leicht dahin, zumal wenn sie sich in ihrer häuslichen Umgebung oder am Arbeitsplatz unverstanden fühlt. Vielleicht war sie gerade an jenem Abend so einsam. Ihre Freundinnen hatten schon oft über sie gelästert, daß sie immer so keusch sei und noch nicht mal einen Freund habe.

Und nun, wo endlich der Freund da war, wo er so lieb und zärtlich zu ihr war, da sollte *sie* sich schützen? Im entscheidenden Augenblick hat sie wahrscheinlich vor lauter Seligkeit überhaupt nicht an die Gefahr gedacht. Wenn sich hier einer vorsehen muß, kann das nur der Mann sein, und jedes Mädchen sollte verlangen, daß er sich schütze. Gewiß stört das, und ein älterer Kavalier wird dadurch überhaupt ausgeschaltet werden können, aber das ist kein großer Verlust.

Viele Mädchen glauben, unempfänglich zu sein, wenn bei den ersten Versuchen keine Schwängerung erfolgte. Nach einem Vierteljahr ist plötzlich die Katastrophe da, und fassungslos steht das Mädchen vor der Tatsache, daß die Periode nicht kommt. Mit einemmal sind die Vermögensverhältnisse, der Altersunterschied, der Bildungsgrad für den Mann unerträgliche Belastungen, noch mehr die Tatsache, daß er verheiratet ist. Damit kommt es zu dem üblichen Ausspruch des Mannes: Das Kind kannst du natürlich nicht austragen – laß es dir doch wegbringen! Je freundlicher und harmloser das Jüngelchen vorher war, desto härter ist er jetzt. Er gibt ihr etwas Geld und schickt sie zu einer gewerbsmäßigen Abtreiberin. Von Heiraten natürlich keine Spur. Gerade heute ist angeblich seine Frau dahintergekommen...

Man wird die Freundschaft für eine Weile unterbrechen müssen, bis die Gattin sich wieder beruhigt hat. So leid wie es mir tut, mein Kind... Nicht immer ist das wahr. Vielleicht ist er nur ein Routinier, der darauf ausgeht, die wilden Rosen zu brechen und die angebliche Ehe nur als Rückendeckung benutzt, um die Beziehung jederzeit sang- und klanglos lösen zu können.

Wie es immer sei: Das Mädchen, das beklommen den Weg zu ihm gemacht hat, geht gebrochen die Treppe hinunter. Alle Heiratshoffnungen sind zerstört, das Leben scheint verdorben, das junge Ding sieht keinen Ausweg mehr. Nach Hause kommen? In diesem Zustand unmöglich! Die Eltern waren ohnehin ungehalten gewesen, daß sie in letzter Zeit öfter spät heimgekommen war. Wie oft hat sie schon gehört, daß Eltern ihr Kind in solcher Lage verstoßen haben! Der Unwert der verlorengegangenen Beziehung wird nicht erkannt, die Lage erscheint hoffnungslos. Wenn man einfach eine Rolle Schlaftabletten nähme, wäre alles ausgestanden, und die Eltern würden noch ordentlich traurig sein...

Wir haben dieses so eindringlich geschildert: als Mahnung an den Mann und als Warnung an das Mädchen; aber auch für die Eltern. Sie haben die Aufgabe, ihrem Sohn, ihrer Tochter diese Gefahren eingehend klarzumachen, und zwar rechtzeitig, ehe sich ein Zustand blinder Verliebtheit einstellt; am besten schon mit 13 Jahren. Der Junge muß wissen, wie leicht ein Mann das Mädchen in eine solche Lage bringen kann und wie schwer ihr wieder herauszuhelfen ist. Und wie sehr er sich selbst damit belastet, sei es, daß er 16 Jahre lang zahlen muß, sei es, daß er übereilt und ohne sorgfältige Wahl heiratet, also eine Bindung eingeht, die normalerweise bis zum Tode dauert, jeden Tag und jede Nacht bis zum Tode.

Das Mädchen muß ebenfalls die Gefahr kennen. Für den äußersten Notfall muß sie wissen, daß sie in jeder Lage nach Hause kommen kann. Und daß sie, auch wenn sie schwanger ist, nicht den ersten besten heiraten sollte; auch wenn es der Vater ihres Kindes ist, nicht! Eine Dummheit ist geschehen, nun nicht noch eine zweite unbedingt darauf häufen! Das Leben ist lang, und wenn der Mann charakterlich schlecht ist, wird er dem ohnehin gefährdeten Kind kein guter Erzieher sein. Lieber eine Überbrückung suchen und später einen anderen Mann heiraten oder notfalls allein bleiben.

Wenn es passiert ist, was tun?

Vor allem: klaren Kopf behalten, nicht den Gashahn aufdrehen, sich keinem Fremden anvertrauen und sofort zum Arzt gehen. Hier ist es natürlich gut, einen Hausarzt zu haben, dem man vertrauen kann, der auch die familiäre Lage kennt und der auf Wunsch nichts von diesem Besuch erzählt, wenn er nächste Woche zum Schwesterchen der Patientin gerufen wird. So ein Hausarzt ist ja überhaupt Gold wert. Mit dem Arzt bespricht das Mädchen nun alles Weitere. Er wird, sobald es möglich ist, feststellen, ob überhaupt eine Schwangerschaft vorliegt, in solchen Fällen meistens durch den Froschtest. Ferner wird er das Mädchen sofort genau untersuchen, ob sie sich etwa zu allem Übel noch eine Geschlechtskrankheit geholt hat.

Ein verstörtes Mädchen sagt vielleicht zum Arzt: »Herr Doktor, geben Sie mir doch einen Tee, damit die Periode endlich durchkommt. Es sind doch erst drei Tage über die Zeit, es *kann* doch noch nicht zu spät sein. Man sagt, bei allen Krankheiten, wenn man nur sofort zum Arzt geht, kann er noch helfen!«

Richtig, bei allen Krankheiten ist es so, daß die Lage um so günstiger ist, je eher man den Arzt aufsucht. Die Schwangerschaft ist jedoch keine Krankheit! Da gibt es kein ungefährliches Anfangsstadium, in dem es dem Arzt eine Kleinigkeit wäre, alles in Ordnung zu bringen. Man kann wohl ein »bißchen krank« sein, aber nicht ein »bißchen schwanger«. Es gibt von der ersten Sekunde, von der Sekunde der Befruchtung an, nur zwei Möglichkeiten: Entweder ist die Periode aus einem andern Grunde ausgeblieben, da braucht man den Tee nicht. Oder die Periode ist ausgeblieben, weil das Mädchen seit etwa 14 Tagen schwanger ist; da hilft der Tee nichts.

Die Frucht ist so winzig klein, daß kein Arzt sie durch eine Untersuchung finden könnte, selbst der Froschtest ist wahrscheinlich noch negativ. Das ändert nicht das geringste an der Tatsache der Schwangerschaft, und nach etwa 2½ Monaten wird der Arzt es auch ohne Froschtest feststellen können, und einige Zeit später das Mädchen selbst.

Es gibt Tabletten, die man bei verzögerter Periode einnehmen kann. Sie dienen nicht dazu, eine Schwangerschaft zu beseitigen, sondern nur dazu, sie zu erkennen. Die Tabletten sind kein Abtreibungsmittel. Wenn nach dem Einnehmen eine Blutung auftritt, so weiß man damit sicher, daß keine Schwangerschaft vorgelegen hat, sondern daß die Periode aus einem anderen Grunde gestört war. Diese Tabletten gibt es noch nicht lange, und es ist verständlich, daß unter den Frauen allerhand geschwätzt wird, was auf mangelnder Kenntnis des wirklichen Zusammenhangs beruht. Da sagt eine Frau zur andern: »Geh doch mal zu Doktor X, sehr tüchtiger Arzt. Ich war doch in derselben Lage wie du. Da sagte der Doktor zu mir: Warten Sie mal ab, Frau Maier. Gab mir zwei Tabletten mit, und was meinst du – ein paar Tage drauf war meine Periode da, und alles war in Ordnung.«

Frau Maier hatte das alles nicht richtig verstanden. Es muß deshalb hier nochmals mit aller Deutlichkeit gesagt werden, daß diese Tabletten kein Abtreibungsmittel, sondern ein Diagnosemittel sind, ebenso wie der Froschtest. Wie man beim Froschtest an der Verfärbung des Frosches sieht, daß eine Schwangerschaft vorliegt, so sieht man es nach dem Einnehmen der Tabletten am Ausbleiben der Blutung.

Nach dieser Erklärung wieder zurück zu unserem unglücklichen jungen Mädchen, das so beklommen im Sprechzimmer des Hausarztes sitzt. »Ja, liebe Erika«, sagt der Arzt, »wenn es diesen berühmten und ersehnten Tee wirklich gäbe, meinen Sie nicht, daß dieser Tee auf der ganzen Welt feldmäßig angebaut werden würde? Jede Bauersfrau würde in ihrem Garten ein Eckchen dafür reservieren, jede Balkonbesitzerin würde im Balkonkasten keine Pelargonien mehr, sondern nur noch diesen Wundertee anpflanzen. In den meisten Familien würde die Frau ihn zum Frühstück und Abendbrot trinken und für alle Fälle auch ihrem Mann davon einflößen... Sie lachen? Gelt, Sie glauben mir, daß die Natur diesen Tee tatsächlich nicht hat wachsen lassen und keine Pillen und keine Spritzen zur Verfügung stehen, auch für die reichen Leute nicht.«

Für unser ratloses Mädchen gibt es in dieser Richtung keinen Ausweg. Wir sagen das so deutlich, damit sie sich nicht von irgend jemandem etwas geben läßt, was bestimmt nicht helfen, aber unter Umständen sehr schaden würde.

Solange keine Gewißheit besteht, ob wirklich eine Schwangerschaft vorliegt, sollte das Mädchen überhaupt zu niemandem etwas sagen, außer dem Arzt; es sei denn zur Mutter, sofern ein besonders inniges Verhältnis zwischen Mutter und Tochter besteht.

Was aber wichtig und eilig ist: Der Vater muß sichergestellt werden. In vielen Fällen handelt es sich um Verlobte, wo die

Wahl längst entschieden ist und wo man eben heiratet. Sonst wird das Mädchen wenigstens Namen und Adresse des Verehrers kennen. Es gibt allerdings noch andere Fälle.

Leider muß hier gesagt werden, daß die Männer sich in dieser Lage oft recht schäbig verhalten. Zuerst haben sie alles getan, um das Mädchen rumzukriegen, schelten es prüde und kleinbürgerlich, lieblos und hinter dem Monde zurückgeblieben, sind zärtlich und lieb, feurig und ritterlich... Hat das Mädchen endlich nachgegeben und stellen sich Folgen ein, so will der Mann oft nichts mit der Sache zu tun haben, bezweifelt stark, daß er es war, und geht womöglich ins Ausland.

Wenn das ohnehin geängstigte Mädchen solche Enttäuschung erleben muß, liegt es nahe, daß sie sich in ihrer Verzweiflung von einem andern trösten läßt. Sie ist jetzt besonders hübsch, und passieren kann ja eigentlich nichts mehr. Das wäre aber das Dümmste, was sie tun könnte. Wenn das Kind später wirklich da ist, und der Vater für den Unterhalt sorgen soll, wird er geltend machen, daß er nicht der einzige gewesen sei, und es kann große Schwierigkeiten geben, bis das Gericht festgesetzt hat, wer nun als Vater zu gelten und den Unterhalt zu zahlen hat. Gerissene Männer gehen gleich darauf aus und veranlassen einen oder mehrere Freunde, sich um das Mädchen zu kümmern, und wenn mehrere zur Auswahl stehen, ist es für das Gericht nicht immer leicht, die Entscheidung zu treffen. Da werden Blutgruppen bestimmt und Erbmerkmale verglichen, endlose Gutachten angefertigt – und meistens die ganze Zeit für das Kind nichts gezahlt. Die Kindesmutter wird zwar vor Gericht empört aussagen, daß ja, als der andere sie trösten kam, die Periode bereits ausgeblieben war, also schon eine Schwangerschaft vorlag. Vor Gericht kommt jeder Mann als Vater in Frage, der der Kindesmutter innerhalb der gesetzlichen Empfängniszeit beigewohnt hat. Die gesetzliche Empfängniszeit ist die Zeit vom 302. bis 181. Tag vor der Geburt des Kindes. Ein Beispiel: Wenn die letzte Periode am 1. Januar war, so ist der errechnete Geburtstermin der 8. Oktober. Zählt man von da 302 Tage zurück, so kommt man auf den 11. Dezember. Zählt man 181 Tage zurück, so kommt man auf den 10. April. Die Zeit vom 11. Dezember bis zum 10. April ist für dieses Kind die gesetzliche Empfängniszeit. Das bedeutet praktisch, wenn die Periode ein paar Tage überfällig ist, so daß sich der Verdacht auf eine Schwangerschaft ergibt, darf das Mädchen noch etwa 2½ Monate lang mit keinem andern Mann zusammenkommen, will sie nicht einen Vaterschaftsprozeß riskieren. Die Versuchung ist natürlich groß. Das Bestreben eines Mädchens in diesem Zustand ist, in die Geborgenheit einer Ehe zu flüchten. Und *da* liegt es natürlich nahe, daß noch ein anderer Verehrer da ist, der sich freut, wenn das Mädchen ihn endlich erhört und bereit ist, ihn zu heiraten. Nun dauert das dem Mädchen zu lange, denn ehe das Aufgebot abgelaufen ist, wäre sie schon im dritten Monat, und wenn man es ihr auch nicht ansehen würde, so würde es doch bald herauskommen. Außerdem ist der junge Mann doch nicht so dumm und würde Verdacht schöpfen, wenn es so schnell gehen müßte, zumal sie so lange nichts von ihm hat wissen wollen. Sie beeilt sich also nicht zu sehr mit den Hochzeitsvorbereitungen, sondern gibt sich ihm schon vorher hin, um ihm nach 14 Tagen mitzuteilen, daß sie schwanger sei.

Ein kluger Plan, von dem wir energisch abraten. Erstens kommt so etwas meistens doch raus, wenn nicht gleich, dann etwas später. Zweitens soll man so etwas Wichtiges wie die Ehe niemals mit einer Lüge beginnen. Wir raten hier zur Offenheit gegenüber dem etwaigen Bewerber, im übrigen nochmals zu großer Zurückhaltung in den nächsten Monaten, um die ohnehin schwierige Lage nicht noch mehr zu belasten.

Übrigens unterhalten die Kirchen und Jugendämter Beratungsstellen, die alle Angaben vertraulich behandeln. Sie vermitteln auch ein Kinderheim oder eine Pflegestelle, später evtl. Adoptiveltern, wenn die Mutter das Kind auf keinen Fall behalten will.

Es braucht niemand sein Kind umzubringen, weder vor noch nach der Geburt! Täglich rufen bei diesen Beratungsstellen kinderlose Ehepaare an und fragen, ob nicht ein Adoptivkind für sie da sei.

Zuerst scheint die Lage für die ledige werdende Mutter sehr schlimm, ja ausweglos. Erfahrungsgemäß finden sich, sobald das Kind erst einmal da ist, doch liebevolle Großeltern, sosehr sie auch zuerst geschimpft haben. Einem kleinen unschuldigen Wesen kann nachher niemand widerstehen! Zusammenfassend kann man sagen: So schlimm, wie es im ersten Augenblick aussieht, kommt es keineswegs immer!

Es gibt auch *eingebildete Schwangerschaften*: Die Periode bleibt aus, ohne daß eine Schwangerschaft vorliegt, einfach aus Angst (in andern Fällen, etwa wo es um einen Hof- oder Thronerben geht, aus sehnlichster Hoffnung). Die Einbildung bewirkt, daß bald darauf auch Übelkeit und Erbrechen auftreten; später ißt man für zwei und wird dick, oder die Darmtätigkeit ist vor Angst verlangsamt, so daß die Därme sich aufblähen und damit einen dicken Bauch verursachen. Es kann so weit gehen, daß am Ende der Zeit krampfhafte Schmerzen auftreten, die als Wehen gedeutet werden. Die Hebamme wird gerufen, und oft will die Frau gar nicht glauben, daß alles nicht stimmt, daß sie überhaupt nicht schwanger ist.

So weit wird die Sache natürlich nur selten getrieben. Daß vor lauter Angst die Periode ausbleibt und Übelkeit auftritt, kann der Arzt öfter erleben, und fast jede ältere Frau kann sich besinnen, daß es ihr schon ein paar Tage lang so gegangen ist. Nochmals: Auf jeden Fall ruhig Blut bewahren. Keine wichtigen Entscheidungen treffen, ehe man nicht wirkliche Klarheit hat!

Keine Lösung: die Abtreibung

Kürzlich war zu lesen, daß in Westeuropa jedes Jahr 5 Millionen Abtreibungen vorgenommen würden und daß jeden Tag mehr als 500 Frauen auf der Welt an den Folgen von Abtreibungen sterben. Dreimal soviel Frauen sterben an Fehlgeburten wie an Tuberkulose, heißt es weiter, doppelt so viele wie an Krebs, und zwar natürlich lauter junge Frauen, die alten werden ja nicht mehr schwanger.

Wie weit diese Zahlen zutreffen, ist schwer zu beurteilen, da bei uns die Meldepflicht für Fehlgeburten aufgehoben ist, und weil sich auf diesem Gebiet natürlich alles sehr im dunkeln abspielt und man auf Schätzungen angewiesen ist.

Manche Leute glauben, der Arzt sei dazu da, die Ungerufenen wieder umzubringen, feiner ausgedrückt, die unerwünschte Schwangerschaft zu unterbrechen. Man kann nur hoffen, daß sie sich nicht klargemacht haben, was sie vom Arzt verlangen: die Vernichtung eines menschlichen Wesens, also gerade das Gegenteil von dem, was die Lebensaufgabe des Arztes ist, der das Leben erhalten und fördern soll. Sie wissen, daß die Frucht schon nach kurzer Zeit, wenn die Periode gerade erst ein paar Wochen überfällig ist, Augen und Ohren, Finger und Zehen hat – schon ein richtiges kleines Menschenkind ist. Fast alle Gesetzgeber auf der Welt haben die Schwangerschaftsunterbrechung grundsätzlich unter Strafe gestellt, wenn auch mit gewissen Ausnahmen, die in den einzelnen Ländern unterschiedlich sind. In den östlichen Ländern hat man die Abtreibung eine Zeitlang freigegeben unter dem Motto: Dein Körper gehört dir! (Was übrigens gar nicht wahr ist.) Man hat sehr schlechte Erfahrungen damit gemacht, so daß der Ausspruch geprägt wurde, mit 10 000 Schwangerschaftsunterbrechungen haben wir 10 000 Frauen zu Krüppeln gemacht! So wurde auch im Osten die Schwangerschaftsunterbrechung wieder eingeschränkt. In den meisten Ländern wird hauptsächlich nur die *medizinische Indikation* als Grund anerkannt, d. h. wenn bei Fortbestehen der Schwangerschaft wesentliche Schäden für Leben und Gesundheit der Frau zu erwarten sind. Das ist nur ganz selten der Fall. Die Schwangerschaftsunterbrechung ist übrigens auch in der Klinik kein einfacher und harmloser Eingriff. Jede 50. Frau stirbt dabei.

Leider haben aber alle Gesetze offenbar versagt: Wenn auch nur wenige *Ärzte* sich zu einer medizinisch nicht gerechtfertigten Schwangerschaftsunterbrechung hergeben, so werden doch jeden Tag ungezählte Abtreibungen von den Frauen selbst bzw. von medizinischen Laien vorgenommen. Wenn man sich vorstellt, daß an den 5 Millionen Abtreibungen, die in Westeuropa jedes Jahr vorkommen, fast immer ein oder mehrere Helfer als Mitwisser beteiligt sind, so müßten von Rechts wegen jährlich mehr als 10 Millionen Menschen in die Gefängnisse wandern. Übrigens ist schon der Versuch strafbar, auch wenn er mit untauglichen Mitteln, am untauglichen Objekt (z. B. an einer Frau, die sich geirrt hat und gar nicht schwanger ist) oder aus sonst einem Grunde ohne Erfolg vorgenommen wird. Die illegale (kriminelle) Abtreibung wird mit verschiedenen Mitteln versucht, zum Teil chemischer, zum Teil mechanischer Art.

Manche Frauen versuchen, durch große Erschütterungen die Frucht aus der Gebärmutter loszureißen, weil sie gehört haben, daß man durch Motorradfahren, Sturz auf der Treppe, Reiten usw. eine Fehlgeburt erleiden kann. Wir sagten schon, daß das wirklich im allgemeinen nur bei vorhandener Neigung zu Fehlgeburten vorkommt. Es sind schon schwangere Frauen vom Dach gestürzt, haben Beckenbrüche erlitten, ohne daß die Schwangerschaft gestört worden wäre. Wer den Roman »Antonio Adversario« gelesen hat, wo ein reicher Mann seine Frau, die das Kind eines andern erwartet, wochenlang durch die Alpen kutschiert, bis es endlich zur Fehlgeburt kommt, dem sei gesagt, daß das nur im Roman so prompt geht. In Wirklichkeit wäre die Schwangerschaft auch unter dieser körperlichen und seelischen Erschütterung wahrscheinlich erhalten geblieben.

An chemischen Mitteln gibt es wohl fast nichts, was im Volke nicht schon zu Abtreibungszwecken versucht worden wäre, woran man erkennt, daß es kein wirklich wirksames und unschädliches Mittel gibt, sonst würde man nicht immer wieder etwas Neues ausprobieren.

Über das *Mutterkorn* sind irreführende Meinungen im Umlauf. Richtig ist, daß es eine Zusammenziehung der Gebärmutter auslösen und dadurch in der Hand des Arztes, im richtigen Augenblick gegeben, auf die Geburt fördernd einwirken kann. Aber: nur unter der Geburt, d. h. wenn der Uterus wehenbereit ist, nicht vorher. *Alle* chemischen Mittel, seien sie pflanzlicher oder mineralischer Natur, seien sie direkt der Natur entnommen oder von Menschen zubereitet, haben *eines* gemeinsam: Sie vergiften nicht nur das Kind, sondern auch die werdende Mutter! Das muß in aller Deutlichkeit gesagt werden.

Im Einzelfalle kann es vorkommen, daß das empfindliche kleine Wesen etwas früher zugrunde geht als die Mutter, aber keineswegs ist damit zu rechnen. Und wenn die werdende Mutter ihr verbrecherisches Ziel erreicht, kann es sein, daß sie anschließend mit einer schweren Nierenschädigung im Krankenhaus liegt, monatelang zwischen Tod und Leben schwebt und zum Schluß ihr ganzes Leben lang leidend bleibt. Es ist sicher, ein zweites Mal wird eine Frau so etwas nicht unternehmen. Das gilt für sämtliche chemischen Mittel: Keine Abtreibung ohne schwere Vergiftung der Mutter!

Gewissenlose Frauen, die die Abtreibung zu ihrem schmutzigen Gewerbe gemacht haben (Engelmacherinnen), ebenso Prostituierte und andere dunkle Elemente mit Erfahrung auf diesem Gebiet wenden meistens eine andere Methode an, den *Eihautstich*. Dabei wird ein spitzes Instrument ins Innere der Gebärmutter eingeführt. Wenn es gelingt, die Fruchtblase zu verletzen, fließt das Fruchtwasser ab, und das Kind ist verloren. Und durch Spülungen mit einer langen Spritze wird versucht, die Frucht von der Wand der Gebärmutter abzulösen.

Diese Eingriffe sind ungeheuer gefährlich, daß nur eine völlig ahnungslose Frau so etwas an sich vornehmen lassen wird. Beim Eihautstich kommen nämlich sehr schwere Verletzungen vor. In irgendeinem Hinterzimmer, auf einem schmutzigen Sofa, bei schlechter Beleuchtung, wird ein zweifelhaftes Instrument in die Gebärmutter gestochen, natürlich ohne Betäubung. Die Frau braucht nur vor Angst oder Schmerzen eine Bewegung zu machen, oder es braucht nur bei ihr der Muttermund ein bißchen anders zu liegen, schon ist eine Verletzung des Gebärmutterhalses da, oft mit lebensgefährlicher Blutung.

Noch viel schlimmer, wenn das Scheidengewölbe durchstoßen wird, was keineswegs selten ist. Die inneren Organe der Frau liegen ja nicht in gerader Richtung. Würde man z. B. versuchen, mit einer Stricknadel den Muttermund zu treffen, so könnte die Nadel der Biegung des Weges nicht folgen, sondern würde in gerader Richtung vorstoßen, nämlich ins Scheidengewölbe und von dort in den Darm oder in die Blase und weiter ins Bauchfell. Immer noch passiert Gräßliches!

Wenn es der Abtreiberin wirklich gelungen ist, in den fest verkrampften Muttermund einzudringen und die Fruchtblase anzustechen, sind die Gefahren noch keineswegs zu Ende. Das Gerät kann jetzt die Gebärmutter durchstechen und von dort in den Darm und ins Bauchfell eindringen. Beides wäre an sich nicht einmal schlimm, wenn nicht in den Organen immer Entzündungserreger, Bakterien aller Sorten lägen, bereit, sich in der Verletzung anzusiedeln. Ist das Gerät nicht einmal einwandfrei sauber, d. h. sterilisiert, werden dadurch noch weitere Keime in die Tiefe geschleppt. Diese Keime finden in der Gebärmutter in der Stichwunde und besonders auf dem Bauchfell ein Milieu vor, wie sie es sich nicht besser wünschen können: feucht, körperwarm, dunkel, luftabgeschlossen. In dieser Umgebung vermehren sie sich schrankenlos. Der Leser möge einmal annehmen, daß nur ein einziger Keim in die Tiefe geschleppt worden sei (in Wirklichkeit sind es immer Tausende), und daß dieser Keim sich in einer halben Stunde einmal teile. Nach einer halben Stunde wären es zwei Keime, nach einer Stunde vier, nach anderthalb Stunden acht, nach zwei Stunden 16... Nach 5 Stunden sind es schon über 1000 Keime. Rechnen Sie bitte einmal aus, wie viele es nach 24 Stunden sein werden.

Die Krankheitskeime, je nachdem welcher Art sie sind, bewirken eine eitrige Entzündung der inneren Organe. Wenn es zu einer eitrigen Bauchfellentzündung kommt, entwickelt sich in kurzer Zeit eine schwere Allgemeinerkrankung mit hohem Fieber: die Sepsis (Blutvergiftung). Das entspricht dem Kindbettfieber (Puerperalsepsis), an dem früher viele Tausende von jungen Frauen gestorben sind. Besonders schlimm, wenn der Darm mit verletzt ist: Der faulige Kot fließt nun direkt ins Bauchfell und verursacht dort eine jauchige Entzündung. Auch Wundstarrkrampfkeime können eingeschleppt werden und zum qualvollen Tode führen.

Eine in die Gebärmutter eingeführte Häkelnadel, die nachher »so schwer wieder rausging«, war unbemerkt durch die Wand der Gebärmutter in die Leibeshöhle eingedrungen und hatte den Darm von seiner Aufhängung abgerissen. Als die Nadel mit vieler Mühe endlich wieder herausgezogen werden konnte, brachte sie, durch die ganzen Geschlechtsorgane der Frau hindurch, den Darm mit ins Freie...

Alle diese Verletzungen führen natürlich zu schwerstem Schock. Da hilft kein schnell herbeigebrachtes Fläschchen mit Herztropfen, auch kein Penicillin.

Wenn dem Laien so etwas passiert ist, was tun?

Das einzige, was das Leben der Frau vielleicht retten kann, ist ein sofortiger Transport ins Krankenhaus. Es geht um Minuten! Mit modernen Kreislaufmitteln, Bluttransfusionen, Penicillinschutz wird unter einer sehr sorgfältigen und schonenden Narkose ein sehr erfahrener Operateur versuchen, die inneren Verletzungen durch Naht zu schließen. Meistens muß dabei die Gebärmutter herausgenommen werden. Eine große Operation in diesem schlechten Allgemeinzustand ist die einzige Möglichkeit einer Rettung des Lebens.

Was aber geschieht nun tatsächlich in solchen Fällen?

Zunächst meistens nichts, als daß alle Beteiligten so schnell wie möglich ihre Hände in Unschuld waschen und nichts mit der Sache zu tun haben wollen. Die gewerbsmäßige Abtreiberin hat kein anderes Interesse, als alles möglichst zu vertuschen. Sie besorgt ein Auto und läßt die Kranke auf schnellstem Wege nach Hause befördern, damit sie nur nicht etwa auf ihrem Sofa stirbt und ihr die Polizei ins Haus zieht.

Nun liegt die Frau daheim. Einen Arzt zu rufen, wagt man nicht, weil man fürchtet, dann käme alles heraus. Wenn das Fieber die Vierzig überschreitet oder der Allgemeinzustand der Frau sich schnell verschlechtert, holt man den Arzt natürlich doch, sagt aber womöglich nichts, so daß der Arzt zuerst auch noch in die Irre geleitet wird. Immer mehr Zeit wird verloren, bis es schließlich zu spät ist und auch das Krankenhaus nicht mehr helfen kann.

Manchmal tritt schon unmittelbar nach der Abtreibung, noch auf der Heimfahrt im Auto, der Tod ein.

Was dann noch kommt: Gewissensbisse, vielleicht ein paar kleine Kinder, die nun keine Mutter mehr haben, auf jeden Fall ein gerichtliches Nachspiel, das kann sich jeder selbst ausmalen.

Erwähnen wollen wir nur noch, daß die Meldepflicht für Fehlgeburten bei uns aufgehoben ist. Man kann den Arzt als Helfer in Anspruch nehmen, ohne befürchten zu müssen, daß er die Rolle des Anklägers übernehmen könnte.

Noch gefährlicher als der Eihautstich ist die vielgeübte Einspritzung von Flüssigkeiten in die Gebärmutter (nicht zu verwechseln mit der harmlosen Scheidenspülung). Dazu werden Seifenlösung oder Desinfektionsmittel benutzt. Zunächst bestehen dieselben Gefahren wie beim Eihautstich: Verletzungen des Gebärmutterhalses, Durchstoßen des Scheidengewölbes, Durchstoßen der Gebärmutter, Verletzung von Darm und Blase, Bauchfellentzündung durch eingeschleppte Eitererreger und Darminhalt.

Dazu kommen weitere Gefahren: Das Ansatzrohr der Spritze ist dicker als das Gerät, das zum Eihautstich benutzt wird. Der verkrampfte Muttermund muß stärker gedehnt werden und kommt in größere Gefahr, einzureißen. Neben dem Muttermund steigen die großen Schlagadern auf, die die Gebärmutter mit Blut versorgen. Wenn eine solche Ader reißt, stürzt sofort ein Strom von Blut heraus, und es besteht akute Lebensgefahr (5 Liter Blut hat der Mensch im ganzen nur, das sind zwei normale Milchkannen voll).

Eine sehr gefährliche Wirkung kann die Spülflüssigkeit als solche haben. Machen wir uns klar, was geschieht: Unter erheblichem Druck wird die Seifenlösung in die Gebärmutter eingepreßt. Die Frucht ist meistens in einem Winkel neben dem Eileiter angewachsen. Der Zugang zum andern Eileiter, manchmal zu beiden, ist frei. Die Spülflüssigkeit wird auch in den Eileiter hinaufgepreßt. Ob nun Seifenlösung oder ein Desinfektionsmittel: Die Flüssigkeit wirkt in jedem Falle als Fremdkörper und führt durch Ätzung zu einer starken Entzündung. Monatelange Eierstockentzündungen mit sehr schwerem allgemeinem Krankheitsbild können die Folge sein. Entzündliche Verhärtungen können lebenslänglich zurückbleiben und der Frau jeden ehelichen Verkehr zur Qual machen.

Dabei ist diese chronische Entzündung noch das kleinere Übel: Oft wird die Seifenlösung noch in die Adern hineingepreßt, so daß sie in den ganzen Körper gelangt. Die roten Blutkörperchen werden aufgelöst, das gesamte Blut verliert seine natürliche Farbe, und wenn keine sofortige Hilfe erfolgt, kommt es oft zu einem schnellen Tode. Diese Todesart ist viel häufiger, als man denkt. Da die Beteiligten an einer Geheimhaltung interessiert sind, wird alles möglichst vertuscht und im geheimen abgewickelt. Sehr schlimm ist es ferner, wenn mit der abtreiberischen Spritze außer der Seifenlösung noch Luft eingespritzt wird, was sehr leicht passieren kann. Die Luft kann ins Gehirn gelangen und zum sofortigen Tode führen (Luftembolie).

Wenn alles gelungen scheint, kann noch ein unglückliches Ende nachkommen: in Gestalt einer Thrombose. Das ist eine meist entzündlich bedingte Gerinnung in den Adern, die das Blut zum Herzen führen. Diese Gerinnsel sitzen meistens nur ganz lose. Bei einer Bewegung, z. B. beim ersten Aufstehen, kann sich ein Stück von dem Gerinnsel losreißen und auf die Reise begeben. Da die Adern nach dem Herzen zu immer weiter werden, so stößt das Gerinnsel auf keinerlei Widerstand: Es schwimmt durchs Herz hindurch in die Lunge und kann auch dort wieder zum sofortigen Tode führen (Lungenembolie). Selbst wenn nichts von alledem passiert ist, wenn wirklich, wie geplant, nach dem Eingriff die Ausstoßung der Frucht erfolgt, kann dabei noch eine Blutung von beträchtlichem Ausmaß auftreten.

Was tut nun der Arzt, der zu einer Fehlgeburt gerufen wird? Das ist ganz verschieden. Wenn sich bei der Untersuchung herausstellt, daß die Frucht bereits ausgestoßen ist, gibt es keine Wahl mehr: Er wird die Reste von Eihäuten und Mutterkuchen, die noch in der Gebärmutter sind, entfernen. Natürlich in Narkose.

Anders, wenn es nur erst blutet. Er kann manchmal noch versuchen, das Leben des Kindes zu retten, indem er Hormonspritzen gibt und Bettruhe anordnet. Viele Ärzte empfehlen allen Patientinnen, die sie wegen einer drohenden oder in Gang befindlichen Fehlgeburt zu Rate ziehen, für einige Tage ins Krankenhaus zu gehen. Die Bettruhe wird erfahrungsgemäß dort besser eingehalten, und ein etwa notwendig werdender Eingriff kann jederzeit schnell und leicht ausgeführt werden. Außerdem können immer Fieber oder andere Komplikationen eintreten, so daß eine Krankenhauseinweisung dann auch notwendig wird oder gar schon zu spät kommt. Der Arzt weiß nie hundertprozentig, ob es sich um eine von selbst entstandene Fehlgeburt handelt oder ob ihm etwas verschwiegen wurde. In allen Fällen, wo ein Abtreibungsversuch vorliegt, ist mit Komplikationen zu rechnen und eine Krankenhauseinweisung sowieso dringend anzuraten. Wir bitten unsere Leser, nicht etwa zu glauben, daß wir ihnen unnötig angst machen möchten. Vielmehr soll diese ausführliche Schilderung eine ganz sachliche, ernsthafte Mahnung sein.

Zum Schluß wollen wir noch erwähnen, daß in etwa einem Drittel aller Abtreibungsfälle die Frau ihre Fruchtbarkeit verliert. Sei es, daß danach keine Empfängnis mehr zustande kommt, sei es, daß die Frucht sich in dem verklebten Eileiter festklemmt (Eileiterschwangerschaft) und zur Rettung des mütterlichen Lebens operativ entfernt werden muß, mitsamt dem Eileiter. Es kann sich also der paradoxe Zustand ergeben, daß das erste Kind im Mutterleib umgebracht wurde, weil es im Leichtsinn gezeugt wurde, daß dann aber in einer späteren Ehe die ersehnten Kinder nicht mehr zustande kommen.

Durch jede Abtreibung wird nicht nur Leben und Gesundheit der jungen Frau in große Gefahr gebracht, nicht nur das werdende Kind abgetötet, sondern in vielen Fällen das Glück der späteren Ehe in Frage gestellt.

Geschlechtskrankheiten

Wir können nicht auf alle Einzelheiten der verschiedenen Geschlechtskrankheiten und ihrer Behandlung eingehen. Eines soll und muß jeder wissen: Es gibt sie noch immer, sie sind noch gefährlich, und sie werden sogar wieder häufiger! Am meisten verbreitet sind der Tripper (Gonorrhoe) und die Syphilis (Lues). Beide sind auf ihre Art gefährlich.

Bei der *Gonorrhoe* merkt der *Mann* bereits 1–2 Tage nach dem ansteckenden Verkehr, daß etwas nicht stimmt. Heutzutage gibt es auch äußerlich ganz milde verlaufende Formen, die dadurch besonders heimtückisch sind. Der Mann merkt unter Umständen erst nach 8–10 Tagen etwas. An der Eichelspitze, dort wo die Harnröhre austritt, zeigt sich eine Rötung, die mit einem prickelnden, später brennenden und schneidenden Gefühl verbunden ist, besonders beim Wasserlassen. Zugleich zeigt sich eine schleimige Absonderung, die sich zu eitrigem Ausfluß steigert. Man soll sofort zum Arzt gehen. Dieser wird in der Absonderung die Erreger (Gonokokken) nachweisen und sofort die notwendige Behandlung anfangen. Wartet man länger, stellt sich ein starker Harnröhrenkatarrh mit heftigen Schmerzen beim Wasserlassen ein. Die Gonorrhoe kann auf die anderen Geschlechtsorgane übergehen, besonders auf Hoden und Nebenhoden, auf die Samenblasen, auf die Prostata und auf die Harnblase. Die Samenleiter können verkleben, und zwar endgültig, und der Mann kann kein Kind mehr zeugen. Es können Abszesse entstehen, die nach verschiedenen Richtungen hin durchbrechen können. Die Harnröhre kann so stark vernarben, daß in späteren Jahren eine Operation vorgenommen werden muß. Nicht nur, weil der Geschlechtsverkehr stark behindert ist, sondern vor allem, weil der Harn immer schlechter abfließt und sich in die Blase und bis ins Nierenbecken hinauf staut. Die Erreger der Gonorrhoe können auch ins Blut gehen und im späteren Alter zu Herz- und Gelenkerkrankungen führen – in einem Alter, wo man längst nicht mehr an seine Jugendsünden zu denken pflegt...

Um all diese bösen Folgen zu verhüten und eine schnelle Heilung zu bewirken, muß man sofort zum Arzt gehen. Nur er kann entscheiden, welches Mittel und vor allem welche Dosierung im einzelnen Fall notwendig ist. Nicht umsonst hat der Gesetzgeber die Behandlung von Geschlechtskrankheiten nur den approbierten Ärzten erlaubt. Nur der Arzt kann nachher feststellen, ob die Krankheit vollständig ausgeheilt ist. So wirksam unsere modernen Mittel sein mögen: Es kommen immer wieder Rückfälle vor, von denen der Patient zunächst gar nichts merkt und die deshalb für ihn und seine Partnerin besonders verhängnisvoll werden können. Es wird bei dieser Krankheit vor allen Selbstbehandlungsversuchen energisch gewarnt! Vor dem Arzt braucht man sich nicht zu genieren, er erlebt solche Sachen täglich und spricht zu niemandem darüber (ärztliche Schweigepflicht).

Übrigens unterliegen alle Geschlechtskrankheiten einem besonderen Gesetz. Danach ist jeder, der den Umständen nach annehmen muß, daß er an einer Geschlechtskrankheit leidet, verpflichtet, sich in die Behandlung eines Arztes zu begeben. Jeder Geschlechtsverkehr ist ihm verboten, bis die Krankheit ausgeheilt ist. Die Ausübung des Berufes kann für diese Zeit untersagt werden, sofern eine Ansteckungsgefahr für andere Personen besteht. Zuwiderhandlungen werden mit Gefängnis bestraft.

Übrigens verläuft die *Gonorrhoe* bei der *Frau* ganz anders als bei Mann. Sie hat oft nur einen ganz leichten Ausfluß, geringes Brennen beim Wasserlassen und auch sonst kaum Beschwerden. Dadurch kommt es, daß Frauen die Sache oft verschleppen und nicht rechtzeitig zum Arzt gehen. Inzwischen wird die Krankheit verschleppt, wandert in die inneren Geschlechtsorgane, führt zu langwierigen chronischen Entzündungen der Eileiter und der Eierstöcke. Unter Umständen verkleben die Eileiter, und niemals mehr kann ein Ei hindurch.

Die Frau kann, ebenso wie der Mann, durch einen nicht rechtzeitig ausgeheilten Tripper das ganze Leben lang leidend und zudem noch unfruchtbar werden. Ein großer Teil der Fälle von

Unfruchtbarkeit in der Ehe ist auf eine alte Gonorrhoe, sei es beim Mann, sei es bei der Frau, zurückzuführen.

Die andere schwere Geschlechtskrankheit ist die *Syphilis*. Sie ist den modernen Mitteln zugänglich, und auch für sie muß eine sofortige gründliche Behandlung gefordert werden.

Die ersten Anzeichen der Syphilis treten viel später auf als die der Gonorrhoe. Erst 2–3 Wochen nach dem ansteckenden Verkehr zeigt sich (beim Manne ebenso wie bei der Frau) an den Geschlechtsteilen ein kleines gerötetes Knötchen oder ein kleines Geschwür, das etwas Flüssigkeit absondern kann. Das ist der sogenannte *Primäraffekt*. Er tut leider gar nicht weh, so daß er den Kranken oft weniger beunruhigt, als ein harmloser, aber schmerzender Furunkel es tun würde. Das Knötchen wird immer härter und wächst. Zugleich werden die Leistendrüsen hart und schwellen an, aber ebenfalls ohne weh zu tun. Geht man nun immer noch nicht zum Arzt, so heilt das Knötchen ab; die Infektion geht ins Blut und befällt den ganzen Körper. Noch vor nicht langer Zeit, ehe man die modernen Mittel hatte, waren sehr viele Menschen von den Spätfolgen der Syphilis geplagt. Einige dieser Folgen treten erst nach 10–20 Jahren auf: Lähmungen, Blindheit, Geisteskrankheiten. Noch jetzt gibt es in den Irrenanstalten viele dieser unglücklichen Menschen.

Also: Die Syphilis muß sofort behandelt werden, dann ist mit einer baldigen vollständigen Ausheilung zu rechnen. Wieder sollte man sich ganz dem Arzt anvertrauen, keine Selbstbehandlung anfangen und auf keinen Fall der Behandlung fernbleiben, wenn die Krankheitserscheinungen verschwunden sind. Die Syphilis erfordert eine gründliche Kur, eine jahrelange Nachbehandlungszeit, unter Umständen noch eine oder mehrere Sicherheitskuren. Nur der Arzt kann über diese Notwendigkeiten entscheiden, vor allem aus dem Ausfall der Blutuntersuchungen (Wassermannsche Reaktion, die manchmal mit der Rückenmarksflüssigkeit angestellt werden muß).

Ganz besondere Vorsicht ist in der Schwangerschaft nötig. Wenn die Mutter sich nicht ausreichend behandeln läßt, kann das Kind schon krank zur Welt kommen. Wenn die Mutter vor der

Schwangerschaft krank und noch nicht richtig ausgeheilt war, kommt es leicht immer wieder zu Fehl- oder Frühgeburten, oder das Kind kommt faultot zur Welt. Die Syphiliskur in der Schwangerschaft schadet dem Kind nichts, sondern rettet ihm Leben und Gesundheit.

Freie Liebe

Wirklich freie Liebe gibt es nicht: Liebe bringt immer Bindung und Verantwortung mit sich. Zwar gibt es die *Frau ohne Gesicht*, die an der Straßenecke wartet und an den Mann keinerlei Ansprüche stellt, sofern er nur die übliche Summe Geldes zahlt. Das nennt man dann nicht mehr Liebe, sondern Prostitution.

Dabei gibt es die allerverschiedensten Schattierungen. Manche gehören einem Call-Zirkel an und stehen auf telefonischen Anruf zur Verfügung. Andere siedeln sich in möblierten Zimmern nahe von Militärflugplätzen und Kasernen an und verdienen dort gutes Geld; es scheint geradezu feste Tarife zu geben, und manche Wäldchen in solcher Gegend tragen ihren Namen nach ihrer Benutzung. Oft haben diese Mädchen gutbürgerliche Berufe, die der Tarnung dienen. Manche verstehen ihr Geschäft so gut, daß sie reich werden, sich eine schöne Wohnung halten und einen schweren Wagen fahren. Bald sind sie nicht mehr aufs Arbeiten angewiesen, sondern empfangen nur noch hin und wieder ausgewählte Freunde. Andere haben gerade eben ihr Auskommen und bringen es fertig, immer so gepflegt auszusehen, daß sie dem Herrn, der sie auf der Straße anspricht, sagen können: »Nur im Wagen.«

Bei den meisten geht es nach kurzer Zeit unaufhaltsam abwärts. Das unregelmäßige nächtliche Leben in verräucherten Lokalen, oft statt Abendbrot nur ein Whisky-Soda, der Kontakt mit täglich vielen Männern aller Art, dann wieder flaue Zeiten, wo nichts einkommt ... Dazu Abtreibungen, Geschlechtskrankheiten, alles das läßt sie früh altern und immer weiter herunterkommen. Man muß sich nur einmal vorstellen, daß so ein Mädchen im allgemeinen beim Umgang mit ihren Kunden nicht mehr viel empfinden dürfte, dann kann man sich ihre bedauernswerte Lage richtig vorstellen.

Sobald sie äußerlich vernachlässigt aussehen, können sie nicht mehr viel Geld verdienen, der Lebensstandard sinkt weiter, oft bis zum nackten Hunger; besonders wenn ein gewisses Alter erreicht ist, ist an einen Wiederaufstieg nicht mehr zu denken. Das nächste ist die Kriminalität. Sie entwenden ihren Kavalieren die Brieftaschen oder widmen sich der gewerbsmäßigen Abtreibung.

Prostituierte hat es zu allen Zeiten gegeben. Im Altertum lebten Frauen in Tempeln und gaben sich zu Ehren der Gottheit den Fremden hin. Später entstanden die Öffentlichen Häuser (Freudenhäuser, Bordelle). In diesen Häusern, die meist von ehemaligen Prostituierten geleitet werden, wohnen mehrere oder viele Mädchen zusammen. Sie müssen von dem verdienten Geld so viel abgeben, daß sie aus der Abhängigkeit nie herauskommen. Wenn ein Mädchen wirklich einmal den Entschluß faßt, ein neues Leben zu beginnen, weiß die Leiterin es jedesmal zu vereiteln, indem sie noch einen Rückstand im Verpflegungsgeld nachweist, usw. Erst wenn das Mädchen alt geworden ist, d. h. je nachdem Ende Zwanzig oder Anfang Dreißig, wenn sie krank oder häßlich ist, wird sie herausgedrängt, von jungen Kräften ersetzt und steht nun ratlos da. Selten wird der Weg in eine bürgerliche Ehe gelingen; auch das Kapital zur Gründung eines eigenen Geschäftes ist nicht immer vorhanden.

Der Kasernierungszwang ist inzwischen bei uns aufgehoben worden. Viele dieser Betriebe bleiben aber weiterhin freiwillig zusammen. Der Nachwuchs wird z. T. von »Mädchenhändlern« herbeigeschafft. Der Mädchenhändler trägt kein Schild mit seiner Berufsbezeichnung um den Hals. In seinem Paß steht vielleicht »Kaufmann« oder »Direktor«. Er sieht repräsentativ aus und fährt einen gepflegten Wagen. Er spricht das Mädchen auf der Straße oder in einem Café an; angeblich sucht er gerade eine Darstellerin für seinen neuen Film oder ein Kindermädchen, das eine angesehene Familie auf Auslandsreisen begleiten soll. Auch Fotomodelle, Mannequins, Hausangestellte, Tänzerinnen werden gesucht. Die jungen Mädchen haben den Kopf voller Träume vom großen Glück, von der großen weiten Welt und folgen diesen gutaussehenden vertrauenerweckenden Herren oft unbedenklich.

Meist wird zuerst tatsächlich eine Stelle im Ausland vermittelt. Der Arbeitgeber steckt aber mit dem Mädchenhändler unter derselben Decke. Nach kurzer Zeit bricht er einen Streit vom Zaun; das Mädchen wendet sich an den freundlichen Vermittler, dieser ist gnädig bereit, eine neue Stelle zu vermitteln, und das ist wahrscheinlich bereits das Lokal, für das das Mädchen von Anfang an vorgesehen war; vielleicht ist es schon ein Bordell, in dem das Mädchen erst einmal als Hausgehilfin untergebracht wird. Sie bleibt nur widerwillig dort, um sich das Rückreisegeld zu verdienen, und bald wird sie von dem Leben um sie herum untergestrudelt. Eines Tages kommt ein Besucher, der freundlich mit ihr ist, ihr Geschenke macht und ihr verspricht, sie demnächst mit in ihre Heimat zu nehmen. Sie faßt neue Hoffnung. Aber die Reise zögert sich hinaus, der Gast kommt nicht mehr, dafür bald ein anderer... Goethe sagte dazu: »Und wenn sie erst der zweite hat, dann hat sie bald die ganze Stadt.«

Für manchen Mann hat die Prostitution gewisse Reize. Er braucht sich nicht vorzustellen, braucht sich in keine große Unkosten, auch seelischer Art, zu stürzen, keine Schwangerschaft zu befürchten. Alles sehr bequem. Jede Art von Werbung fällt weg, auch ein Nachspiel wird nicht von ihm verlangt. Im Gegenteil, die Prostituierte ist es, die keine Zeit hat, weil in dieser Nacht noch zehn andere Männer empfangen werden sollen, und je eher sie wieder unten im Empfangssalon bzw. wieder in ihrem Revier ist, um so besser. Das ist wie bei einem Taxichauffeur. Es ist für den Mann wirklich nicht kompliziert. Ob er eine Dame auf ihrem Zimmer besuchen möchte, ob er ihren Besuch auf seinem Zimmer wünscht (in manchen Hotels wird der Gast schon vom Portier diskret gefragt, ob er lieber »mit« oder »ohne« möchte, meist unter Vorlage eines Fotoalbums) oder ob er mit dem Mädchen lieber ein paar Minuten im Auto verbringen möchte – für alle Bedürfnisse ist gesorgt. Er kann auch zuerst ein wenig mit ihr tanzen und trinken. In großen Städten, besonders ausgeprägt in den Hafenstädten, gibt es ganze Viertel, die von Prostituierten aller Schattierungen bewohnt werden. Am Tage sind das Geschäftsviertel, in denen nur die vielen verschlossenen Türen der verschiedenen Vergnügungslokale auffallen. Abends erst erwacht das Leben.

Eines haben alle diese Frauen gemeinsam: Sie verstehen, ihren Liebhaber zu nehmen. Einen Mann, der daheim vielleicht impotent ist, können sie noch glücklich machen. Schnell haben sie seinen kleinen wunden Punkt, seine kleine Perversion heraus, irgend etwas, was seine Frau vielleicht lächerlich oder widerlich findet. So bindet die Prostituierte den Mann eine Zeitlang immer fester an sich. Auch viele unverheiratete Männer kommen zu ihr. Nicht jeder ist in der Lage, zu heiraten. Manche Männer, denen ihr Mädchen zu schade ist, es vor der Ehe zu berühren, können, etwa auf einer Reise, dieser Versuchung verfallen. Ferner Männer, die sehr angespannt arbeiten und gar keine Zeit für eine Ehe oder ein wirkliches Liebesverhältnis zu haben glauben, finden hier ihre Erlösung, ohne eine Bindung befürchten zu müssen.

Übrigens gibt es sogar recht gebildete Männer, die dabei die Gefahr einer Geschlechtskrankheit unterschätzen. Sie wissen, daß die Mädchen unter amtsärztlicher Kontrolle stehen und fühlen sich dadurch beruhigt. Aber: Wenn wirklich einige Sicherheit erreicht werden sollte, so müßten die Mädchen nach jedem Verkehr erst tage- oder gar wochenlang warten, bis man feststellen kann, ob sie sich angesteckt haben. Statt dessen kommt 10 Minuten nach dem ersten Kunden bereits der nächste, und so in dieser Nacht noch viele. Außerdem: Die Mädchen sind selbst wirklich zum großen Teil nicht krank, das haben sie alles längst hinter sich. Durch viele wiederholte Infektionen sind sie allmählich immun geworden, daß in ihren Geschlechtswegen Trippererreger herumwimmeln können, ohne daß die geringsten Beschwerden bestehen. Gerade diese alten Trippererreger, die in den versteckten Drüsen und Gängen sich jedem ärztlichen Zugriff entziehen, freuen sich sehr, auf die frischen gesunden Schleimhäute eines Mannes zu kommen und machen dort gleich eine kräftige Entzündung, verursachen also bei ihm wieder das volle Krankheitsbild der Gonorrhoe.

Die Gefahr, eine Geschlechtskrankheit (sei es Syphilis oder Gonorrhoe) aufzusammeln, ist natürlich noch größer bei der geheimen Prostitution als bei den kasernierten Mädchen. Die andere Gefahr der Prostitution ist die falsche Gewöhnung. Gerade die kleinen Perversionen, die sich in der Ehe abschleifen, werden von der Prostituierten im Gegenteil kultiviert, ebenso die Neigung zur schnellen, unpersönlichen Abwicklung des Aktes, ohne Vor- und Nachspiel. Wenn der Mann dann heiratet, haben sich diese Formen schon so bei ihm festgesetzt, daß er ungeduldig wird, wenn seine junge Frau unerfahren und ungeschickt und ihrer Unberührtheit entsprechend reagiert.

Es gibt übrigens auch *Männer*, die sich als Prostituierte anbieten, sei es Männern oder Frauen gegenüber. Es ist bekannt, daß in bestimmten südlichen Ländern alleinreisende Frauen, besonders blonde Frauen, sich vor unzüchtigen Angeboten männlicher Nutten kaum retten können.

Manche Leute glauben, eine Ehe sei etwas Spießbürgerliches und käme für sie nicht in Frage. Vor allem führen sie ins Feld, daß unter der Alltäglichkeit und dem Zwang einer Ehe jede wirkliche Liebe, jeder Eros und jeder Sexus ersticken müßte. Da ist natürlich manches dran; man macht tatsächlich immer wieder die Erfahrung, daß viele Ehepaare nicht so glücklich sind, wie sie als Brautleute waren. Tatsache ist aber auch, daß ein freies Liebesverhältnis hierzulande starken Belastungen ausgesetzt ist und daran ohne weiteres zerbrechen kann.

Wenn zwei Menschen offenbar verlobt sind und sich immer noch nicht zur Heirat entschließen können, so wird die Umgebung das eine Zeitlang dulden. Auch, wenn sie vielleicht einmal miteinander verreisen. Kommt es aber so weit, daß sie daraus einen Dauerzustand machen, daß sie es zur Norm erheben und nun eben »zusammenleben werden«, werden sie wenig Ruhe finden. Selbst wenn sie wirtschaftlich so unabhängig sind, daß sie sich in einem ganzen Haus für sich allein einmieten können, wird man ihnen das Leben noch schwer genug machen. Die beiderseitigen Familien werden revoltieren, die Freunde eine berechtigte Scheu haben, ins Haus zu kommen. Man lebt wie Mann und Frau; wenn man aber zusammen irgendwo aufkreuzt, muß Herr Müller seine Gefährtin als Fräulein Maier vorstellen. Den Mut zu einer Schwangerschaft wird man meistens nicht aufbringen, ganz mit Recht. Diese Form der Liebesgemeinschaft kommt (auch wenn wir dabei von aller moralischen Bewertung absehen wollen) nur für ganz wenige Menschen in Frage – vielleicht nicht einmal für diese. Meistens wird es so sein, daß die enthusiastisch begonnene Beziehung unter den vielfältigen Belastungen nach einiger Zeit zerbricht. Dann sagen die Partner: Wie gut, daß wir nicht verheiratet waren. Wir haben eben nicht zueinander gepaßt. Dabei wäre in einer Ehe vielleicht alles ganz anders verlaufen. Besonders eine Frau kann sich natürlicherweise nur richtig hingeben und entfalten, wenn die Geborgenheit einer Ehe um sie ist. Für die Frau bedeutet Liebe zugleich Mutterschaft, und dazu gehört nun einmal ein Nest, von dem man annehmen darf, daß es auch dann noch da sein wird, wenn das Kind zur Welt kommt; auch dann noch, wenn es in die Schule geht und wenn es Geschwister hat. Und letzten Endes will es auch der Mann: Er will sagen können: »Meine Frau, mein Sohn...« und nicht: »Und dies ist Fräulein Müller mit ihrem kleinen Sohn...«

Lust und Liebe

Alexander Lowen
Lust
10367

Alexander Lowen
Liebe und Orgasmus
11356

GOLDMANN

GOLDMANN

Schicksale und Horizonte

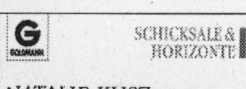

NATALIE KUSZ
Toschka
Ein Mädchen meistert sein Schicksal in den eisigen Weiten Alaskas

Toschka — 12354

LAURA DOERMER
Moritz mein Sohn
"Alles was wir brauchen, ist Kraft und ein gnädig gestimmtes Schicksal."

Moritz mein Sohn — 12353

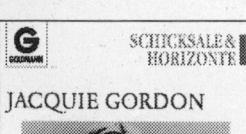

JACQUIE GORDON
Schenkt mir ein Wunder
Christines mutiger Kampf gegen ihre unheilbare Krankheit

Schenkt mir ein Wunder — 12365

MARION SIGAUT
Das Herz zweier Welten
Eine Frau zwischen Kibbuz und Intifada

Das Herz zweier Welten — 12404

Goldmann · Der Taschenbuch-Verlag

GOLDMANN

Alexander Lowen

Angst vor dem Leben — 11477

Bioenergetik für jeden — 13588

Körperausdruck und Persönlichkeit — 12402

Narzißmus — 12314

Goldmann · Der Taschenbuch-Verlag

GOLDMANN

Der Bestseller-Verlag

*Tom Clancy und Sidney Sheldon, Utta Danella und
Danielle Steel, Heinz G. Konsalik, Colleen McCullough
und Charlotte Link – internationale Weltbest-
seller deutscher und angelsächsischer Autoren garantieren
Spannung und Unterhaltung auf höchstem Niveau.*

Jagd auf „Roter Oktober" 9122	Meine Freundin Elaine 41347
Die Mühlen Gottes 9916	Dornenvögel 9894

Goldmann · Der Taschenbuch-Verlag

GOLDMANN

Der Autoren-Verlag

Gedanken der Zeit in der Sprache der Gegenwart. Über viele Jahre entwickelt und begleitet der Goldmann Verlag das Werk von Autoren wie Walter Kempowski und Pavel Kohout, Alice Walker und Paul Bowles, Akif Pirinçci, Gregor von Rezzori und Stefan Heym.

Töchter des Himmels 9648	Felidae 9298
Meridian 8855	Gott schütze dieses Haus 9918

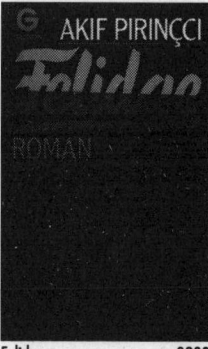

Goldmann · Der Taschenbuch-Verlag

GOLDMANN TASCHENBÜCHER

Fordern Sie das kostenlose Gesamtverzeichnis an!

Literatur · Unterhaltung · Bestseller · Lyrik
Frauen heute · Thriller · Biographien
Bücher zu Film und Fernsehen · Kriminalromane
Science-Fiction · Fantasy · Abenteuer · Spiele-Bücher
Lesespaß zum Jubelpreis · Schock · Cartoon · Heiteres
Klassiker mit Erläuterungen · Werkausgaben

****

Sachbücher zu Politik, Gesellschaft,
Zeitgeschichte und Geschichte; zu Wissenschaft,
Natur und Psychologie
Ein Siedler Buch bei Goldmann

****

Esoterik · Magisch reisen

****

Ratgeber zu Psychologie, Lebenshilfe,
Sexualität und Partnerschaft;
zu Ernährung und für die gesunde Küche
Rechtsratgeber für Beruf und Ausbildung

Goldmann Verlag · Neumarkter Str. 18 · 8000 München 80

Bitte senden Sie mir das neue Gesamtverzeichnis.

Name: _____

Straße: _____

PLZ/Ort: _____